미래교육·학교자치로 가는 길

미래교육 · 학교자치로 가는 길

펴 낸 날/ 초판1쇄 2022년 6월 15일
지 은 이/ 미래학교자치연구소

펴 낸 곳/ 도서출판 기역
펴 낸 이/ 이대건
편　　집/ 책마을해리

출판등록/ 2010년 8월 2일(제313-2010-236)
주　　소/ 경기도 파주시 회동길 363-8
　　　　　전북 고창군 해리면 월봉성산길 88 책마을해리
문　　의/ (대표전화)070-4175-0914, (전송)070-4209-1709

ⓒ 미래학교자치연구소, 2022

ISBN 979-11-91199-37-6 03370

미래교육 의제 20

미래교육·학교자치로 가는 길

미래학교자치연구소 지음

교육주체가 함께 만들어가는
아이들이 행복한 학교!
교육의제 20!

　지난해 여름부터 미래학교자치연구소 모든 회원들이 함께 마음과 힘을 모아 마련한 교육정책 의제와 각 의제를 설명한 여러 회원들의 글을 책으로 묶어 출간되어 매우 기쁜 마음입니다. 회원들이 교사로서, 학부모로서 현장에서 느낀 점들을 해결하기 위한 구체적인 정책 과제들을 제시하고 그 해결책을 스스로 만들어 담았다는데 큰 의의가 있다고 생각합니다.

　우리는 근대 100년을 거치면서 식민지 폭압과 군사독재 정부의 강압통치를 겪으면서도 시민의 자치를 향한 열망과 저항을 그치지 않았고, 스스로 결정하고 책임지기 위한 노력을 멈추지 않았습니다. 지방자치, 주민자치 제도가 부활한 지난 30년 동안 우리 삶의 모든 영역에서 자치를 실현하기 위한 실천이 지속되었고 많은 성과가 있었습니다. 하지만, 교육영역에서 교육주체, 교사, 학생, 학부모, 지역주민의 자치는 크게 진전되지 못하고 있으며, 학교 자치는 많은 부분에서 제한적으로 시행되고 있을 뿐입니다.

대통령선거와 지방선거는 시민의 자치와 정치발전을 위한 중요한 전환기라고 생각합니다. 이 계기를 교육 자치, 학교자치, 시민자치, 그리고 교육 혁신을 위한 전환점으로 삼고자 모든 회원들이 뜻을 모아 시급히 해결해야 할 20대 교육정책 의제를 선정하고, 관련 단체들과 소통하며 공론화 과정을 주도한 미래학교자치연구소의 실천은 교육자치를 위한 하나의 모범입니다.

미래학교자치연구소이 제안하는 정책 과제와 관련 글들이 많은 교육단체들과 시민들의 가슴에 다가가 함께 뜻모아, 힘모아 학교자치, 교육 혁신을 위한 사회적 실천을 모아내는 큰 흐름이 될 것이라 믿습니다. 이 책이 교육 혁신의 큰 강물을 만들어내는 작은 샘물이 되길 바랍니다.

2022년 6월
미래학교자치연구소 이사장 최승복

차례

미래교육은
학생과 교사의 주도성, 학습조직 실현이 핵심이다

— 이인숙(미래학교자치연구소 소장)

우리 교육에 작용하고 있는 관성

달리던 버스가 멈추면 사람은 앞쪽으로 쏠린다. 위치를 옮긴 것 같지만 보통은 덜컥 앞으로 갔다가 발이 붙어 있는 곳으로 다시 돌아온다. 관성이다. 10년을 넘어 선 혁신교육이 이를 닮아있다. 교육을 혁신한 듯하지만, 온전히 교육의 본질을 바꿔내지 못한 채 학교를, 교육을 개선하는 수준에 그친 것은 아닌가 싶다. 관성에 의해 상체만 쏠렸다 돌아가는 모양새의 이미지를 떨쳐버릴 수가 없다. 누군가에게는 희망의 시간이었기에 안타까움이 크다. 아직은 미완인 우리 교육이 풀어나가야 할 숙제이다. 그러기에 우리는 다시 혁신교육을 넘어 미래교육을 이야기해야 한다. 미래교육에 무엇을 담아야 하는가?

'밖으로(ex) 이끌다(duce)'의 어원을 가진 교육(educate)은 인간 내면의 선한 본성과 진정한 자신의 모습을 찾아낼 수 있도록 이끌어주는 것이다. 즉, 자기를 알고 자기 삶의 주체로서 공동체와 더불어 성장하게 돕는 것이 교육이다. 화려한 수사를 버리고 교육의 기본에 솔직해져야 한다. 그 간의 학교교육은 근대화를 거쳐오는 과정에서 그 본래성을 잃었다고 볼 수 있다. 우리나라 근대 교육 체제는 국가의 부강은 교육의 혁신에 달려 있다는 인식이 확산되면서 국가 근대화 과정과 궤를 같이하여 형성되다 보니 태생적 한계를 가지고 있는 지도 모른다. 인간을 자원으로 보는 것이 당연하고, 노동력 또는 인적 자본이라는 표현 말고는 우리 사회에서 인간을 칭할 수 있는 단어가 마땅치 않다. 이를 보면 우리가 교육에서 인간을 어떤 관점으로 규정하고 있는지 짐작할 수 있다. 그렇게 우리는 교육의 본질을 왜곡하고, 외면해 왔다. 인간을 존엄한 그 존재로 보는 것이 아니라 수단화시키는 사회의 암묵적 합의는 커다란 사회적 질량으로 작용하였고, 그 질량에 비례하여 견고한 관성을 가지게 만들었다. 교육에 있어서 바뀔 듯, 동력을 얻는 듯하다가도 결국은 제자리로 돌아오는 경험을 우리는 너무도 많이 했다. 그렇기 때문에 우리가 만들고자 하는 미래교육은 왜곡된 교육이 만들어 온 사회의 관성에 맞서는 힘겨운 과정을 지나야 한다. 우리는 어떻게 근대교육체제의 관성에서 벗어나 미래교육체제를 만들어 갈 수 있을까?

미래교육, 학생과 교사의 주도성에 집중해야 하는 이유

미래교육에서 가장 강조되는 단어가 주도성(agency)이다. 교육의 주체는 학생(학부모)과 교사이기에 학생과 교사의 주도성을 어떻게 실현하느냐가 미래교육에서의 관건이라고 볼 수 있다.

먼저 학생을 살펴보자. OECD Learning Compass 2030과 2022 개정교육과정에서도 중요하게 다루고 있는 학생의 자기주도성은 배움의 전제조건이며, 그 자체가 삶의 목적이 된다. 변동성(V), 불확실성(U), 복잡성(C), 모호성(A)으로 표현하는 미래 사회에서 수동적이고 표준화된 존재는 진화의 한계

11

점에 도달하게 될 것이다. 자신의 삶을 지켜낼 수 없으며, 그러한 개인으로 구성된 공동체 사회는 불행한 미래를 맞이하게 될 것이다. 그러므로, 우리가 학습자를 얼마나 주도성을 가진 존재로 성장시키느냐는 미래 사회를 대비하는 성공과 실패를 규정하는 중요한 단서가 된다.

두 번째는 교사의 주도성이다. 학습자 주도성이 구현된 미래교육을 실천하기 위한 기본 전제는 교사의 주도성이다. 교사가 스스로 판단하고 학생의 요구가 반영된 자율적인 교육과정을 기획, 운영할 수 있는 고도의 전문성을 갖추어야 미래교육이 실현될 수 있다. 학교 교육장면에서 학생을 만나는 사람은 교사이기 때문이다. 미래교육에서 교사의 역할은 무엇보다 중요하다. 시대적 변화와 요구를 반영한 많은 교육정책들이 학교로 들어가고 있지만, 교사의 손을 거치지 않으면 어느 것도 학생에게 가닿지 않는다. 학생의 주도성도 상당 부분 교사의 역할에 달려 있다. 따라서 학습자주도성을 논하기에 앞서 무엇보다 우리는 교사의 주도성에 주목해야 한다.

그렇다고 현재 교육과 미래교육에 대한 책임을 교사에게 전가하려고 해서는 안 된다. 교사가 주도성을 발휘하려면 권한이 있어야 한다. 권한과 책임은 동전의 양면이다. 권한을 주지 않고 책임을 물을 수는 없다. 따라서 학습자주도성이 실현된 미래교육을 위해서는 교육부는 교육청으로, 교육청은 학교로, 학교에서는 교장, 교감이 교사에게, 교사는 학생에게로 분권이 진행되어야 한다. 분권이 될 때 자치가 가능해지고, 학생(학부모)과 교사는 온전한 주체로서 주도성을 발휘하고 그에 따른 책임도 지게 되어 모든 주체의 책임교육이 비로소 실현될 수 있다. 현재 코로나 상황에서 극명하게 드러나듯이 관료제에 기반한 지금의 근대학교체제는 학생과 교사가 주도성을 발휘하기에 한계가 분명하다. 교육 정책을 입안하는 곳에서는 이를 절대 간과해서는 안 된다. 진정으로 미래교육을 실현하고 싶다면, 교육부와 교육청은 학생과 교사의 주도성이 가능한 미래교육체제로 전환하고, 모든 행정력을 이것이 가능하도록 환경조건을 정비하는 일에 집중해야 한다.

관성을 끊어내고 지속적인 변화를 만드는 방법, 학습하는 조직

학교 안에는 현재를 유지시키는 여러 종류의 관성이 있다. 교사 각각이 고수해오던 수업 방식, 관리자의 관행적인 학교 운영, 국가 중심의 표준화된 교육과정, 과정보다는 결과 중심의 평가 등이 이에 해당한다. 학교 밖에도 과거의 교육방식을 고수하게 만드는 다양한 관성이 있다. 능력주의에 기반한 공정의 가치, 대학의 서열화, 인간을 자본의 도구로 보는 경제 논리, 불평등 경쟁의 결과에 대한 무비판적 수용 등이 그러하다.

이러한 관성으로부터 벗어나려면 지금까지의 생각과 일하는 방식을 부정하고 새로운 생각과 업무방식을 받아들이고 스스로 변화를 만들어가야 한다. 혁신교육을 넘어 미래교육으로 가기 위해서는 학교 밖의 체제변화도 필요하지만 학교 안에서도 학생 참여를 넘어 교사 주도에서 학생주도로 교육과정, 수업, 평가의 패러다임이 대전환되어야 한다. 이는 천동설이 지동설로 바뀌는 정도의 대전환이라 할 수 있다. 그런데 이 일은 그렇게 간단하지가 않다. 장자가 말한 '오상아(吾喪我)' 수준 그 이상이어야 할 지도 모른다. '오상아'는 '나 자신을 장례지낸다'는 뜻인데, 그 정도는 되어야 실존적 자아를 정립할 수 있다는 철학적 의미를 가지고 있다. 피터센게는 '학습하는 조직'만이 구성원이 원하는 결과를 만들어내는 능력을 끊임없이 키워갈 수 있다고 했다. 교육 3주체인 학생, 학부모, 교사의 자기주도성도 자율적으로 학습하는 조직에서 길러진다. 혁신교육에서 전문적학습공동체를 강조한 이유이기도 하다. 미래교육에서도 그 이유는 동일하다. 미래학교자치연구소가 '즐거운 배움과 실천으로 나와·우리가 세상을 바꾼다'는 비전의 실현을 위해 구성원들이 전체가 함께 또는 분과별로, 매주 매일 학습공동체를 지속하는 이유이기도 하다. 답습으로 변화를 만들어 낼 수는 없다. 관성에서 벗어나 새로운 것을 상상하고 도전하기 위해서는 지속적인 학습이 필요하다. 학습은 공동체가 나아가야 할 비전을 만들어내며, 비전을 실행시킬 수 있는 힘을 준다. 이것이 근대 교육 체제의 관성을 끊어내고 우리 모두가 함께 미래교육으로 나아갈 수 있는 동력이 된다. 신영복 선생님께서 "가장 먼 여행은 머리에서 가슴까지라 합니다. 사상이 애정으로 성숙하기까지의 애정입니다. 그러나 또 하나의 여정이 남아 있습니다. 가슴에서 발까지의 여행입니다. 발은 실천이며, 현장이며, 숲입니다."라고 말씀하셨듯이 머리에서 가슴으로, 가슴에서 발까지 가기 위한 여정의 시작은 '학습하는 조직'으로부터이다. 내가 속한 조직은 학습하는 조직인가? 미래교육을 논하기 전에 이 질문에 우리 모두가 성찰하고 답을 구해야 할 것이다.

미래교육·학교자치로 가는 길

1. 미래교육 의제 제안 배경 및 기본방향 - 모두의 책임교육

시·공간을 뛰어넘는 교육현장의 변화, 예측하기 어려운 미래의 직업 세계, 급격한 인구감소와 기후위기, 더 성장하는 민주사회로의 변화 속에서 교육정책 변화는 더디다. 혁신 교육정책은 한 걸음을 나아가기도 주저했다. 특히, 코로나가 준 교훈은 더 크다. 미래를 성큼 데리고 왔다. 급변하며 성장하는 가운데 불평등과 양극화는 더 심화되고 있으며, 교육의 격차도 커졌다. 공평한 기회와 과정, 결과까지 공정한 세상을 바라고 있다.

미래학교자치연구소(이하 '미자연')는 교육현장에서 실천하는 교육공동체로서 미자연이 바라는 미래교육에 대한 열망을 주요 정책 의제로 담았다. 미래를 맞이하는 현재 아이들의 행복을 위해 더 이상 미룰 수 없는 과제들, 늦었지만 지금부터 우리가 마련해야 할 마땅한 숙제들을 준비했다.

무슨 일이 어떻게 닥칠지 모르는 미래, 자기 결정을 바탕으로 스스로 상황을 헤쳐 나갈 수 있는 힘이 무엇보다 중요하다. 책임감이다. 작은 일에도 가치를 부여하고 정성과 책임을 다하는 주체의식이다. 교사의 책임교육, 학부모와 지역의 책임 있는 참여, 정부와 교육기관의 책임정책으로 궁극에는 학생의 책임-학습력을 길러주는 모두의 책임교육이 필요한 시대이다.

미자연은 학생 개개인의 존엄과 가치를 존중하면서, 스스로의 책임학습으로 성취감을 갖고 성장하도록 돕는 책임교육을 제안한다. 상호 존중과 참여로 미래 개척의 진정한 주인이 되도록 하는 모두의 책임교육 체제를 펼치고자 한다.

2. 핵심 가치와 세부 방향

출석만으로 졸업장을 주는 나라, 줄 세우기식 평가에 앞서기 위해 사교육비가 더 많은 나라, 상위 1%를 위해 99%가 희생하는 교육, 이와 같은 대한민국 교육의 현주소를 개선하고, 모두의 책임교육을 실현하기 위해 국가가 먼저 나서야 한다.

학생들의 개개인의 학습 속도를 인정하고, 서로 다른 학습 속도에 대한 개별 학습 진단과 개별 처방을 해 줄 수 있는 국가의 책임교육 정책과 체제 마련이 우선적으로 필요하다. 이를 위해 의무교육 단계에 있는 초·중학교를 통합하여 9학년 체제를 갖추고, 9학년 동안에는 입시의 구속에서 완전히 벗어나 온전히 학생의 개별 학습 속도를 맞추는 책임교육을 실현한다.

특수교육 대상자를 확대하여 학생 개별 지원을 강화하며, 기본학력을 통합적으로 지원할 정규교사를 배치하여 학습 속도가 느린 학생을 뒷받침한다. 담임교사와 기본학력통합지원교사, 특수교사가 학생의 학습 속도를 수시로 진단하여 기본학력 보장에 책임을 다한다. 8학년 하반기와 9학년 상반기에는 학교별 자율원칙으로 교사공동체가 교과통합적 구·논술 평가를 실시하여 누구나 지녀야 하는 기본 지식과 역량을 갖출 수 있도록 지원하는 시스템을 마련한다.

책임교육 실천의 중심은 교사다. (생활) 담임교사는 3년 연임을 원칙(순환 근무로 인한 2년 가능)으로 학생과 담임교사가 관계의 끈을 돈독히 한다. 진로교육과 관련해서는 모든 교원이 학생의 진로 멘토가 되도록 담임제를 개선한다. 교사가 기본학력을 보장하면서 학생 생활에 집중하려면 교육환경의 근본적인 개선과 지원이 뒤따라야 한다. 코로나가 준 교훈에 따르고, 학생 개별 학습지원 강화를 위해 학급당 학생 수를 대폭 감축해야 한다. 또한, 학생의 학습지원과 교원의 행정업무 분리에 초점을 두어 교원 수급 정책을 재설정해야 한다. 교실과 학교 공간은 미래교육이 가능하도록 특별한 투자가 필요하다. 리모델링 수준을 넘어 실질적인 뉴딜 정책 수준의 과감한 교육 투자로 교육 강국의 면모를 갖춘다.

아울러, 고교무상교육에 이어 유아와 국공립대 무상교육으로 국가의 교육 책임을 다한다. 유아학교 개념을 도입하여 유아 부문 무상교육의 실질화를 이룬다. 사립학교는 국공립 수준으로 지원하되 사립학교 운영의 투명성을 확보하고, 교육의 질도 보장할 수 있도록 하는 공적 시스템을 작동시킨다.

책임교육, 학생의 주도적 참여로!

미래학교에서 학생 참여는 능동을 넘어 주도적이다. 보호받을 권리 보장을 넘고, 장식으로서의 교육 참여 활동을 넘는다. 학생이 삶의 주체가 되어 살아가는 데 필요한 것을 배울 수 있도록 학생-책임 학습력을 높인다. 스스로의 책임으로 개별학습 교육과정을 설계하여 주도적으로 학습할 수 있도록 교육과정 운영의 폭도 확장한다.

「아동·청소년 인권법」 제정으로 아동·청소년의 실질적 사회 참여를 체계적으로 보장하며, 만16세 이상 청소년에게 선거권은 물론 피선거권까지 부여하여 선진국에 상응하는 참정권을 보장한다.

학교운영위원회와 교육과정위원회 등의 학교 교육활동은 물론, 정부나 교육청의 정책위원회 구성에도 학생위원의 몫을 두도록 제도화하여 학생이 책임교육의 실질적 주체가 되도록 한다.

책임교육의 실천, 미래학교 운영으로!

학생 줄 세우기로 인해 교육의 목표가 왜곡되는 현상은 고등학교에 지배적으로 작용해 초등학교에까지 영향을 미치고 있다. 내리매김식 국가교육과정과 경직된 학교체제는 학생 선택권 보장에도 미흡하다. 입시의 변화 없이 시행되는 고교학점제는 무늬만 학점제가 될 우려가 크다.

9학년(초·중) 통합학교는 기본학력 보장에, 고등학교는 진로·진학 교육에 집중할 수 있도록 체제를 확연히 구분하여 통합학교에서의 교육과정이 입시의 영향을 받지 않도록 한다. 모든 학교의 교육과정은 통합성과 유연성, 선택성을 넓혀 미래학교의 운영체제를 갖춘다. 화학적으로 통합하여 학년 넘나들기가 가능토록 하며, 학생 개별학습 속도를 맞추어 준다. 아울러 학습-학급당 학생 수 감축, 담임제 개선, 교원 양성-임용 제도 등의 혁신으로 개별 학생의 학습 성장 발달을 돕는다. 지역 여건을 고려하여 통합 유형을 다양화하고 관련 제도를 정비하여 교육의 지속가능성도 높인다.

고등학교에서 계열은 불필요하다. 학점제 취지를 살려 모든 고등학교를 특화한다. 학점제를 기반으로 학교별 특화된 교육과정들이 다양하게 운영될 수 있도록 학교의 교육과정 자치권을 부여한다. 지역과 학교 여건에 따라 공동교육과정이나 공동캠퍼스를 운영할 수도 있다. 고등학교의 학년 체제와 학점제는 학생과 지역이 삶 속에서 함께 성장토록 유연성과 연계성을 지니게 한다. 예·복습 및 학습준비 시간 개념을 학점에 포함하여 학생이 학습에 몰입할 수 있도록 이수 학점을 대폭 축소한다. 미래교육 시스템에 맞게 온라인 학점 이수도 인정하고, 학업 흥미와 수준을 고려해 고등학교는 졸업 연한도 유연화한다.

학생이 진정한 자아를 찾고 스스로의 진로 설계를 지원하는 제도는 교육 선진국에 비해 너무나도 미미하다. 학생, 학부모의 수요가 늘고 있는 만큼 갭이어의 도입은 현실이 되어가고 있다. 통합학교 졸업 후부터 고등학교 졸업 전까지 선택적으로 개별 활동이 가능토록 갭이어를 도입한다. 특히 고등학교 진학 후에도 가능할 수 있도록 진로전담 교사가 학생을 코칭하며, 지자체와 유관기관, 교육청이 갭이어 플랫폼을 구축하여 갭이어 활동을 체계적으로 지원한다. 한국형 갭이어다. 고등학교 중 갭이어 활동은 학점으로 인정하여 졸업학점에 더할 수 있으나, 대입 전형에는 반영하지 않아 갭이어의 취지를 살린다.

우리가 꿈꾸는 미래학교가 현재의 학교가 되어 있는 나라를 상기하며, 더 이상 내일의 과제로 미루는 과오를 반복하지 않는다.

책임교육의 완성은 교육자치의 완성으로!

책임교육의 완성은 곧 교육자치에 있으며, 교육자치는 교육과정의 자치로 완성된다. 교육자치법 제정 30년이 지나도록 교육 주체들에게 교육자치가 피부로 와닿지 않는 이유이기도 하며, 교육 주체들이 요구하는 정점이기도 한 것이 바로 교육과정의 자치이다. 자치 영역의 보장을 확고히 하는 것이 국가책임을 다하는 시금석이다.

모든 학교를 자율학교로 지정해, 학교가 교육과정을 편성·운영토록 한다. 국가 수준 교육과정을 대강화하고 학교는 이를 참고하여 다양한 학교별 교육과정을 편성·운영한다. 교사가 교과서를 자유롭게 발행하고, 교사의 온전한 평가권까지 보장하여, 교육과정의 자치를 실현한다. 고등학교 특화정책과도 맥을 이으며, 교육지원청은 학교의 교육과정을 지원하는 일이 주 업무가 되도록 재구조화한다.

교육자치 완성을 위해 교사가 지역에 정주하면서 지역을 일구는 동력이 되도록 제도를 정비한다. 교원 양성과 임용 과정의 설계는 교육의 현장성과 지역성을 살릴 수 있도록 혁신한다. 실습학기제와 교원전문대학원을 도입하고, 지역선발제를 확대한다. 교사의 국가공무원 체제 유지는 지속하여 국가책임을 강화하되, 선발과 임용에 관한 권한은 교육장에게 재위임하여 지역을 살리고, 지역을 책임지는 교육을 이루어 낸다.

점수 쌓기와 경쟁 중심의 교원 정책은 미래로 가는 절대적 걸림돌이었다. 낡은 제도에 덮어쓰는 정책이 아닌, 미래를 향한 역발상적 접근이 필요하다. 교감은 순환보직제로 해당 기간 동안만 유효하도록 자격제를 재설계한다. 교장의 경우, 일정 기간이 지나 연수 과정을 통과하면 누구에게나 자격을 주며, 모든 학교의 교장과 지역의 교육장은 공모로 선발한다. 교사의 눈이 승진이 아니라 학생을 바라볼 수 있도록 승진제도의 개혁을 단행한다.

또한, 학부모가 자기 책임을 다할 수 있도록 지원해 온전한 교육자치를 실현한다. 학부모 생애주기 교육 시스템 운영으로 책임 역량을 높이고, 학부모회의 자치권이 실질적으로 작동하도록 제도를 정비한다.

미자연은 입시제도의 개선도 교육 의제에 담았다. 학교 교육의 정상화가 핵심이다. 고교 평가는 학생의 개별 사고력을 측정하도록 수시 논·서술 평가를 바탕으로 절대평가로 한다. 대입제도 역시 정상적인 학교교육과정에 맞도록 논·서술식 절대평가 방식으로 재설계한다.

3. 미래교육 의제 20(안)

	기초·기본학력 보장과 무상교육 실현으로 국가교육력의 새로운 발돋움
교육의 질 보장	**1. 학습 속도가 다양한 학생들의 기본학력 보장** - 초중학교 통합 9학년제 체제로 기본학력 보장 - 기본학력통합지원 정규교사 배치로 개별 학습지원 강화 - 담임제 개선(3년 연임 원칙- 2년 이상 담임), 전 교원의 학생 개별 진로 멘토 담임 - 제도적 기반 마련(학급당 학생 수 축소, 교무업무전담교사 배치, 특수교육대자 확대)
	2. 미래교육을 위한 학습 환경 구축 - 학급당(강좌당) 학생 수 상한선 20명 이하(유아 14명 이내) 법제화 및 교원 수급 개선 - 학습(학교) 공간 재구조화를 위한 교육 투자(특별회계 편성)
	3. 무상교육을 통한 교육기회 보장 - 유아학교 도입 및 유아무상교육 실질화(유아교육 관리 주체 일원화 등) - 국공립대·전문기술교육 무상화
	학생 참여 제도화로 학생 본위의 교육 실현
학생 본위의 교육 실현	**4. 학생의 기본권을 보장하는 '아동·청소년 인권법' 제정** - 선언적「세계아동인권선언문」법제화로 아동·청소년의 실질적 인권 보장 제도 마련
	5. 학생의 학교-국가 교육정책 및 정치 참여 보장 - 학교운영위원회, 교육과정위원회에 학생 위원 필수 참여 법제화 - 교육청, 정부 단위의 각종 교육정책위원회에 학생 참여 제도화 - 만 16세 이상 청소년 선거권 및 피선거권, 정당 활동 보장
	학교 운영체제 정비로 지속 가능한 미래학교 운영
지속가능한 미래학교 운영체제	**6. 유·초·중·고 통합운영학교 제도 정비** - 교육과정 및 교원의 실질적 통합을 위한 통합운영학교 제도 정비 - 미래형 통합운영학교 모델의 다양화
	7. 초·중(의무교육) 9학년제 통합으로 '○○학교' 운영 - 의무교육 단계인 초·중 통합 운영(9학년제'○○학교') - 지역 여건을 고려한 통합 유형의 다양화 - 지역과 학교의 상황에 따른 학년 군별 교육과정 운영의 유연화 - 행정지원시스템 마련(조직 인사제도 개선, 통합교육과정 지원)
	8. 지속가능발전 학교 모델 개발과 지속가능진단지수 개발 - 국가 수준의 학교 친환경 건축물 인증 의무화 - 국가 수준의 한국형 지속가능학교 모델 개발 및 지속가능진단지수 개발

학교자치 활성화를 위한 행정체제 개편

지속가능한 미래학교 운영체제

9. 고등학교 유형의 특화
- 모든 고등학교의 학교별 교육과정 특화(문학, 예술, 과학, 수학, 기술, 요리, 미용, 관광 등)
- 학교와 지역 여건을 고려한 통합 및 공동교육과정, 공동캠퍼스 등 운영
- 고교학점제 취지의 본격화와 학습몰입을 위한 진로 중심 학점제 운영(졸업학점 120학점 이상, 온라인 학점 30% 이내 이수 가능)
- 고등학교 운영체제 유연화(2~4년)

10. 학생의 진로·진학 탐색을 위한 '갭이어' 도입
- 9학년 졸업 후 고등학교에 진학하지 않고 선택 가능(학점 미인정)
- 고등학교 진학 후, 학기 단위(1년 이내)로 학생별 진로탐색 교육과정 설계·운영(학교 심의를 거쳐 20학점까지 인정 가능, 대입 전형 미반영)
- 진로전담교사 확대 배치로 학생별 교육과정 지원
- 지자체-유관 기관-교육청의 갭이어 플랫폼 구축

11. 진로선택 기회 보장
- 자발성을 촉진하는 전향적 진로지도 교육과정 개발
- 진짜 세상과 만나는 '리얼 월드 러닝 과정' 제공
- 갭이어 이행을 위한 정부 지원 제도 마련
- 사회적 협동조합형 창업고교 설립

학교수준 교육과정 편성·운영으로 교육자치 완성

교육과정 자율성 확대

12. 학교 교육과정 편성·운영의 자율성 강화
- 모든 학교의 자율학교 지정
- 교과 개설권 확대 및 교과서 자유발행제

13. 학생의 다양성을 존중하는 교사 평가권 보장
- 평가 규정 개정으로 학교급별 성취평가제 전면 실시
- 평가 신뢰도 확보를 위한 평가 준거 도입(질관리 센터 운영)
- 성취평가를 바탕으로 하는 수능의 논·서술식 절대평가 도입

14. 고등학교 학생평가-대학입시 제도 개선
- 평가 과목 개편: 공통 과목 절대평가(5단계 절대평가) / (선택) 진로 과목 3~4개 교과로 5단계 절대평가
- 출제방식 개편: 공통과목은 문제은행식 출제, 단계적으로 주관식, 서술식, 논술식, 면접식 문제 도입
- 시험 시기 개편: 공통 기초과목은 2-3학년 수시로 실시, 전공과목은 (졸업 예정 시기에) 동시 실시

	학교자치 활성화를 위한 행정체제 개편
행정체제 개편	**15. 학교자치 활성화를 위한 행정체제 개편** - 교육자치 실현을 위한 관련 법령 정비 - 학교자치 실현을 위한 유·초·중등교육의 국가(교육부, 국가교육위원회)사무 명확화(열거주의) - 학교 지원을 위한 교육지원청의 기능 개편(교육과정, 진로-갭이어, 마을연계 등의 플랫폼 구축) - 교육행정 시스템 개편
	교원정책 개선으로 학교자치 강화
교원정책 개선	**16. 교원 임용 제도 개선** - 교육장·교장 공모제 전면 확대 시행 - 교감 순환보직제 도입 - 교장 양성 아카데미 운영에 따른 교장 자격 취득 기회 부여 - 지역(시군구) 교사 선발제 도입 **17. 교원 양성 및 연수 제도 개선** - 교원전문대학원 도입(자격 유연화, 실습학기제) - 교원 생애주기별 연수 체제 마련 - 교·사대 실습학기제 운영(2024년부터 전면 실시) **18. 교원의 교육감 및 지방의회의원 피선거권 보장**
	학부모 역할과 기능의 재정립으로 학부모 책임 참여 실현
학부모 정책	**19. '좋은 부모(양육자) 되기' 성장시스템 구축** - 생애주기별 부모교육 시스템 구축 - '좋은 부모 되기' 지원 센터 설립 **20. 학부모 교육활동 참여 법제화** - 학교 교육과정위원회 참여 보장 - 학부모회 자치 기능 확대

제1부. 교육의 질 보장

기초·기본학력 보장과 무상교육 실현으로 국가교육력의 새로운 발돋움

<교육의제 1> 학습 속도가 다양한 학생들의 기본학력 보장

누구도 '자투리'가 되지 않는 학교, 기본학력 보장제

<교육의제 2> 미래교육을 위한 학습 환경 구축

학습-학급당 학생 수를 20명(유아14명) 이하로 법제화

지속적인 삶의 공간으로 표현되는 학습공간

<교육의제 3> 무상교육을 통한 교육기회 보장

지속적인 삶의 공간으로 표현되는 학습공간

지역을 살리고 지역 인재를 육성할 수 있는 방법, 지역 대학 투자와 지역국립대 무상화

"어느 학교를 다니든 기본학력이 보장되는
공평·공정한 교육을 실천합니다."

누구도 '자투리'가 되지 않는 학교, 기본학력 보장제

― 윤태영(정책연구위원)

기본은 도약의 기반이다

누구나 살아가려면 기본적으로 갖추어야 할 것들이 있다. 집이나 옷이나 먹을 것 같은 것들이다. 기본 의식주는 인간으로서 최소한의 삶을 위한 필요조건이다. 하지만, 이것이 충족되면 기본 이상을 바라볼 수 있게 된다. 기본은 기본만 하게 하는 것이 아니라, 그보다 더 큰 일을 하게 도와주며 누군가의 가능성과 잠재력을 이끌어내는 힘이 된다.

무상의무교육만으로 충분한가?

국가는 다양한 복지 정책을 통해 국민의 삶에 필요한 다양한 '기본'들을 공급하고 있다. 집이 없는 사람들을 위해 임대주택을 제공하거나 의료서비스가 필요한 사람들을 위해 의료보험제도를 운용하는 것이 좋은 예이다. 무상의무교육도 국가가 제공하는 대표적인 '기본' 서비스이다. 하지만, 무상의무교육으로 대표되는 '기본교육'의 실상은 결코 만족스럽지 않다. 무상의무교육이 확실히 보장하는 것은 국가교육과정, 담임 및 교과 교사, 공간과 기자재 그리고 출석 일수만 채울 수 있는 졸업장 정도이기 때문이다. 최소한의 교육기회는 보장받고 있지만, 그것만으로 '기본'이 충족되었다고 말할 수 있을까?

2021년 말에 '사교육걱정없는세상'에서 전국 초·중·고교생 7,719명을 대상으로 조사한 설문에 따르면, '스스로 수포자라고 생각하는가'라는 질문에 초등학교 6학년 학생의 11.6%, 중학교 3학년 학생의 22.6%, 고등학교 2학년 학생의 32.3%가 "그렇다"고 답했다. 더욱 심각한 것은 수학에 대한 스트레스 비율도 학년이 올라갈수록 높아진다는 것이다. '수학 때문에 스트레스를 받는가'라는 질문에 "그렇다"고 답한 비율은 초등 6학년 44.9%, 중학교 3학년 60.8%, 고교 2학년은 72.4%였다.

수학이 교육과정에서 차지하는 비중이나 위상을 생각할 때, 학년이 올라갈수록 '수포자'의 비율과 수학 때문에 스트레스를 받는 학생들의 비율이 높아지고 있는 모습은 우리 교육이 각 교육 단계에서 '기본학력'을 제대로 보장하지 못함을 방증하고 있다. 아니, 어쩌면 우리 교육은 학생들의 '기본학력을 보장하지 않고 있다'고 말하는 게 맞을지도 모른다. 왜냐하면 우리 교육은 '사교육걱정없는세상'에서 밝힌 수포자 양산의 주요 원인인 '누적된 학습결손', '지나치게 어렵고 방대한 교육과정', '변별을 위한 평가제도' 등을 보완할 만한 어떤 제도적 대안도 가지고 있지 않기 때문이다. 오히려 우리 교육은 능력주의를 기반으로 방대하고 어려운 교육과정과 평가제도를 적극적으로 옹호하고 있다. 또한, 상대평가 기반 등급제 운용과 서열화된 대학 입시제도를 유지하며 조직적으로 학생들을 차별하고 구분한다. 이러한 학습 환경에서 소위 '가능성 없는' 학생으로 분류되면, 학교에서 '자투리'가 되어 어떠한 기대와 관심도 받지 못한 채 단지 출석만을 요구받는다. 그리고 학교는 자투리들의 성장과 성공에는 큰 관심이 없으며, 당연한 듯 그들의 학습결손, 지체, 격차는 무시된다. 성장 보고서가 아닌 교과별 최종 등급만을 말해주는 성적표와 출석 일수만 채우면 졸업할 수 있는 현재의 졸업 자격 부여 방식은 이러한 조직적 차별 메커니즘을 든든히 뒷받침하고 있다.

이러한 문제의식을 바탕으로 우리 교육이 학생들에게 '기본'으로 공급해야 할 것은 '기본학력'이다. 국가는 각기 다른 상황과 학습 속도를 가진 학생들에게 '기본학력'을 보장할 수 있는 제도를 마련하고, 책임교육을 실천해야 한다. 기본학력은 사회·경제적 격차나 출신 배경과 관계없이, 학생들의 모든 가능성과 잠재력을 실현시켜 줄 수 있는 원동력이 될 것이다.

기본학력 보장이란?

기본학력 보장이란 교육이 개별 학생들의 각기 다른 학습 속도와 성장을 지원하고, 이를 통해 모든 학생들이 일정한 수준 이상의 성취를 이루도록 돕는 것을 의미한다. 기본학력 보장을 위해서는 책임감 있는 교사와 양질의 교육과정 그리고 타당하고 신뢰도 높은 평가가 필요하지만, 무엇보다 체계적 시스템의 뒷받침 없이는 불가능하다.

예를 들어, 영국의 초·중등 학교는 일찍이 학생들의 기본학력 보장을 위한 체계를 구축하였다. 영국 학교의 교사들은 매 학년 초 실시되는 진단평가 결과를 바탕으로 모든 학생들에게 각기 다른 개별적 성취 목표를 부여하고, 학습 속도와 성장 정도에 따른 교육과정을 제공한다. 그리고 교사들은 자유로운 방식의 평가를 통해 개별 학생들의 학습 속도와 성장 정도를 수시로 측정한 후, 학기 말 또는 학년 말이 되면 모든 자료를 종합하여 학생들이 개별적 성취 목표에 도달했는지 여부를 판단한다. 따라서 초등학교의 경우 대부분 매 학기 성장 보고서(progress report)를 제공하는데, 여기에 학생들의 교과 성취 등급이 표시되지 않고, 교과별 성취수준의 도달 여부가 '성취수준 이상 도달(above expected)', '성취수준 도달(expected)', '성취수준 미도달(below expected)' 등으로 표기된다. 그리고 개별 학생의 구체적 성장 정도와 상황은 교사와의 상담을 통해 언제든 확인할 수 있다. 또한, 중등학교의 마지막 2년(보통 10-11학년)을 별도의 자격시험 과정(Graduate Certificate of Secondary Education, 이하 GCSE)으로 두어, 필수교과와 선택교과에 대해 지난 9년간의 성취수준 도달 여부를 측정한다. 단편적 비교는 타당하지 않을 수 있지만, 영국 학교가 성적뿐 아니라 개별 학생의 속도와 성장을 점검하고 지원하는 체계적 시스템을 운영하고 있다는 사실은 우리에게 큰 시사점을 준다.

기본학력 보장제: 지원체제와 평가체제

위와 같은 맥락에서 모든 아이들의 기본학력을 보장하는 책임교육을 수행하기 위해 '기본학력 보장제'를 제안한다. 기본학력 보장제란 학생들의 기본학력 보장을 위한 체계적 지원 및 평가체제를 구축하는 것이다.

지원체제: 연임 담임제와 기본학력 전담 교사제

기본학력 보장제 속에서 모든 학생이 초중학교 과정을 거치는 동안 정해진 시기에 성취수준 달성 여부를 정기적으로 점검받는다. 점검 방식은 담임교사들의 관찰과 교과 교사들의 평가를 통해 이루어진다. 먼저 담임교사들은 연임제 속에서 2~3년 혹은 그 이상의 오랜 기간 학습 속도가 느린 학생들의 학습 과정과 그들의 학습에 부정적 영향을 미치는 요인을 관찰하고 파악한다. 이때, 초중학교 저학년 담임교사들의 역할이 매우 중요한데, 많은 경우 학습 속도의 차이가 이미 학령기 이전 또는 초등학교 저학년 시기부터 시작되기 때문이다. 그리고 교과 교사들은 현행 초중학교 교내 평가를 보다 타당하고 신뢰도 높은 방식으로(예를 들면 100% 서술, 논술형 평가의 도입 등)

개선하여 실시한 후, 주기적으로 개별 학생의 교과별 성취수준 도달 여부를 점검하고 성장 과정을 누적 기록한다. 이렇게 누적된 개별 학생의 성장에 관한 종합적 기록은 적절한 시기에 기본학력 전담교사들에게 연계된다.

한편, 기본학력 전담교사는 학습 속도가 느린 학생들의 다양한 원인을 진단한 후 적절한 지원 및 해결책을 구체화하는 역할을 맡는다. 많은 연구들은 학습 속도의 차이(또는 학습 격차)가 유전적 요인보다 사회경제적 요인, 즉 부모의 사회, 경제, 문화적 배경과 자본에 더 크게 기인한다고 보고하고 있다. 학습 속도의 문제는 더 이상 학교 교육만으로는 해결할 수 없는 것이 되어버린 것이다. 따라서 기본학력 전담교사는 학습 속도가 느린 학생을 지원할 때 교과 교사와의 협력 가운데 양질의 개별 교육과정을 제공할 수 있도록 함은 물론, 지역 사회 또는 외부 전문가와 더불어 가정의 사회·경제적 격차를 줄일 수 있는 방안도 함께 마련하여야 한다. 또한, 학교 내의 전문 인력인 특수교사, 상담교사, 진로 상담교사 등과 협력하여 입체적이고 구체적이며 전문적인 지원방안을 수립하여 지원하도록 한다. 특히, 국가나 지방 교육 정부는 학습 속도가 느린 학생들을 위한 지원에 소요되는 각종 비용을 부담하여 모든 학생이 체계적 지원의 혜택을 누릴 수 있도록 해야 한다.

평가체제: 기본학력 인증평가제

기본학력 보장을 위한 지원체제 속에서 성취수준을 유지해 온 학생들은 9학년(현행 중학교 3학년)에 이르러 인증평가를 통해 자신이 지금까지 학습한 교육과정에 대한 기본 수준의 학력을 인증받는다. 인증 과목은 기본적으로 기본 교과와 선택교과로 나뉘고, 선택교과의 경우 자신의 향후 진로 또는 흥미와 관련된 교과를 학생들이 직접 고르도록 한다.

기본학력 인증평가제의 성공적이고 합목적적 운영을 위해서는 무엇보다 교과 교사의 역할이 중요하다. 왜냐하면, 학생들을 현장에서 가르치는 교사들이 학생들의 기본학력 도달 여부를 평가하고 결정할 수 있는 최고의 전문가이기 때문이다. 이것은 무엇을 평가할지와 어떻게 평가할지를 교사가 정한다는 뜻이기도 하다. 물론, 국가교육과정이 존재하는 현재의 평가체제 속에서 인증제를 통해 무엇을 평가할지에 관해 교사가 완벽한 자율성을 가지기는 어렵다. 하지만, 인증평가는 진학이나 서열을 나누는 시험이 아니므로, 인증평가를 실시하는 교사는 주어진 자율성을 최대한 활용하여 '무엇을 알고 있는가?'뿐 아니라 '무엇을 할 수 있는가?'와 일상의 삶과 미래사회의 변화를 대비하기 위해서 반드시 갖추어야 하는 지식과 역량이 무엇인지를 고민하여 기본학력 인증을 위한 성취기준을 마련할 수 있다. 그리고 교사들은 이러한 성취수준을 바탕으로 자신의 학생들을 장기간에 걸쳐 다양한 방식으로 평가하며 학생들의 성취수준 달성 여부를 직접 결정한다.

기본학력 인증평가는 조직적 소외와 차별을 위한 줄 세우기식의 일회성 고부담시험이 아니다. 기본학력 인증평가는 전 교육과정을 통해 학생들의 성장을 확인하고 지원하는 기본학력 보장제의 일부이자 마침표이다. 따라서 인증평가의 결과는 '학생들의 기본학력 인증'이라는 본래 목적과 초중학교 과정을 마친 학생들의 지속적 성장을 위해서만 활용되어야 한다. 즉, 인증은 '성적과 순위'가 아니며, '성취수준의 도달과 성장'이고, 인증 여부는 '진학'의 근거가 아닌 '진로' 판단의 근거가 될 것이다. 인증평가제의 안전한 시행을 위해 교사들은 평가 결과 공개, 인증 비율 공개, 인증 실적을 기반으로 한 학교 서열화 등의 압박에서 벗어날 수 있도록 제도적으로 보호받아야 한다.

한편, 인증평가제의 성공적 시행을 위해 학교와 교사는 타당하고 신뢰도 높은 평가 방법이 무엇인지를 고민하여 합리적 평가 방법과 도구 및 시기 등을 마련하여야 한다. 인증 시험이 학교와 교사에게 전적으로 맡겨진다면, 학교와 교사는 인증평가를 교과통합 등의 방식으로 보다 유연하게 구성할 수 있을 것이다. 이렇게 인증 방식이 다양화되면 미래사회가 요구하는 다양한 역량을 보다 타당하게 평가할 수 있을 뿐 아니라, 학교 간 비교가 어렵게 되기 때문에 인증 결과가 다른 목적으로 사용되는 일이 사라질 것이다. 마지막으로, 기본학력을 인증받지 못한 학생들에게는 별도의 보충 학습지원 및 재원이 공급되어야 하며, 언제든 다시 인증받을 기회를 부여받도록 해야 한다.

책임교육의 실현, 기본학력 보장으로!

보통 중산층 이상의 부모가 교육에 활용하는 사회적, 경제적, 문화적 자본을 일컫는 이른바 '부모 찬스 교육'은 우리나라 아이들의 교육 결과에 지대한 영향을 미치고 있다. 더욱 안타까운 점은 '부모 찬스'를 사용하지 못하는 학생들이 학교에서조차 관심과 기대를 받지 못한다는 사실이다. 능력을 중심으로 한 소외와 차별이 학교에서조차 일상화되었기 때문이다. 하지만, 모든 학생은 공평한 교육기회를 제공받을 뿐 아니라 최소한의 교육 결과를 보장받을 권리가 있다. 기본학력 보장제는 우리 교육에서 일상화된 불공정에 대한 문제제기이자 낯설어진 책임 가치의 회복임과 동시에, 우리 아이들 중 누구도 '자투리'로 남겨지지 않도록 점검하고 보장하며, 그들의 잠재력과 가능성을 지원하는 데 기여할 것이다.

<참고문헌>
사교육걱정없는세상(2021). 2021년 전국 수포자(수학포기자) 설문조사 응답 결과.

학습-학급당 학생 수를 20명(유아 14명) 이하로 법제화

— 이보라(정책연구위원)

'닭장 같은 교실' 그냥 하는 말이 아니다

OECD 교육지표 2021 결과 발표에 의하면 2019년 우리나라의 교사 1인당 학생 수는 초등학교는 16.6명, 중학교 13.0명으로 OECD 평균보다 높거나 비슷했고, 고등학교는 11.4명으로 OECD 평균보다 낮았다. 이 결과는 전년(2018년) 대비 초등학교는 0.1명 증가, 중학교는 0.4명 감소, 고등학교는 0.9명 감소한 것으로 보인다. 또한, 2019년 우리나라의 학급당 학생 수는 초등학교 23.0명, 중학교 26.1명으로 전년 대비 감소했으나, OECD 평균인 초등학교 21.1명, 중학교 23.3명보다 2~3명 정도 높았다. 고등학교의 경우 OECD 평균을 미산출하기에 비교할 수 없으나 교육통계에 따르면 2019년 고등학교 학급당 학생 수 평균은 24.5명이나 학년이 올라갈수록 학급당 학생 수는 더욱 증가하고 있다.

우리나라의 한 학급당 교실 면적은 20평 정도로 한 학급의 학생 수가 30명이면 학생 1인당 생활(교실) 면적은 0.66평이다. 그런데 닭장 안의 닭 한 마리는 0.23평 정도의 공간이 주어지고 결국 수치로만 따진다면 세 마리의 닭이 머물 수 있는 면적은 학생 한 명이 머물 수 있는 공간보다 넓다는 결과를 얻게 된다. 물론 닭장과의 비교는 다소 무리가 있을 수 있다. 그럼에도 수치로 계산된 이 결과는 학교가 학생들의 삶과 배움의 공간이 되기에 턱없이 좁다는 것을 분명히 보여준다.

교육자로서의 책임, 삶을 살아가기 위한 역량 교육

하지만 단순히 좁다는 것만이 문제는 아니다. 과밀한 학습으로 인해 학교에서 사제간 그리고 또래 간 소통이 줄어들고 관계가 멀어지고 있다. 아침 9시, 학생들은 학교에서의 생활을 시작한다. 점심을 먹고 하교 시까지 총 8시간 정도를 학교에서 생활한다. 일주일이면 최대 40시간, 한 달이면 160시간, 일 년을 34주로 계산하면 1,340시간을 선생님과 함께 생활한다. 그렇다면 학생들은 그 긴 시간 동안 함께 생활하는 선생님과는 어느 정도의 관계를 형성하고 있을까?

담임교사는 학생들의 모든 교육활동에 대한 사항을 학교생활기록부에 기재한다. 창의적 체험활동사항만 최대 1,950자를 기록한다. 이외에도 행동특성 및 종합의견 500자, 교과 학습발달상황 과목별 500자 등을 포함하면 학생 1인당 최대 4,200자가량이 된다. 학급당 인원수가 30명일 경우 총 126,000자나 된다는 것이다. 교과 수업뿐만 아니라 생활 지도까지 겸하고 있는 담임교사로서는 학생 한명 한명을 관찰하고 피드백을 통한 성장의 모든 것을 기록하기에는 물리적으로 너무나 벅찬 일이다. 하루에 2~3명씩 관찰하고 성장 지점을 찾아 적절히 피드백하고 기록하면 될 것이 아닌가? 라고 반문하겠지만 순서를 기다리며 성장하는 아이들은 없다. 한 달에 두 번 정도의 학생 상담만으로는 아이들의 학습활동, 생각과 고민, 미묘한 성장의 순간까지 놓치지 않고 관찰하고 기록할 수 없다. 삶의 맥락에서 비롯된 학습과 도전과 실천중심의 학생 성장을 위해서는 학급당 학생 수를 20명 이하로 감축하고 교사가 개별 학생의 삶에 집중할 수 있는 여건 마련이 그 무엇보다 우선되어야 한다. 과연 교사 한 명이 30명 이상의 학생들에게 인생의 방향이나 진로 희망에 맞는 맞춤형 교육과정을 구성하고 학생 옆에서 조력자의 역할을 충실히 할 수 있을 것이라고 생각하는가? 누군가 혹시라도 부담임제도를 거론한다면 담임교사가 병가나 출장 등 사고가 있을 때, 빈자리를 채우는 역할 정도만을 하는 형식상 제도가 이 문제의 대안이라고 할수 없음을 단호하게 말하고 싶다.

가장 정확하고 신뢰로운 통계치가 말하는 거짓말

위에서 언급한 2021년 9월 통계청(KOSIS) 학급별 학생 수 관련 자료만 본다면 점차 개선되고 있으며 약간의 노력만 더해진다면 우리도 OECD 기준에 맞는 학급을 구성할 수 있으리라는 희망을 가지게 될 것이다. 그러나 이것은 객관적이며 신뢰로운 수치가 주는 함정이다.

첫째, 인구밀집도가 높은 신도시는 학급 상황이 매우 열악하며 지역별로 극심한 편차를 보인다. 신도시의 경우 초등학교 24.69명, 중학교 31.70명, 고등학교 29.26명으로, 학교급에 관계없이 20명 이하인 농어촌의 학생 수에 비해 2배 이상이다. 둘째, 고등학교 학급당 학생 수 평균은 24.5명이나, 학교 유형에 따라 일반고 25.2명, 자율고 26.5명, 과학고 16.4명, 영재고 14.9명으로 큰 격차를 보이고 있다. 얼핏 보면 24명이라는 평균치는 OECD 교육지표와 별 차이가 없어 보이나 자세히 들여다보면 큰 차이를 보이고 있다.

학습 격차의 심화 요인

'2020년 국가수준 학업성취도 평가' 결과에서 코로나19 이후 교과별 기초학력 미달 비율이 학년과 과목에 따라 많게는 50% 이상 증가한 것으로 나타났다. 국가 수준 학업성취도 평가는 매년 중학교 3학년과 고등학교 2학년 학생의 3%를 대상으로 국어, 영어, 수학 등 절대평가로 실시된다. 중학교 3학년은 기초학력 미달 비율이 2019년 3.3%에서 7.1%로, 고등학교 2학년은 2019년 3.6%에서 8.6%로 2배 이상 증가하였다. 기초학력 미달뿐만 아니라 학력수준도 전년도에 비해 크게 떨어진 것으로 나타났다. 학력뿐 아니라 교우관계, 동아리 활동 등의 학교생활 행복도 조사 결과 역시 크게 감소하였다. 코로나19로 인한 원격수업이 학력저하에 영향을 미친 것이다. 정부는 학생들의 학습과 심리 정서, 사회성 결손을 종합적으로 회복하기 위해 '교육회복 프로젝트'를 추진하였지만, 현장에서는 준비되지 않은 정책으로 업무 부담과 혼란만 가중되고 있다. 학급당 학생 수를 그대로 두고 단기 정책을 급하게 세우고 예산을 지원하는 것만이 근본적인 대책은 아니다.

일반고와 대비되는 과학고의 경우 학급당 인원수는 16명 정도이다. 전교 인원수를 계산해 봐도 300명 이하로 전면 등교를 하고 대면 수업이 이루어지고 있다. 담임교사는 16명의 아이들을 맡고 있으며 수업의 질, 학생들과의 깊은 상호작용 등 일반고와는 비교할 수 없는 질적 차이를 보이고 있다. 교사는 학생 수준에 맞는 다양한 수업의 형태를 시도해 볼 수 있다. 학습 요소를 현재의 삶과 연결하여 자료를 찾고 제시할 수 있다. 시간적 여유가 생기고 그만큼 더 꼼꼼하게 피드백할 수 있다. 이 모든 혜택이 고스란히 학생에게 돌아간다. 영화의 한 장면과 같이 교사와 학생 모두가 교실 안에 동그랗게 모여 서로의 의견을 주고받는 토론 활동도 자연스럽게 진행될 수 있게 되는 것이다.

영재학교의 경우 영재교육진흥법 시행령(제32조 7항)에 의해 '영재교육원의 학급당 학생 수는 20인 이하로 한다'로 되어 있다. 일반 과학고의 경우는 초·중등교육법 시행령 제51조에 일반 학교는 교육감의 재량에 따라 학생 수를 정할 수 있고 대부분의 과학고는 학급당 20명 이하로 구성되어 있다. 일반고와 과학고의 학습 환경 차이가 어린 나이부터 입시 경쟁을 치러야 하는 원인이 되고 있다. 좋은 환경에서 질 높은 교육을 받게 해주고 싶어 하는 학부모의 마음이다. 이러한 마음 때문에 입시 지옥이 생겨났다고 비판하기보다는 학습의 환경 개선이 필요하다. 학생 수 감축 법제화를 통해 교육다운 교육, 행복한 학교 환경을 조성해야 한다.

도전과 성공의 경험을 통한 주도적인 삶

현재의 학급당 학생 수는 학생 개인별 교육의 질 제고와 책임교육, 4차 산업혁명 시대의 개성과 진로에 맞는 학생 맞춤형 교육을 위한 수업 혁신과 평가를 보장할 수 없다. 더군다나 코로나19로 돌봄 여부에 따른 학생들 간의 학력 격차는 크게 벌어지고 점점 심화되고 있다. 교사와 학생 간의 접촉 빈도를 높여 교과 학습뿐만 아니라 학생의 진로 진학 지도, 생활 지도 등에 집중하여 교육의 본질을 실현할 수 있도록 지원해야 한다. 그러기 위해서는 무엇보다 학습-학급당 학생 수를 20명 이내로 제한하여 모든 학생에게 평등한 학습권을 보장해야만 한다.

수업 혁신과 학생 개개인에게 맞는 학생 맞춤형 교육 실현을 위해 학습-학급당 학생 수 20명 이내의 법제화가 시급하다. 지금의 과밀학급 수업 속에서는 소외(방치)되는 다수의 학생이 양산되고 있다. 기초학력 부진이나 미도달 문제가 발생하며 학습 속에서의 작은 성공을 경험하지 못하고 지속적인 학습 부진을 겪은 학생들은 삶 자체의 좌절감과 무기력감을 겪는다. 모둠별 협력학습이나 프로젝트 수업, 거꾸로 수업 등 다양한 수업을 확대하고 '수업-평가-피드백'의 선순환 과정 속에서 학생의 지속적인 성장이 이루어져야 한다. 국가와 지역, 학교와 학부모 등이 모든 학생의 평등한 학습권을 보장하고 안전한 교육환경의 학습망을 조성해야 하는 이유이다.

나는 학교의 주인인가?

학생, 학부모, 교사는 교육의 3주체라고 한다. 과연 그들은 학교 운영에 얼마만큼이나 참여하고 있을까? 학교마다 지역마다 구성원마다 학교나 교육의 형태는 달라져야만 교육의 평등이 실현된 것이다. 교육의 3주체가 학교-학습 여건에 따라 학급 구성인원을 결정하고 학교 교육과정과 이를 실현할 학습공간을 구성해야 한다. 그러나, 학급당 학생 수는 학교의 의견은 무시된 채 교육청에서 지정해 내려오고 있다. 학생과 학부모는 학생의 진로 희망과 특성에 맞는 학교를 선택할 수도, 학교를 변화시킬 수도 없다. 학생, 학부모, 교사 모두 학교의 교육과정이나 학급당 학생 수, 학습-학교 공간 구성, 교육과정 구성 등 대다수의 학교 운영에 있어 소외되고 있다. 법적 기구인 학교운영위원회마저도 심의·자문기구라서 안건이 만들어지는 과정에 대해 협의할 만한 여건은 갖추고 있지 않다. 학급당 학생 수 20명 이하의 상한선을 법제화하고 학교마다 여건과 상황에 맞는 유연성을 가지고 운영될 수 있도록 지원해야 한다. 학교의 제반 여건과 운영에 대한 선택권 및 책임을 학교에 넘겨야 한다. 국가 주도의 교육에서 지역 주도의 교육으로, 교육주체가 주도하는 학교 교육과 교육환경 개선을 통해 학교자치, 교육자치를 완성해야 한디.

나는 대한민국의 교사이다. 교육자로서 과연 우리 교육의 문제와 대안에 대해 얼마만큼 고민했을까? 성찰한다. 정부는 학습-학급당 학생 수 20명 상한선 법제화하고 과감하게 실행되기를 바란다.

지속적인 삶의 공간으로 표현되는 학습공간

— 이보라(정책연구위원)

배움의 장소

쌀쌀한 가을, 온풍기로 답답해진 교실에서 아이들은 풀리지 않는 수학 문제를 풀고 있다. 더 이상 머리는 돌아가지 않고 선생님의 설명은 아이들의 귓가에도 스치지 않고 공중에 분해되어 버린다. 가뜩이나 내용이 너무 어려워 이미 수포자의 길을 가는 아이들에겐 고문의 시간이다. 이런 아이들을 교실 밖 운동장으로 옮겼더니 마치 전문가처럼 움직임이 분주한 모습을 보였다. 누가 시키지 않았음에도, 아이들은 모둠학습에서 자신의 역할이 무엇인지, 무엇을 먼저 해야 하는지, 자기 스스로 알아서 움직였다. 책상이 아닌 잔디 바닥에 앉아 의견을 나누거나 벤치에 엎드려 문제를 해결하기 위해 집중했다. 운동장 주변을 돌며 공식을 외우면서 문제해결의 실마리를 찾거나 막힌 부분에 무엇이 문제인지를 찾아가는 등 학급의 전원이 살아 숨 쉬었다. 이 순간만큼은 분명 모든 아이들이 살아 있었다. 운동장이기에 체육활동을 해야 하고 주위가 산만해 집중하기 어려울 것이라는 걱정은 기우였다. 배움의 장소는 고정관념에 따라 정해지는 것이 아니었다.

공간이 만드는 성장

이처럼 학습의 장소만 바뀌었을 뿐인데 아이들의 태도는 달랐다. '누구와 무엇을, 왜 배우는가?'의 물음도 중요하지만 '어디서 배우는가?'도 배움에 대한 열정과 동기를 불러일으킬 수 있다.

미네소타 대학교[1]에서는 '천장 높이에 따라 학습결과가 어떻게 달라지는지에 대한 실험'을 실시하였다. 천장의 높이가 가장 낮은 2.4m이었을 때는 단순한 문제를 푸는 경우가, 높이 3.3m에서는 추상적인 개념을 연결해 문제를 푸는 경우가 가장 많았다. 또, 천장 높이가 2m40cm에서 2m70cm, 3m로 천장 높이가 30cm씩 높아질 때마다 문제해결력이 2배 이상 증가하였다. 열린 공간은 아이들의 창의성과 역량을 성장시킨다. 다양한 공간의 필요성은 우리 모두가 공감하고 있으며 어떻게 만들어갈 것인가에 대한 논의는 우리의 공동 과제이다.

학교 공간, 정책 실험 장소인가?

학교 공간에 대한 변화 요구는 수십 년간 지속되어 왔다. 학생주도 프로젝트 수업이나 모둠별 협력수업, 문제해결 수업, 활동중심의 체험 수업, 온·오프라인 결합의 블렌디드 수업 등 다양한 배움중심 수업과 성장중심 평가가 취지 그대로 현장에서 실현되기 위해서는 수업에 따라 유연하게 재구성 가능한 학습공간으로 진화해야 한다. 2020년 7월, 정부는 '한국판 뉴딜 종합계획'에서 '그린스마트미래학교 사업을 10대 대표 과제로 선정하여 2025년까지 18.5조 원을 투자한다'고 밝혔다. 노후화된 시설을 그린(친환경)하고도 스마트(디지털 기반)한 학습공간으로 바꿔주겠다고 발표한 지 불과 4개월

---

1) 미국 미네소타 대학교(Minnesota University)의 조안 마이어스 레비(Joan Meyers-Levy), '천장의 높이가 인간의 사고에 미치는 영향(The influence of ceiling height)'

만에 대상교를 선정하고 사업을 강행했다. 1년이 지난 지금, 교육의 대전환을 경험할 수 있는 것처럼 요란한 홍보와 맛보기식의 사업이 전개되고 있지만, 교원과 학부모 사이에 이 사업에 대한 신뢰성이 크게 무너지고 있다.

2018년 사용자 참여 설계형으로 시작된 그린스마트미래학교 사업을 들여다보면 학교 구성원의 민주적 의사결정을 통해 추진하겠다는 취지의 사업이 실제로는 관 교육청 주도로 진행되고 있다. 준비되지 않은 사업 진행으로 일선 학교는 왜, 무엇을, 어떻게 해야 하는지 매우 혼란스러워하고 있다. 교사의 의지나 열정에 따라 공간 재구조화의 성과가 좌지우지되는 것처럼 모든 과정을 학교와 교사 개인에게 떠넘기고 있는 것이다. 책임의 문제가 아닌 진정한 교육이 실천되도록 전환이 필요한 시점이다. 교육 주체들이 직접 참여하고 결정할 수 있는 사전 설계과정의 내실화가 요구된다.

또 다른 문제점은 노후 건물의 보강이나 재건축의 경우 예산의 이중 비용이 발생할 수 있다는 점이며, BTL사업 방식(민간이 공공시설을 짓고 정부가 이를 임대해서 쓰는 민간투자방식)은 향후 시설관리 면에서 발생할 수 있는 여러 가지 문제가 전혀 고려되지 않고 있다. 그린스마트미래학교 사업과 학교 공간혁신 사업, 학교스마트단말기 보급 사업, 무선인프라 확충 사업, 학교 공간조성 지원 등 비슷한 여러 사업들이 학교에 제시되고 있다. 학교 현장에서는 각각의 사업을 학교 특성에 맞게 변경이나 통합 운영하는 등의 사업효율화가 불가능하며, 관련 업무 간 혼선으로 인해 누구의 업무인지를 두고 논란이 벌어지고 있다. 정부는 이것저것 다양한 사업을 무분별하게 운영할 것이 아니라 학교 현장에 맞게 똑똑하게 연구하고 현명하게 선택해야 한다.

사용자의 참여로 시작하는 그린스마트미래학교

친환경 에너지 시스템을 도입하고 디지털 기반 맞춤형 학습이 가능하도록 공간을 구성하는 것이 과연 교과·주제 중심의 융합형 학습을 실현할 수 있는 학습공간을 만드는 것인지, 이렇게 하면 미래교육으로 나아갈 수 있는지 의문이다. 시설 확충 사업이 아닌 교육의 관점에서 정부는 철저한 조사와 체계적인 대안, 순차적 실행 과정과 책임 주체 마련 등 기본적으로 학교자치가 필수적이다. 교육공동체의 공간에 대한 합의를 얻는 과정 속에서 학교에 대한 애착과 주체 의식 등 공간 주권을 갖게 해야 한다. 그럼에도 사용자 참여 중심의 사전기획 단계가 겨우 넉 달만에 실행되고 있다는 것 자체가 이미 학교 교육공동체의 합의를 받을 생각이 없음을 의미하는 것이다. 그저 정부가 추진하는 사업이니 물리적 성과만을 기대하며 정책을 밀어붙인 결과이다.

그린스마트미래학교는 공간혁신, 그린학교, 스마트학교, 학교시설 복합화 등의 네 가지 사업이지만 그 핵심은 학교 구성원의 민주적 의사결정 속에서 관계를 만들고, 자율과 민주성 기반의 학교문화를 정착시키며, 교육과정과 하나가 되는 공간을 조성하는 활동, 즉 교육 그 자체임을 기억해야 한다.

100명의 학생들을 위한 100가지의 학습공간

음악 전공인 학생에게는 음악실과 버스킹을 위한 공연장이 필요하다. 앱 디자인을 꿈꾸는 학생에게는 컴퓨터실과 디지털 기기가 지원되어야 한다. 아이들마다의 꿈을 위해서는 물리적으로 정해진 공간 속에서의 복합적이고 유동적인 다기능 공간의 재탄생이 요구된다. 또한, 학생 스스로 자신의 학습에 맞게 만들 수 있는 'DIY-School'이어야 한다.

사회의 빠른 변화에 따라 학교와 학습의 의미가 변화하고 있다. 학교를 단순한 지식의 습득 공간으로 보는 관점은 더 이상 유효하지 않다. 물리적 공간에 머물러 있던 '학교'라는 공간이 온라인상의 가상공간으로 확장되면서 다양한 삶을 경험하고 사람들 간의 관계를 넓힐 수 있는 공간으로 확장되고 있다. 교육과정 실현공간의 요구와 시공간을 초월한 학생의 삶의 공간으로서의 학교-학습공간 마련은 오랫동안 강조하고 있는 학생주도의 융합형 프로젝트 학습을 가능하게 하는 열쇠이다. 100명의 학생들에게 100가지의 교육과정을 제공하여 잘 살기 위한 교육(Well-Being)을 실현하는 것이다. 그러기 위해서 학교는 평면적이고 폐쇄적인 공적 공간만으로 머물러서는 안되며, 학생주도의 입체적, 복합적인 공적이면서도 쉼이 있는 사적 학습공간도 될 수 있어야 한다.

9학년제 통합학교와 고교학점제를 위한 교육공간

미래학교로 제안하는 9학년제 통합학교 운영과 고교학점제의 실현을 위해 유연한 학습공간, 복합적인 지원공간, 활용성 높은 공용공간, 효율적인 동선 등이 고려되어야 한다. 학교라는 제한된 공간에서 당해 연도 학생 선택에 따라 필요한 교과의 수와 조성될 교실의 수가 달라져야 한다. 또한, 원격수업이나 디베이트, 연극 등 교과수업의 목적, 학습활동 유형에 따라 공간의 조성 방향을 달리해야 한다. 물론, 수업에 참여하는 학생 수에 따라 공간의 크기 변화가 필요할 것이다. 고려되어야 할 모든 것들이 매우 유동적이라는 것이다. 구성원의 특성에 따라 매 학년도마다 다른 교육공간이 펼쳐질 것이다. 다양하고 폭넓은 정보의 접근성을 위해 개방적 공간 마련과 학습자 중심의 매체를 생성하고 제작하는 등 생산적인 학습 역량을 위한 유연하고 가변적인 학습-가구-공간의 마련이 무엇보다 시급하다.

교육 주체 중심의 '학교 공간 재설계위원회'

공적이면서도 사적 공간인 교실과 학교를 주인인 학생, 학부모, 교직원들에게 돌려주어야 한다. 그들에게 자신의 공간을 꾸미고 활용할 수 있도록 협의하고 합의할 수 있도록 자치권을 보장해야 한다. 학교 공간혁신사업을 비롯한 각종 사업들이 학교 단위에서 자체적으로 종합적이고 체계적으로 기획할 수 있는 시스템이 마련되어야 한다. 사업별로 쪼개진 예산을 그대로 학교 현장에 내려보낼 것이 아니라, 학교 기본 예산으로 배정하여 학교가 학생, 학부모, 지역과 더불어 필요와 목적에 맞게 자율적으로 구성하고 추진할 수 있도록 보장해야 한다. 학교 자체 내에 '학교 공간 재설계위원회'를 구성하고 공동체의 민주적 합의를 통해 공간의 민주성을 실천할 수 있도록 해야 한다. 교육청은 학교를 실질적으로 지원할 수 있는 예산과 자원을 확보하고 학교의 요청에 따라 함께 고민하고 적절하게 지원하는 역할을 담당해야 한다. 학교 공간의 변화, 학생주도권이나 학습선택권을 반영하는 학교 공간 재구성 과정 속에서 삶을 위한 교육, 교육 자체가 삶인 교육을 경험하고 배움으로 이끌어야 한다.

학습공원으로서의 학교 공간 마련

주제 융합형 프로젝트 수업을 통해 민주시민으로서의 자세와 역할에 대하여 학습하였다면 과연 민주시민이 되는 걸까? 민주시민 교육을 매년 배우고 시민으로서의 역할에 대한 답을 제시하고 있지만, 일상에서 작은 실천조차 행하기 어렵다. 일상과 떨어진 교육, 글자로 배우는 이론적 학습의 한계일 것이다. 지역사회에서 작은 실천을 통한 피드백도 학습의 일부분이며, 관계를 맺고 소통하면서 학습을 실행할 수 있다면 지역사회는 앎과 삶이, 그리고 행함이 실현되는 학습터일 것이다.

일상의 삶과 긴밀히 연결된 지역사회 기반의 학습공원은 열린 학습공간이다. 스포츠 클럽, 문화적 교류, 지역사회 조직 참여 등을 통해 살고 있는 지역의 문제를 찾고 해결하는 역동적 상호작용 속에서 배움의 동기를 스스로 찾고 지역 주민의 몫을 다하기 위해 노력해야 할 것이다.

고교학점제, 갭이어(Gap year) 도입, 9학년 통합학교 운영 등 학생들의 다양한 학습선택이 실현되기 위해서는 지역사회와 협력을 통한 학습공간의 확장이 필수적이다. 풍부한 학습자원, 지역사회 전문가와 공익단체, 공공시설을 활용하여 자유롭게 탐색, 연구하며 학생들의 경험의 폭을 넓혀야 한다. 학생들의 삶의 가치가 의미 있게 실현되도록 학습자원을 구체화하고 조직화해야 한다. 또한 배우는 모든 학습이 실제 경험의 공간과 기회를 통해 학생들에게 살아있는 학습으로 전이될 수 있어야 한다.

돌봄과 교육을 횡단하는
상호의존적 관점에서 무상교육을!

— 서화니·최진욱(정책연구위원)

거시적이고 포괄적인 영유아교육 정책: 늦었다는 현실 인식에서부터 출발하자

대한민국은 합계출산율 0.84명[2]으로 198개국 중 2년 연속 꼴찌[3]를 달리고 있다. 인구절벽과 국가 존속, 이 연결고리에서 영유아교육은 대한민국의 미래를 위해 선택이 아닌 책무로 다가온다. 영유아 정책이 복지 포퓰리즘일 수 없는 이유이기도 하다. 불과 1980년대만 해도 '하나만 낳아 잘 기르자'는 인구정책을 폈던 대한민국이기에, 지금이라도 거시적이고 체계적인 영유아 정책 및 교육계획이 수립되어야 하는 이유이기도 하다. 당장의 이익, 가시적인 이익을 위해서 영유아교육 정책을 이용하는 것을 멈춰야 한다. 늦었다. 늦어도 한참이나 늦었고, 잘못 채운 단추가 있다면 이제부터라도 제대로 채워야 한다.

미래 영유아교육 정책: 우리 자신을 낯선 시선으로 바라보는 것에서 시작하자

오늘날 인간과 비인간, 생명과 비생명, 주체와 객체, 유기체와 무기체 간의

---

2) https://www.yna.co.kr/view/AKR20211014084300530

3) 한국 출산율 198개국 중 198등… 2년 연속 '꼴찌' 등록:2021-04-14 17:41수정:2021-04-15 02:39

경계가 불확실해지고 있다. 지구온난화와 코비드19로 고통받고 있는 우리 사회의 현재를 생각할 때 이는 자명하다. 영유아교육 정책에 관한 이야기에서 생뚱맞게 웬 생태학에 관한 이야기를…, 영유아교육 정책을 이야기하는데 인간, 비인간까지 들먹이며 무슨 이야기를 하고 싶은 거야? 영유아교육 정책과 생태학이 무슨 연결고리가 있다는 거야? 지금 생태교육을 이야기하는 거야? 생태교육은 교육내용이고 교육과정이나 환경교육 차원에서 이야기해야 하는 거 아니야? 이리 이야기하는 것도 틀리지 않다. 영유아교육에 비인간까지 포함시키는 것은 낯선 접근일 수 있다.

그렇다면, '한 생명을 소중히 여기자'는 인류애적(Timothy Morton, 2021) 차원에서 미래 영유아교육 정책을 논의하는 것은 어떨까? 인간, 비인간적 존재들과의 연대 속에 있는 인간을 중심에 둔 '인류'의 의미까지는 아니더라도, 미성숙과 성숙을 이분법적으로 사고하는 인간주의 근대적 교육관에서 이제 조금 벗어나 유아를 미성숙한 존재가 아닌 그 자체로 완전한 인격체로 바라보며 그들을 위한 정책을 발굴하는 것은 아직도 낯선 접근일까? 우리가 살아가고 있는 이 세계에서 함께 호흡하며 살고 있는 아이들, 비록 투표권은 없지만, 그들 삶 자체의 완전성을 존중하며, 이 세계와 상호의존하며 살아갈 줄 아는 아이의 관점에서 완전무상교육을 제안해 본다.

돌봄을 중심에 놓는다는 것은 우리의 상호의존성을 인지하고 포용하는 것

돌봄 선언(The care collective, 2021)에는 2008~2009년 금융위기를 겪은 그리스가 상호의존 정치를 통해 새로운 돌파구를 마련한 사례를 비롯하여 세계 곳곳에서 상호의존의 정치학으로 위기를 기회로 전환한 다양한 사례가 제시되어 있다. 위기를 기회로 만든 사람들은 서로가 의존하며 생존한다는 것이 무엇인지 이야기한다. 동시에 그동안 우리가 어떻게 의존성을 나약함과 병적인 것으로 치부했는지 되돌아보아야 한다고 말한다. 우리에게도 의존성을 새롭게 바라보는 관점 전환이 필요하다. 우리의 존재가 상호의존을 통해 그리고 상호의존에 의해 다양한 제각각의 모습으로 형성된다는 것을 인식해야 한다.

아이들이 세상을 돌보고 있다. 아이들은 가정을 돌보고 있고, 그들이 만나는 사람을 돌보고 있으며, 감응(affect)하며 세계를 돌보고 있다. 유아들은 세상을 향해 사랑과 감사와 호기심을 표현하며 열려 있고 새로운 리듬을 만든다. 유아들은 부모의 마음에 힘나게 하고, 어른들의 마음을 말랑말랑하게 하며, 선생님의 마음을 미안하게 한다. 아이들은 세상을 웃음짓게 하고, 안타깝게 하며, 무엇을 바꿔야 하는지 생각하게 한다. 아이들이 있어 세상은 희망을 이야기한다. 세상을 진정성 있게 돌보는 정치를 구상하려면 아이들을 더 이상 소외시키는 것을 멈춰야 한다. 어른들을 위해 아이들을 이용하거나, 그들의 미래를 담보로 투자하는 것에서 현재 그들의 행위성(agent)을 보려고 눈을 떠야 한다. 아이들은 보이는 곳에서, 보이지 않는 곳에서 우리를 돌보고 있다.

아이들이 우리를 돌보고 있음을 자각하자, 돌봄 또는 교육이다

돌봄은 누구나 가지고 있는 역량이다. 나는 유치원에서 집에서 또 다른 어느 곳에서 정동(情動)을 함께하는 사람, 공간, 시간, 물질 등으로부터 보살핌을 받는다. 특히 정동 덩어리들인 아이들에게 받는 돌봄으로 행복한 선생님, 엄마, 인간으로 살고 있다. 아이들은 나에게 많은 이름을 지어준다. 나의 이름을 의미 있게 불러준다. 키티 선생님, 괴물 선생님, 의자 선생님, 유치원 엄마, … 나에게 붙은 이름들에는 사랑, 정동, 돌봄의 사건과 이야기, 서로가 서로를 향해 열려 있고, 감응하며, 배움을 주고받았던 기억들이 접혀 있다.

나와 아이들 사이의 교육은 이 이야기들이 접히고 펼쳐졌던 사건들로, 그 자체가 교육과정이었다. 돌봄은 교육의 또 다른 이름이다.

하지만, 직업적으로 부여된 나의 이름은 공립유치원 교사다. 유치원에서 돌봄과 교육은 서로 다른 결을 가진 무엇인가로 설명된다. 학부모님들께 유치원에서 행해지는 교육내용을 이야기할 때 특히 그러하다. 예를 들면 교육내용을 설명할 때, 교육과정에서는 주로 '놀이중심의 교육'을, 방과후 과정에서는 주로 '휴식과 쉼이 있는 돌봄'을 설명하곤 한다. 이분법적인 사고로는 이해관계에 따라 돌봄우위, 교육우위를 논하는 것에서 자유로워질 수 없다. 우리의 인식 속에 돌봄과 교육이 분절되어 있다. 그래서 공립유치원 교사로서 '돌봄'을 이야기하는 것은 늘 오해받을 수 있는 가능성이 높다. 그래서 무상교육을 이야기하는 나의 위치는 더 많은 용기와 신념이 필요하다. 하지만 또 다른 나의 위치는 집에서 부모이고 사회에서 시민이다. 위치가 바뀌면 관점도 바뀐다. 자명한 것은 서로가 서로에게 연결되어 있는 복잡한 네트워크를 횡단하며 살아갈 때 우리 교육이 지속될 수 있다.

돌봄과 교육의 엉킨 실타래를 풀어야 한다. 이미 실패했던 경험이 있다. 지금의 이분법적인 패러다임, 돌봄과 교육을 시장경제시스템으로 접근하는 정책으로 해결의 실마리를 찾기는 불가능할 수도 있다. 우리는 이미 경험했다. 유보통합(어린이집과 유치원 과정을 하나로 통합)은 단편적인 유치원과 어린이집의 기관통합의 문제가 아니다. 하지만 이제 '돌봄'을 다시 생각해 보아야 하는 때가 왔다. '미래 유아학교' 10대 의제 제안에서도 유·보체제 개편을 통한 격차 완화(유보일원화/유보통합)의 문제가 다시 논의되기 시작하였다. 그리고, 유보통합을 위한 선결과제 중 하나가 차별 없는 무상교육의 실현이다. 그리고 그 실현이 가시화되고 있다. 인천시교육청, 유치원부터 고교까지 '무상교육'에 대한 청사진(인천광역시교육청, 2020)을 발표하였고, 충청남도, 충청

교육청은 2022년부터 무상보육과 사립유치원 무상교육을 전면 실시한다고 발표하였다(충청교육청, 2021). 우리는 이제 돌봄과 교육을 횡단해야 한다.

돌봄~교육의 얽힘을 어떻게 풀어가야 할 것인가?

체계화, 일원화된 보육·교육체계 마련돼야

현재 영유아교육정책은 유치원에 다니는 아이는 유아교육법의 관리체계 아래서 교육을 받고, 어린이집에 다니는 유아는 영유아보육법 관리체계 아래서 '보육'을 받는 이원화된 체계 속에 살고 있다. 특히 만 3~5세 유아는 어떤 기관에 소속되어 있느냐에 따라 다른 관리체계 아래 살아가고 있다. 또한, 교육과 보육으로 이원화된 시스템은 교육과정과 보육과정, 시설, 급식 등에서 차이를 유발하고, 차이는 차별이 되기도 했으며, 그 피해는 고스란히 아이들에게 돌아가고 있다. 만 3~5세 유아교육의 이원화된 관리체제를 일원화하기 위한 방안들을 제안한다.

공교육의 기초, '유아학교'로!

'무상교육이지만, 의무교육은 아닌 교육'을 실시하고 있는 교육기관인 유치원을 초등학교와 같은 수준으로 국가의 책임교육을 설계해 보자. 우선, 이름부터 '유아학교'로 바꾸어 교육체계의 일관성을 갖춘 튼튼한 울타리를 만들어 주자. 이는 1997년 교육개혁위원회에서 언급되었던 것이다. 학교는 이제 그 구조가 감옥을 닮아 있었음을 자각하였다. 그리고 변화를 위한 끊임없는 탈주를 실행하고 있다. 전근대적인 교육기관인 학교가 미래학교로 변화를 지속하면서 운동을 멈추지 않는다면, 유치원의 이름을 초·중·고등학교와 별개로 써야 할 이유가 있는가? '학교'라는 분명한 개념을 갖추면, 관리 주체가 분명해지고, 그에 걸맞은 시스템과 지원도 분명해진다. 이에 따라 교육시설에 대한 엄정한 규정, 교사 교육과 지원시스템이 제대로 갖추어질 것이다. 이를 위해 공립유아학교 설치를 더 확대해야 한다. 교육의 공공성을 담보하기 위하여 사립유치원은 희망에 따라 법인화하여, 점차 학교로 이끌어 가자.

유아의 놀 권리가 침해받지 않는 완전무상교육 시스템 마련

선행학습이 아이들의 영혼을 멍들게 한다는 사실을 모르는 사람은 없을 것이다. 이에 초·중·고교의 선행학습은 법으로 금지하고 있다. 그러나 일부 유치원과 어린이집 현장에서는 그보다 더 어린 유아들을 대상으로 특성화 프로그램이라는 이름으로 한글, 수, 영어교육 등 많은 선행학습이 이루어지고 있다. 학부모와 유아들이 특성화프로그램이라는 이름으로 경쟁적인 사교육 시장에 놓이고 있다. 자녀의 미래를 위한 '학부모의 선택'은 유아의 행복과 놀 권리를 침해하고 건강한 발달을 저해하는 딜레마에 빠진다. 유아는 부모의 환경과 교육기관에 따라 차별적 교육을 받게 되며, 완전무상교육이라는 유아를 위한 정책이 사교육을 지원하는 전혀 의도하지 않은 방향으로 흐르는 문제를 낳는다. 유아의 놀 권리가 침해받지 않도록 하는 완전무상 교육 지원시스템 마련이 필요하다.

재원 및 관리체계 일원화

현재 국가와 지자체가 부담하는 유아의 교육비용은 표준유아교육비를 기준으로 교육부 장관이 고시하고, 교육청이 집행과 총괄 관리하는 일원화 체제를 갖춘다. 이러한 방식은 지금과 같은 기관 간 갈등을 일거에 해소한다. 이 세상에 나와 주어서 고마운 이들에게, 정동(情動)으로 세상을 돌보는 이들에게 수업료는 물론, 교재비와 체험활동비, 돌봄까지 완전한 무상교육을 제공해야 한다.

유아 무상교육 개념에는 돌봄도 있다. 학부모의 선택지가 있겠지만, 유아
학교 시스템은 그 선택지를 수용할 수 있어야 한다. 초·중등 교사 시스템을
초월한 개념이 필요하다. 오전 8시부터 오후 4시까지 근무하는 교사와 추
가적인 돌봄 수요를 충족하기 위해 오후 12부터 저녁 8시까지 근무하는 교
사 체제도 마련해 울타리는 넓고도 튼튼하게 만든다.

태어난 것만으로 고마운 이들에게, 유아수당이라도 주어야

인구학자 조영태 교수는 「정해진 미래」에서 인구 구조와 국가의 투자에
대한 의미깊은 시사점을 제시한다. 태어날 인구, 어린이, 청소년에 대한 교
육 투자가 장기적으로 국가 경쟁력을 키운다는 것이다. 한국에 태어나서 고
마운 이 아이들에게 유아 수당이라도 주어도 될 때다. 유아학교에 입학하
면 각 개인에게 통장을 만들어 매달 10만 원씩 주면 안 되나? 졸업할 때 수
백만 원을 주는 정책은 추진할 수 없는가도 반문해 본다. 온갖 수당 정책이
난무한 지금, 우리 아이들 생각에 안타까운 마음을 달래며 멀리까지 던져
본다.

선거용 졸속정책은 이젠 그만!

그런 측면에서 최근 모 대선 후보가 꺼내든 (영-유아교육에 관한) 유보통합
공약은 반갑다. 하지만, 기대보다 걱정이 앞선다. 이전에도 유보통합에 대한
논의와 연구가 많았음에도 유아와 관련한 여러 조직과 기관들의 갈등으로
인해 합의를 이뤄내지 못했기 때문이다. 그랬던 과거처럼 유아 '교육'과 학교
를 일원화하지 못한다면 유보통합 결과도 염려가 된다. 이 모든 정책의 바
탕에는 유아의 행복이 최우선으로 담보되어야 한다. 학부모의 부담을 덜고,

교육구성원들의 만족을 높이는 방향을 찾아 더디 가더라도 찬찬히 의견을
조율하여 최선을 향하여 나가야 한다.

<참고문헌>
Timothy Morton(2021). 인류-비인간적 존재들과의 연대. 부산대학교 출판문화원.
김서영. 복지부 "올해 합계출산율, 작년 0.84명보다 약간 떨어질 것". 연합뉴스. 2021-10-14. https://www.
yna.co.kr/view/AKR20211014084300530.
조기원. 한국 출산율 198개국 중 198등...2년 연속 '꼴찌'. 한겨레. 2021-04-14. https://www.hani.co.kr/
arti/international/international_general/991023.html#csidx6bb4c709d0cc22fabaa68d3a860aecf.

지역을 살리고 지역 인재를 육성할 수 있는 방법, 지역 대학 투자 확대와 국립대 무상화!

— 신철균(정책연구위원, 강원대 자유전공학부 교수)

지역 소멸과 지역 인재의 유출

'지역'이란 단어는 언제부터인가 부정적이고 암울한 이미지가 되고 있다. 긍정적이고 희망적인 동네, 마을, 지역은 옛 추억에나 있다. 동네 아이들이 모여 신나게 오징어게임과 축구를 하고, 마을 어르신들이 모여 시끌벅적하게 음식을 나누며 정을 느끼는 마을잔치는 더 이상 지역에서 기대하기 힘들다. 사람들이 떠나고, 청년들이 머물지 않기 때문이다. 수도권에는 사람이 모여들고, 지역은 사람이 떠나고 있다. 수도권에는 기업과 투자가 몰리고, 지역은 기업과 투자 유치에서 외면받는다. 수도권 인구는 전국의 50%를 돌파하고 있으며, 특히 청년인구의 수도권 비중이 2000년대 초반부터 50%를 넘은 상황이다. 청년들이 지방을 탈출하고 있다.

청년들이 지방을 떠나는 두 번의 결정적 시기가 있다. 대학입학 시기와 취업이다. 예전에는 지역의 중심 대학인 강원대, 충북대 등에 지역의 많은 학생들과 인재들이 진학하였지만, 지금은 어떠한가? 서울대를 위시한 서울의 사립대들을 모두 채우고, 이후 경기·인천의 수도권 대학, 그다음으로 지역의

53

국립대에 등록하는 것이 공공연한 현실이다. 지방 학생들이 고교 졸업과 동시에 지역 대학 대신에 수도권 대학을 택해 떠나면, 그 이후로 자신이 태어나고 성장한 지역으로 돌아오는 것은 쉽지 않다. 대학 서열화는 더욱 고착되어 가고 국가균형발전은 더욱 어려워지고 있다. 결국, 지역 인재들은 떠나고, 지역 대학은 지역 인재와 학생들을 충원하기 어렵다. 이에 지역 기업은 역량을 지닌 청년을 채용하기 쉽지 않아 지역을 떠나 수도권으로 향하는 악순환이 되어 지역균형발전은 더욱 먼 얘기가 되고 만다. 부의 불평등이 8:2 혹은 9:1의 사회로 되고 있다고 걱정하고 있는데, 수도권과 지역의 상황이 현재 그러하다. 이러한 문제는 해결할 수 없는가?

지역국립대학 학생 1인당 교육비 증대를 통한 지역국립대학 교육력 강화

대학입학 시 지역 청년과 인재의 유출은 국가 차원에서 다양한 정책 수단을 활용하면 막을 수 있다. 그 정책 수단이 바로 지역 대학에 대한 국가 차원의 투자이다. 국가 차원의 투자는 크게 학생 개인당 교육비를 증대하는 것과 지역국립대를 우선으로 대학교육 무상화를 실시하는 것이다.

우선적으로 지역국립대의 투자비를 대폭 증대해야 한다. 학생 1인당 투자되는 교육비가 서울대는 4,475만 원, 연세대는 3,173만 원 수준이지만, 국립대 중 가장 많은 교육비를 투입하는 부산대는 1,822만 원에 불과하다. 서울의 주요 사립대학(9개 대) 학생 1인당 교육비는 국·공립대학(39개 대)의 1.6~1.9배 수준으로 교육비 격차가 벌어져 있다. 교육평론가 이범 씨는 카이스트나 포스텍이 비수도권 지역에 있는 서열 최상위권 대학임을 예로 들며, 대학 서열 원인은 지역 대학에 대한 적은 투자 때문이라고 단언하고 있다. 즉, 지역을 살리려면 지역 대학에 대한 국가 투자를 대폭 늘려야 한다는 것이다.

지역국립대학 무상화를 통한 지역 활성화

그리고 지역국립대부터 고등교육 무상화를 실시해야 한다. 우리나라의 대학은 엘리트 양성 기능에서 일찍이 보편화와 일반화 단계에 접어들었다. 고등교육의 저명학자인 마틴 트로우 교수(Martin Trow, 1973)의 고등교육 발전 단계에 따르면, 대학 진학률 15% 이하는 '엘리트 단계'로, 15~50%는 '대중화 단계'로, 그리고 50% 이상은 '보편화 단계'로 분류하고 있다. 우리나라는 2000년 초반 50%를 넘어서서 현재 70%가 넘는 대학 진학률을 보이고 있다. 즉, 고등교육의 보편화 단계를 일찍이 달성하였다. 대학은 더 이상 특권층만을 위한 곳이 아니라 일반 청년들과 시민들이 학습하고 기술변화에 적응하며 재교육(reskilling)하는 보편적인 교육공간이 되었다. 고등학교 무상화가 이뤄졌듯이, 대학도 무상화가 이뤄질 때가 되었다. 우리나라에서 실질적으로 지역국립대학 무상교육 실현을 위한 추가 소요예산은 연평균 5,000억 ~8,000억 원 내외 정도면 가능하다(국가거점국립대학교총장협의회, 2022; 국회예산정책처, 2020).

독일, 핀란드 등 북유럽의 복지국가들은 국립대 무상화가 실시된 지 오래되었다. 미국 바이든 대통령도 양극화 극복을 위한 중산층 복원을 위해 중산층에게 2년제와 4년제 공립대학 무상교육을 교육 공약으로 내걸었다. 그만큼 국립대학은 교육기회불평등 회복에 의미가 있다. 지역국립대 무상화가 실시되면 지역의 중산층 학생들이 부담 없이 대학에 진학함과 동시에, 지역국립대학의 재정 여건도 좋아질 것이다. 국가에서 투자하는 지역의 국립대학부터 무상교육을 실시하여, 지역의 청년과 인재들이 지역 대학에서 배우고 역량을 개발하여, 지역에서 활동하고 취업하여 지역이 활성화될 수 있도록 국가가 노력해야 한다.

지역 대학의 자구 노력과 대학교육의 포용적 상향평준화

과연 예산만 투자한다고 해서 지방대학이 살아날 것인지 지방대학 투자론에 회의적인 사람들도 있을 것이다. 물론 지방대학 스스로 연구와 교육 체제를 혁신하며 지역 기반의 특성화된 대학, 학생 역량 증진에 맞는 학생 중심의 대학, 그리고 대학 간 협력하는 공유대학으로 향하는 자구 노력이 당연히 뒤따라야 할 것이다. 또한, 대학은 혁신의 놀이터가 되어야 한다. '융합과 연결', '혁신과 창업' 그리고 '문제해결'이라는 키워드 속에 기존의 전공 경계를 벗어나 자유전공처럼 무전공 형태로, 유연하고 도전적인 인재의 인큐베이터로서 자유로운 시도와 네트워킹이 이뤄지는 대학 체제로의 전환도 필요하다. 이러한 대학의 혁신을 가속화하기 위해서는 대학에 대한 투자가 뒷받침되고, 이와 함께 지역의 일자리가 생겨나며 지자체-산업체-대학이 함께 성장하는 생태계 속에서 지방대학의 성장도 지속적으로 이뤄질 것이다.

지역 대학에 대한 투자는 지방대학 퍼주기나 특혜가 아니라 '교육의 포용적 상향평준화'이다. 수도권과 지역의 교육격차를 줄이고, 전체적으로 국가 대학교육의 질을 올려 지역의 인재 양성을 통해 지역을 살림과 동시에 국가 경쟁력을 높이는 것이다. 지방의 위기와 지방대학의 위기는 복합적으로 연결되어 있으며, 수도권과 지방이 함께 성장하지 않으면 우리나라의 미래는 밝지 않다. 학생과 청년들이 어느 곳에서나 성장할 수 있는 기회가 주어져야 한다. 이를 위해서는 그동안 무관심 속에 있던 지방대학에 대한 투자를 증대하여 교육의 포용적 상향평준화를 이뤄내야 한다.

지역 사람의 성장과 성공을 위한 기회의 공간, 지역 대학

지역의 대학은 학문의 전당 역할, 그 이상의 역할을 한다. 지역 대학은 지역 인재를 배출하고 양성하는 인큐베이터이다. 또한, 지역 대학은 청년과 지역, 그리고 기업을 연결하는 가교이자, 지역의 연구·교육의 거점이 되는 허브이다. 이처럼 중요한 지역 대학의 역할이 발휘되어야 지역이 살아날 수 있다.

지역 대학이 살아나지 않고서 지역이 활기를 찾기는 어렵다. 지역에서 초·중·고등학교를 졸업한 학생들이 지역 대학에 입학하여 지역에서 일자리와 터전을 마련하며 지역의 주민과 일꾼으로 정주하며 생활하도록 하는 것이 근본적인 방향이다. 지역도 누구에게나 기회의 땅이 될 수 있어야 한다. 지역 대학도 누구에게나 성장의 기회, 성공의 기회를 맛볼 수 있는 공간이 되어야 한다. 지역의 학생들과 청년이 이 기회를 활용하고 혜택을 누리게 될 것이다.

지역의 사람을 키우지 않고서 지역을 살리기는 어렵다. 지역국립대학에 대한 학생 1인당 교육비 투자 확대와 국립대 무상화는 지역 학생과 인재의 지역국립대 진학을 견인할 수 있다. 지역 대학에 대한 투자로 지역 대학의 교육 수준이 향상되고 등록금 부담이 없어진다면 지역 인재들은 떠나지 않고 지역 대학으로 진학할 것이며, 이는 지역 대학의 경쟁력을 높이고 나아가 지역의 경쟁력을 높이는 기회가 될 것이다. 물론 시간이 오래 걸리는 일이지만 더 이상 이를 외면해서는 안 된다. 이것이 지역을 살리고 국가균형발전에 기여하는 첫걸음이 될 것이다.

<참고문헌>
국가거점국립대학교총장협의회(2022). 제20대 대통령 고등교육 대선 공약 제안.
국회예산정책처(2020). 국립대 무상교육 재정 추계 내부자료.
Trow. M. (1973). Problems in the transition from elite to mass higher education. Carnegie Commission on Higher Education. Berkeley: CA.

1. 학습 속도가 다양한 학생들의 기본학력 보장

1) 현황 및 문제의식

• (사회적 요구) 사회적 불평등과 양극화 심화에 따른 공교육의 책임교육 강화 요구가 증가함. 최소한의 안전망으로서 학생의 기본학력 보장은 국가 차원의 중요한 책무임
  - 학생 존재의 존엄, 공평한 기회와 과정, 결과가 공정한 교육, 모든 학생이 배움에서 소외되지 않고 성장할 수 있도록 하는 책임교육, 학생이 주체적·주도적으로 스스로의 꿈을 만들어 실현하는 행복교육의 요구가 커짐
• (현행 기초학력 보장 정책) 현재의 학력평가 시스템은 단위학교 차원에서 3R's와 교과 학습부진 진단검사와 관리, 중3, 고2 학생 대상의 국가 수준의 학업성취평가 실시 등 학습부진아 등의 학습능력 향상 지원·관리에 초점을 둔 기초학력 보장체제임
  - 학습부진학생 중심의 진단 보정 및 사업 중심의 학력보장시스템 한계를 극복할 필요가 있음
  - 초·중 의무교육 9년 동안의 학생 개별학습에 대한 성취를 확인하고 지원하는 시스템이 부재함
• (기본학력 보장을 위한 책임교육의 환경적 한계)
  - (담임체제) 현행 담임제는 1년제로서 교원 순환근무제 등의 제도와 맞물려 학생 개개인에 맞게 장기적으로 지도하는 데 적합하지 않음
  - (교사업무) 담임교사들은 많은 수의 학생과 과중한 수업시수, 줄어들지 않는 행정업무로 학생들의 개별화된 진로지도에 어려움을 겪고 있음
  - (학생 수) 학급당 학생 수는 OECD 평균을 초과하고 있어 감염에 대응하고, 학생 맞춤형 개별교육을 하는 데에는 제약 요소로 작용함

학급당 학생 수 현황(2020)
• OECD 대상 국가 30개국 학급당 학생 수 평균은 초등학교 21.1명, 중학교 23.3명이며, 우리나라는 초등학교 21.8명, 중학교 25.2명임(「OECD 교육지표 2020」)
• 전국 초·중·고 217,575개 학급 중 학급당 학생 수 30명 이상 18,232개(8.5%), 21~30명 학급 151,281개(69.5%)로써, 21명 이상이 78%를 차지(2020년 교육통계연보)
• 경기도의 경우, 9,624학급이 과밀학급으로 전국의 42.8% 차지, 특히 경기 중학교 5,771학급이 31명 이상임. 과밀학급 해소 절실히 필요

---

2) 나아가야 할 방향

· (모든 학생 대상의 국가책임 체제) 학생 개개인의 학습권을 보장하기 위한 기초학력 안전망 구축에 관한 국가의 책임을 강화함

· (학력보장 평가체제 개선) 초·중학교 의무교육(9년제) 체제에서 누구나 갖추어야 할 기본학력을 책임 있게 성취할 수 있는 체제를 만듦

· (교원 수급 정책 개선) 담임교사제 정비, 기본학력통합지원교사 및 행정업무전담교사 배치 등 기본학력 보장을 위한 교원 수급 정책과 연계함

· (기본학력 보장의 환경여건 개선) 미래교육, 학생 맞춤형 교육, 기초학력 부진 학생 개별지도가 가능하도록 근본적인 교육환경을 개선함

3) 핵심 과제안

① 초중학교(9학년) 통합학교 운영 및 기본학력 보장체제 구축

· 추진 방향

- 초·중학교 의무교육 체제에서의 학생 개별 책임교육을 위한 교육과정 운영 및 평가체제를 개선함

- 8학년 하반기부터 의무교육이 끝나는 시기에 학교의 교사공동체가 자율적인 원칙을 정해 기본학력 테스트를 실시함

- 학교 평가의 취지는 걸러내는 데에 있지 않고, 기본학력을 보장하는 데에 초점을 두어 최저 수준의 교과 융합 논·구술식으로 평가를 실시함

  ※평가 결과에 따라 학생에게 지속적인 기회를 제공하여 기본학력을 갖추도록 함

- 평가주도권을 단위학교에 부여

  ※학교와 교사에게 평가권 보장(교과통합, 절대평가, 논·서술형 평가 등 출제·채점권 및 인증권 보장)

· 주요 내용

- (대상 및 방법) 9학년제 교육과정 이수 과정에서 도달해야 할 성취도를 학교별 자체 절대평가(논·구술형)를 통해 확인함

- (평가 과목) 3~5개의 공통이수과목(필수, 통합가능) + 진로 연계 선택과목(학생 자율 선택)으로 통합교과 평가를 지향함

- (평가 통과 기준) 성취평가(절대평가)를 바탕으로 하되, 학교 심의위에서 평가 기준을 마련하

관련 자료 1

<영국의 중등 학력 인증 시험, GCSE(Gerneral Certicicate of Secondary Education)>

- 가. 7-9학년
  - 학교가 제공하는 교육과정을 따라 다양한 과목을 학습
  - 국가교육과정을 따름
- 나. GCSE (10-11학년)
  - 의무교육의 마지막 2년간, 중등학교에서 배운 교과의 학습 성취도를 측정함.
  - 10학년 학생들은 졸업 자격 획득을 위해 7-9학년에서 배웠던 교과 또는 새로운 교과를 선택하고 2년간 수학하게 됨
  - 학생들은 11학년 마지막 학기에 10학년 때 선택한 필수과목(영어/수학./과학)과 선택과목 5~12개 교과에 대한 성취도를 측정함
  - 대부분의 과목은 학교의 10, 11학년 과정 중에 교사에 의해 평가되는 coursework(과제) 점수와 11학년 말에 시행되는 종합시험(평가 과목 및 범위를 세분화하여 2-3주간에 걸쳐 실시)을 합산하여 평가됨 (과정평가와 성취도 평가 병행)
  - 모든 교과 시험 서술/논술형 절대평가 등급제로 실시
  - 옥스포드, 캠브리지 및 의대, 치대 및 수의대에 진학 시 최소 다섯 개 과목(영어/수학/생물/화학/물리)에서 우수한 GCSE 성적이 요구됨.
  - A*~C등급을 받은 과목은 AS/A-Level 교과로 선택할 수 있음. 대부분의 대학에서는 영어, 수학, 그리고 학생들의 A-Level때 수강한 과목에서 C 혹은 그보다 나은 점수를 요구함
  - 학생들의 GSCE 성취도는 교육기준청 학교감사/평가 시 주요 지표로 활용됨
- 시사점
  - GCSE시험은 중등과정 교과의 성취도를 측정하는 장치로서 우리나라 상황에 맞게 변형하여 접목된다면, 기본학력 보장을 위한 평가 수단으로 활용될 수 있음.
  - GCSE평가는 과정평가와 일회성 종합 평가 결과를 합산하므로 학습과정 및 최종 성취도 모두를 평가 요소에 포함시킴.
  - 전인적 교육과정인 7-9학년과 교과 학습(시험) 중심 교육과정인 GCSE를 분리시킴으로서 각각의 성격에 맞는 교육을 효율적으로 실시할 수 있음. 그러나 우리나라의 중학교 시기에 해당하는 과정을 5년간 거쳐야 하고, 7-9학년 때 배운 교과를 GCSE과정에서 반복한다는 비효율적 측면이 없지 않음.
  - GCSE에서 선택한 교과가 보통 AS/A-Level로 이어지고, AS/A-Level에서 선택한 교과가 대학 전공으로 이어지는 연속성이 강함.

여, 최소 수준의 기본학력을 학교가 인증함

※기준점 이상 취득 시 '인정', 그렇지 못했을 때 '재시험' 방식 등 검토

- (재인증 기회 부여)'재시험'은 졸업 후에도 가능하며, 갭이어나 방학을 활용한 온라인 재학습, 고등학교 과정에서 재응시(고등학교 학점제 교과 대체)할 수 있도록 기회를 부여함

※재응시할 때 자격시험의 선택과목을 변경할 수 있음

· 학교-교육청 역할

- (개별학교) 학교 교육과정 이수, 및 최소한의 성취기준 도달 여부를 평가함

※통합 시험의 경우, 통합된 교과 모두 인정

- (교육지원청) 방학 중 재이수 할 수 있는 온라인 수업 시스템을 마련함

- (교육청) 평가 사례를 발굴하고 공유함(관련자료 1 참조)

② 기본학력 통합지원 교사 정규교원 배치

· 추진 방향

- 3R's 및 교과 학습부진 학생 진단과 보정뿐만 아니라 위기관리 학생, 취약계층 학생, '경계선' 학력 학생에 대한 총체적, 예방적 차원을 강화함

- 지원 학생에 대한 인지적, 정서적, 심리적 측면에서 다각적인 맞춤형 지원이 가능하도록 전문 기본학력 통합지원 교사를 추가 정원으로 배치함

- 담임, 특수교사, 상담교사 등과 함께 수시 점검으로 기본학력에 도달하지 못한 학생을 선별하여 전문적인 학습 코칭을 실시함

- 기본학력 통합지원 교사의 역할을 강화하고, 전문성을 향상시키기 위한 세부 지원방안과 네트워크를 마련함

· 추진 내용

- (역할) 학생 한명 한명에 맞는 기본학력 프로그램을 매칭하는 인력

· 기본학력 보장 계획 수립(방과후 기초학습 프로그램, 1~2학년 한글 지도 프로그램, 학습복지망 연계 사례 관리 등), 대상 학생별 특성을 고려한 학력프로그램 매칭(학력 부진의 원인을 분석하여 원인별 학교 내 자원, 지역자원, 상담 및 교육복지 영역을 두루 매칭하는 인력)

· 학교 기본학력 다중지원팀(솔루션팀)과 연계하여 지원 대상 학생의 맞춤형 기본학력 보장 방안 마련(전문상담교사, 담임교사, 보건교사, 특수교사, 상담교사 등과 연대 협력으로 지속적 기초학력부진 학생 선정*)

*기본학력부진 학생 선정 과정에 특수교육 대상자 선정도 동시에 함. 특수교육대상자 선정 기준을 완화하여 지원을 확대함.

· 학습 코칭 및 상담, 지역사회-유관 기관의 학습복지 프로그램과 매칭 지원 및 사례 관리, 학력부진 학생의 부모교육까지 연결

※기본학력 미도달 학생은 지속적 학습지원으로 기본학력 보장 테스트에 재도전, 특수교육학생대상자는 인증 테스트 패스

- (배치 기준 및 원칙) 정규교원, 기본학력 미도달 학생 10명 또는 10학급 당 1명 배치
- (제도 마련) 기본학력 통합지원 담당교사 정규교원 배치 법령 마련

초·중등교육법 관련 조항 신설(안)

제28조의2(학습부진아 등 학습지원 전담교원 배치) ① 학교에 제28조 제1항 1호, 2호의 효율적인 학습지원교육의 수행을 위하여 「초·중등교육법」에 따른 교원 중에서 학습지원교육을 담당하는 교원(이하 "기본학력통합지원교사"이라 한다)을 별도 배치한다

② 제1항의 기본학력통합지원교사의 정원·배치 기준 등에 필요한 사항은 대통령령으로 정한다.

---

③ 담임제도 개선

• 추진 방향

- 학교급별 특성을 고려하여 다양한 방식의 담임제를 적용함

  ※(현행) 초등학교, 중학교 시스템은 한 명의 담임교사가 한 해 동안 하나의 학급을 전담하는 1학급 1담임 제도를 택하고 있음

- 담임 연임제(3년 연임 원칙), 학생별 진로 담임 멘토제를 병행함
- 1-3학년 담임은 3년 연임하고, 4-9학년은 2년 이상 연임으로 하여 담임 연임 기간을 확대, 모든 교원이 진로 담임이 되어 학생 그룹별 진로 멘토가 됨

• 추진 내용

- (담임 연임제 확대) 학생들의 학교생활 적응과 안정적인 발달을 돕고 학급구성원들 간 친밀도와 신뢰도 및 학생 개별화 교육의 연속성을 높임
- (진로멘토제 도입) 진로와 기본학력 지원을 구분하기 위해 전 교원(교장, 교감포함)이 학생 진로 멘토 담임 활동을 함(진로 시간 확보: 주 3시간 이상)

> ### 담임제도 해외 사례
>
> ○ 캐나다
> - 담임교사와 보조교사, 특수교사가 짝을 이룬 3인 체제로 학급 운영
> - 담임교사가 맡아야 할 역할과 업무를 분산하고 학생들의 수준과 적성, 능력을 고려한 맞춤형 개별 학습을 효과적으로 지원하는 데 도움
> - 매년 새 학년 시작과 동시에 새로운 담임교사가 배정되지는 않음. 학년이 바뀌더라도 약 2주간은 기존의 담임교사와 같은 교실에서 생활하여 학생들이 새 학년 새로운 환경과 맞닥뜨렸을 때 경험하는 긴장과 스트레스를 완화시키고 빠른 적응을 도움
>
> ○ 독일
> - 2~3년의 연임제로 초등학교는 2년마다, 중등학교는 3년마다 바뀜
> - 학생과 교사 간 신뢰를 굳건히 하고, 학급 규칙의 안정적인 운영
> - 독일의 대표적인 사립학교인 발도르프 학교의 경우 전체 12학년 중 무려 8년간 학급과 담임이 바뀌지 않는 8년 연임제 실시
>
> 참고자료: 2020년 교육정책네트워크 해외교육동향

- (학생별 멘토 교사제 도입) 학습지원 필요 학생(학습부진, 위기관리 학생, 취약계층 학생 등) 대상으로 멘토 교사 매칭, 개별적 진로상담 및 학습 코칭을 지원함

  ※(예시) 생활담임-특수교사-기본학력담당교사 3인 체제, 생활담임-진로멘토교사 2인 체제

④ 기본학력 보장에 전념할 수 있는 제도적 기반 마련

• 추진 방향
- 미래교육과 기초학력 보장을 위해 학급당 학생 수 20명 이내로 감축함
- 교사가 교육과정과 수업, 기본학력 보장에 전념할 수 있는 여건을 마련함
  · 기본학력통합지원교사(별도 교사 정원), 교무업무전담교사 배치(별도 교사 정원, 순환보직형태), 특수교육대상자 확대

• 추진 내용: 학급당 적정 학생 수 및 교원 수급 정책
- (학급당 학생 수 적정화) 학급당 학생 수 상한선 20명 이하(유아: 14명 이하)로 법제화하고, 교육 예산을 증액함
- (기본학력통합지원교사 배치) 교내 기본학력부진 대상자 10명, 또는 10학급당 1명씩 배치, 별도의 수업시수 없음. 연수와 네트워크 지원으로 전문성을 강화함

- (교무업무전담교사 도입) 교무와 교육과정 기획을 전담하는 교사 배치 TO를 확보(12학급당 1명)하여, 수업과 행정의 분리 체제를 갖춤.

  * 학교별 교무업무전담교사 배치, 학교장은 교원 중 교무업무 전담교사를 지정할 수 있음

  ** 교무업무전담교사는 학교 교육과정 및 교수-학습 운영과정에서 발생하는 기획, 운영, 평가 관련 교무업무를 수행, 담당 수업시수 없음. 교무행정업무지원팀 운영(교감, 교무업무전담교사-교무행정실무사 등과 협력체제 구축)

2. 미래교육을 위한 학습 환경 구축

1) 현황 및 문제의식

• 코로나19 상황에서 드러난 교육현장의 문제 요구 사항

순위	내용	응답률
1순위	현장과 맞지 않는 방역지침	42.6%
2순위	과밀한 학급당 학생 수	42.6%
3순위	가정의 원격수업 여건 차이	41.4%

• 제한된 등교수업과 원격수업으로 인한 학습격차와 결손 현상이 발생함
- 교사 대상의 설문 결과 10명 중 8명(79%)은 원격수업으로 인해 '학생 간 학습격차가 심화되었다'고 응답함
- 원격수업으로 인한 학력 양극화 현상이 발생함
- 경제-사회적인 격차가 학력 격차로 전이되는 현상이 발생함
• 2020년 교육통계에 따르면 학급당 학생 수가 21명이 넘는 학급의 비율은 초등학교 84%, 중학교는 84%, 고등학교는 72%임. 31명이 넘는 학교만 보면 고등학교는 3%, 초등은 10%인데, 중학교는 20%로 10,391학급임.
  ※OECD 상위 10개국의 학급당 학생 수는 초등 18.4명, 중등 19.4명, 현재 한국의 학급당 학생 수는 2018년 기준 초등학교 23.1명, 중학교 26.7명임
• 개인별 맞춤형 교육과정 운영을 위해 학생 수 감축 및 공간 재설계가 필요함
- 개인별 온라인 학습장 및 미래형 수업을 위한 공간이 필요함

- 현재 추진 중인 그린스마트 사업의 경우, 노후 건물 보강, 리모델링, 스마트 기재 확보 등 중심 사업으로 수업을 위한 공간 재설계가 이루어지지 않고 있음. 노후 건물의 경우 재건축을 할 경우 이중 비중이 발생할 문제도 안고서 사업이 진행 중임. 특히, BTL 사업 방식은 향후 시설관리에 따른 또 다른 문제가 발생할 수 있음

2) 나아가야 할 방향

• 학습-학급당* 학생 수를 20명 이하로 법제화(유아: 14명)

*고교학점제의 경우 학점 신청 학생의 변수가 발생함으로 일반적 학급 기준이 아닌 학습-학급 기준으로 설정하였음

• 미래교육을 위한 학교 공간 재구조화 및 공간혁신

- 학교 공간혁신 사업을 넘어 미래학교 환경체제 구축을 통한 학교 교육과정 실현 차원으로 접근함

- 그린스마트 사업을 실질적인 국가 교육-뉴딜 정책으로 수정, 초·중등교육 예산을 대폭 증액하여 교육강국으로서의 면모를 갖춤

3) 핵심 과제안

① 학습-학급당 학생 수 20명 이하 법제화(유아: 14명)

• (추진 방향) 학생의 학습권 보장을 위한 학급*당 적정 학생 수 기준 마련, 과밀학급 해소 계획 수립(일반적 학급 기준만이 아닌 교과목 학습 조직 구성 기준으로 확대 적용)

*일반적 학급 기준만이 아닌 교과목 학습 조직 구성 기준으로 확대 적용

• (추진 내용) 초 · 중 · 고교의 학급당 학생 수를 20명 이하의 범위에서 정하도록 법률 정비(초·중등교육법 근거 조항 신설)(관련자료 2 참조)

② 학습(학교) 공간 재구조화 교육 투자 예산 사업 실시

• 추진 방향

- 국가 교육 뉴딜 사업으로 대규모 교육 예산을 편성함

- 9학년제 통합학교 운영을 위한 학교별 '학교 공간재설계위원회'를 구성해, 교육청에 신청, 교육청별 심의위원회를 통해 예산을 편성함

- 국가 예산의 직접적 투자 방식으로 함

- 미래교육을 위한 다양한 교육공간을 설계하고 투자함

○ 국회에서 학급당 학생 수 관련 법률안 발의

※ 교육기본법 제3조(학습권)에 '학급당 학생 수 적정 수준을 20인 이하' 규정 신설(이탄희 의원 대표발의)

※ 초·중등교육법 제4장 학교, 제24조(수업 등)에 '학급당 학생 수 20명 초과 금지' 조항 신설 (이은주 의원 대표발의)

이은주 의원('21.1.18. 발의안 참고)	초·중등교육법 제24조의2 신설	제24조의2(학급당 학생 수 등) ① 교육부장관은 학생의 학습권을 보장하기 위하여 학급당 학생 수의 감축에 필요한 계획을 수립·시행할 수 있다. ② 교육감은 학교(제2조제4호는 제외한다)의 학급 수 및 학급당 학생 수를 정하되, 학급당 학생 수는 20명을 초과할 수 없다. 이 경우 대통령령으로 정하는 사람은 학생 수에 포함하지 아니할 수 있다. <부칙> -이 법은 2024년 3월 1일부터 시행한다.

○ 해외 사례

· 캐나다 온타리온주: 신규교사 고용과 학급 규모 축소를 위해 1억 달러(한화 약 898억) 예산 지원 방침 언급

· 미국 질병통제예방센터: 학급 규모 축소를 위해 학생 수 감소 권고

· 프랑스와 영국: 교실 입실 학생 수를 최대 15명까지로 제한할 것을 권장

· 독일: 온라인 수업과 병행해 한 교실에 머무는 학생 수를 10명으로 제한함

• 추진 내용

- (9학년제 통합학교 재건축 및 공간 리모델링) 미래교육을 준비하는 학습 환경으로서 학교 공간의 변화, 학생주도권·학습선택권을 반영하는 학교 공간 재구성이 필요함

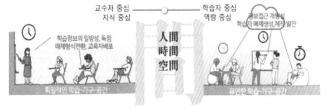

"교육으로서 교실은 전달하는 곳이라면 배움으로서 교실은 발견하는 곳이다." ― 존 카우지

삶과 교육을 위한 터잡기, 새로운 시·공간 틀 짜기

- (고교학점제 운영을 위한 학교 공간 재구조화) 학생 중심의 다양한 교육과정 운영을 위한 학급
  교실, 교과 교실 등 학습공간 재구조화를 지원하고, 학점제형 학교 공간을 조성하는 모델을 구
  축하고 확산해야 함

3. 무상교육을 통한 교육기회 보장

1) 현황 및 문제의식

• (사회적 요구) 모든 학생들의 공평한 교육기회 보장을 확대할 필요가 있음
- 「헌법」 제31조, 「교육기본법」 제3조, 제4조의 학습권 보장, 교육의 기회균등 보장을 위한 국가
  와 지방자치단체의 학생 간 교육격차 해소를 위한 노력의 확대가 필요함
- 부모의 소득격차가 교육기회의 격차로 이어지지 않고, 교육이 부의 대물림 수단이 되지 않도
  록, 가정환경·지역·계층과 관계없이 모든 학생에게 공평한 교육기회를 보장하기 위해 유치원
  부터 대학교육까지 무상교육을 시행할 필요가 있음
• (유아교육체제 정비) 유아 무상교육의 실질화
- 만3~5세 유아들을 위한 무상교육이 실질화가 되지 않음
- 생애교육의 기초인 유아기 교육의 중요성에 대한 사회적 인식을 확대하고, 국가적으로 균등
  하게 교육받을 기회를 보장하는 유아 무상교육의 기회보장 체제 구축이 필요함
• (대학교육 무상화) 국·공립대학부터 무상교육 필요
- 4차 산업혁명, 직업 다변화, 100세 시대를 맞아 온 국민의 고용력 확대와 고급 학습 기회 확대
  를 위한 대학교육 보편화가 필요함
- OECD(2020)의 비교에 따르면, 우리나라 정부 부담 대학생 1인당 공교육비 또한, 9.9%로
  OECD 국가 평균인 24.5%에 크게 미달함. OECD 국가들에 비해 과도하게 학생과 학부모의 부
  담에 의존함
  ※(해외) 유럽의 대학은 대부분 무료로 제공, 미국은 전문대 무상화를 실현함. 세계적으로 국립
  대 무상화는 일반적임
- 고등교육에 대한 정부재정지원을 획기적으로 확대할 필요가 있음
  ※2016년 기준 대학생 1인당 정부재정지출 OECD 평균 USD 10,267, 한국 USD 3,985
- 대학 등록금은 불공정한 과정에 따른 불평등한 결과 초래할 수 있음

> ### 높은 교육비용은 불공정한 과정이며, 불평등한 결과를 낳는다
>
> - 경제적 지위와 사회적 지위가 높은 부모를 둔 학생은 등록금은 물론, 생활비, 각종 연수비와 풍족한 용돈을 받고 학습활동을 수행하는 반면, 가난하고 사회적 지위가 낮은 부모를 둔 대학생은 학내 근로장학생으로 주 20시간 근로를 하고 매일 야간에 4-5시간의 최저시급 노동을 수행하면서 학습을 수행해야 하는 처지에 놓여 있음
> - 이는 헌법과 교육기본법이 보장한 균등한 학습권을 형해화하는 현실이며 이를 해소할 책임이 국가와 지자체에 있음.

- 수도권 대학 선호로 인한 인재의 수도권 쏠림 현상이 강화됨에 따라 지역의 위기와 함께 지방 국공립대의 위상이 저하되고 있음

2) 나아가야 할 방향

• (유아교육의 무상교육 실질화) 유아교육의 무상교육 실질화를 통한 국가 책임교육을 확대함

• (국·공립대학 무상화) 국·공립대학 무상교육으로 국가 책임교육을 강화함

 - 지역 국·공립대학을 수도권의 상위권 대학과 같은 경쟁력 지닌 그룹으로 성장 지원함으로써 지역 인재의 유출 방지 및 지역의 자체 지속 가능한 인재 양성-활용-재교육시스템을 마련함

3) 핵심 과제안

① 유아교육 무상교육의 시스템 실질화

• 추진 방향

 - 만3~5세 유아기에 해당하는 모든 유아에게 균등한 교육기회를 제공함

  ※OECD의 여러 교육선진국에서도 만 3~5세 유아기에 해당하는 모든 유아에게 교육기회 제공을 확대해야 한다는 국가책임 인식 증대, 유치원 의무교육 및 지속 가능한 유아교육 정책 강조(3~5세 유아교육의 보편화 현상)

 - 모든 유아의 무상교육 실질화를 통한 교육기회 보장체제를 마련함

  ※UN에서는 2030년까지 모든 영유아가 양질의 영유아 발달 교육, 돌봄, 초등 전 교육에 접근할 수 있도록 권고

 - 유아교육 포함 유·초·중등교육 정책 추진, 유아교육 내실화를 위해 공교육시스템을 정비함

- 주요 내용
  - (유아교육 관리 주체 일원화) 유아교육의 관리 주체를 교육부-교육감 체제로 일원화하여, 재정과 교육과정 운영과 지원에 대한 혼란을 해소함
  - (표준유아교육비) 국가와 지자체가 부담하고 있는 유아 교육비용을 교육부장관이 고시하고, 교육청이 집행 총괄 관리함. 유아의 교육과정 경비 전액 무상으로 지원함
  - (완전무상 유아학교의 점진적 확대) 국공립유치원부터 유아학교로 명칭을 바꾸고, 무상으로 하되 의무교육이 아닌 고등학교와 같은 학교 시스템을 적용함. 사립유치원도 점차적으로 학교 시스템을 확대하여 완전무상교육이 실질화될 수 있도록 함
  - (학교시스템 적용에 따른 유아발달에 적합한 교육과정 제공) 유아의 놀 권리를 보장하고, 행복한 배움을 지원하는 교육과정이 운영되도록 책임교육 체제를 마련함
  - (돌봄 확대를 위한 유아교육 인력지원체제 구축) 1학급 1일 2명의 교사 지원으로 교사 근무체제 개선 및 수급 계획을 수립함
    예) 교육과정 교사(오전 8시~오후 4시), 방과후과정 교사(12시~저녁 8시)

② 국공립대 · 전문기술교육 무상화
- (정책 목표) 온 국민의 대학교육 일반화 및 실질적 대학 무상교육 실현
- (주요 내용) 국·공립대 무상교육부터 순차적으로 실시하여 2030년까지 실질적 대학 무상교육을 실현함
  - (국립대 무상교육 실시) 국가균형발전의 차원에서 지역 국공립대들이 지역 거점대학으로서 대학-지역-산업계 간 상생발전의 견인차 역할을 할 수 있도록 국공립대의 위상과 역할을 강화할 필요가 있음
    ※2019년 기준 국립대학(일반대 27교) 예산 5조 300억 원 중 등록금 수입은 1조 2,291억 원 (24.4%)이며 중앙 정부가 충분히 부담할 수 있는 수준임
  - (전문대 무상화 및 고용부 훈련체제와 통합) 전문대를 무상화하고 공적자금 투입에 따른 회계 투명성, 운영의 공공성을 확보, 전문기술교육의 실질적인 개선과 저소득층 자녀들에 대한 교육복지지원 강화, 현행 고용부의 직업훈련 체제와 전문대 교육 중첩 현상 개선(대부분 무상), 전문대와 통합 연계하여 호환성을 높이고, 현장성을 강화함
  - (대학원 교육 및 연구역량 강화) 대학교육의 보편화로 인해 기존 핵심인력 양성 체제의 변화가 필요함(고등교육체제 개선: 학부체제*, 대학원 체제** 개선)

*(학부교육) 기초 교양교육과 전공지식 습득 명확히 하고, 관련 분야로 취업할 수 있도록 지원하는 체제 명확화

**(대학원 교육) 새로운 지식의 창출을 통한 사회경제적 혁신역량 강화 중심으로 구축, 국가 핵심 산업 발굴 및 강화

관련 자료 3

<단계별 대학 무상교육 실현(안)>

ㅇ 1단계) 국립대 무상화: 전체 국립대를 포함한 국립대 등록금 무상화 정책 도입 시 소요예산 추계 결과, 2021년 약 9,495억 원의 등록금이 소요되며, 2030년까지 9,196억 원으로 소폭 감소하는 것으로 나타남(인구 감소 결과)

ㅇ 2단계) 대학 기초보호학문분야 등록금 무상 지원: 기초보호학문분야의 국립대 무상등록금 무상화 정책 노입 결과, 2021년 약 1,490어 원이 등록금이 소요, 2030년까지 1,302억 원 소요

ㅇ 3단계) 50% (2025년까지): 무상교육수혜자 50%(등록금의 90% 이상을 공공재원(국가 및 교내외장학금)에서 받는 대학생의 비율이 50%에 이르는 것으로 정의)는 사립대 평균등록금 절반(368만 원) 이상 지원: (17년) 53.5만 명(재학생의 26.5%)→ (18년) 66.5만 명(재학생의 30.5%) → (19년) 68.4만 명(재학생의 31.5%)

ㅇ 4단계) 2030년까지 실질적 대학 무상교육 실현 100%화: 등록금의 90% 이상을 공공재원에서 수혜받는 대학생의 비율이 80%를 넘은 상태로 정의 (국가장학금 신청자가 대학생의 75% 수준임을 고려), (예산) 25년 이후 연간 2.5조-4.7조 원 소요

출처: 이정미·이길재·이희숙(2021). 국립대학 등록금 지원 개선방안 연구. 한국연구재단 정책연구보고서.

제2부. 학생 본위의 교육 실현

학생 참여 제도화로 학생 본위의 교육 실현

<교육의제 4> 학생의 기본권을 보장하는 '아동·청소년 인권법' 제정

학생인권, 선택의 문제인가?

<교육의제 5> 학생의 학교-국가 교육정책 및 정치 참여 보장

일상의 민주주의에서 시작되는 학생 중심 미래교육

"미래를 살아갈 아이들의 행복한 현재를 위해
학생 참여 보장 제도를 실천합니다!"

학생인권, 선택의 문제인가?

— 남혜정(정책연구위원)

버텨주고 싶은 교사의 사명감

교직에 몸담은 세월이 20년을 넘었다. 20년이면 어디 가서 그 분야의 전문가라는 소리를 들어도 되지 않을까 싶지만, 여전히 학생들 앞에서는 어떤 것이 옳은 것인지에 대해 명확하지 않다. 필자의 눈에 학생들은 어디로 굴러갈지 모르는 날달걀 같았다. 타원형 모양으로 데굴데굴 어디로 굴러갈지 방향을 예측할 수 없으니 늘 긴장되고, 혹여 어딘가에서 바스락 깨어지는 것은 아닌지 염려되기도 했다. 그럼에도 그 아이들의 조잘대는 소란스러움이 좋았고, 탈 없이 커나가기를, 세상에 나가 어려움에 부딪히게 되더라도 거뜬히 이겨낼 수 있는 무엇 하나라도 더 준비시키고 싶은 마음이 있었다. 1년을 단위로 만나고, 헤어지고를 반복하는 학교의 순환은 학생들의 나이테가 되고, 필자의 순서에서 아이들의 성장이 멈추지 않기를, 예쁜 모양의 나이테가 그려지기를 늘 소망했다. 아이들의 성장 경로에서 잘 버텨줘야 한다는 사명감은 때론 무거운 부담이지만 간혹 아이들이 주고 가는 예쁜 마음들이 그 부담을 잘 다독여 주곤 했다.

아이들의 선택은 대부분 옳다, 아이들 스스로 벌써 자신들의 선한 환경이 된다

점심시간에 장난처럼 '맞있는 음식 나 혼자 먹어야지!' 문장을 칠판에 적어두고 문장에서 틀린 것을 찾아보도록 한 적이 있었다. 종례 시간에 정답을 맞혀보자고 했다. 이 문장은 4년 전 즈음 인터넷에 떠도는 초등학생 시험 문제였다. 한참 맞춤법을 배우고 있는 초등학교 저학년의 문제였다. 문제의 답은 누가 봐도 알 만하다. 그런데 인터넷에 떠도는 시험지의 주인은 정답을 맞히지 못했다. '맞'을 '맛'으로 고쳐 쓰지 못했다. 대신 다른 곳을 고쳐 적었고, 그 학생은 그 문제를 틀렸다. 그런데 그 시험지가 인터넷을 돌아다니는 데는 그만한 이유가 있었다. 궁금했다. 중3이나 되는 우리 아이들이 어떤 답을 적을까? 마지막 시간에 적었던 수학 풀이를 대충 쓱쓱 지운 칠판에 우리 반 아이들은 이렇게 적어뒀다.

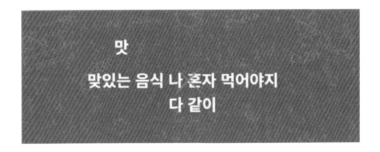

아이들은 초등학생이 시험지에 또박또박 적은 따뜻한 마음과 초등학생이 놓친 철자법까지 모두 제대로 적은 퍼펙트한 답안을 적어두고 보란 듯이 기다리고 있었다. 이 순간이 바로 나의 무거운 부담이 아이들로 인해 잘 다독여지는 순간이다. 선생님의 장난 같은 질문을 잊어버리지 않고 기억해 내주

는 그 마음이 고맙고, 이 질문이 어떤 의미인지 한 번쯤 생각해봤을 우리 아이들의 여유로움이 다행이고, 꺼내놓은 의견들 중에 나름 서로가 합의된 내용이었을 텐데, '다 같이'의 의미를 소중하게 생각하는 그 마음이 귀했다. 이런 날의 종례는 짧아야 제맛이다. "집에 가자." 후다닥 가방을 챙기는 아이들을 보며 참으로 행복했던 기억이 있다.

필자는 인간의 본성에 대해 성선설도 성악설도 믿지 않는다. 인간은 절대적으로 선하지도, 악하지도 않다. 평소 무단결석을 밥 먹듯이 하고, 입에 욕을 달고 살던 녀석이 학교를 떠나 전주비빔밥 만들기 체험을 하면서 밥 위에 예쁘게 야채 고명을 올리며 즐거워하고, 정성껏 비벼 친구들에게 나눠주는 그 모습을 보면서 선이다, 악이다 한쪽으로 단정지어 규정할 수는 없다. 모든 인간은 선과 악의 씨앗을 품고 태어나는 것이 아닌가 하는 생각을 한다. 씨앗 중 어떤 것이 싹을 틔우게 될지는 모른다. 다만, 아이가 처한 선한 환경이 선한 인격의 형성과 행동을 불러오지 않을까? 생각할 뿐이다. 그래서 우리 아이들이 머무는 모든 환경이 선한 것이었으면 한다.

학생인권에 대한 인식이 자리 잡기까지

학생인권조례가 제정된 지 열두 해가 되었다. 2010년 경기도교육청이 처음 학생인권조례를 제정할 당시 우려의 목소리가 많았지만, 이후에 7개의 지자체로 조례 제정이 확대되었다. 학생인권조례는 학교를 선한 환경으로 만들기 위한 노력이었다. 훈육이라는 이름으로 행해지던 체벌, 입시 중심의 교육이 빚어온 성적에 따른 차별, 학생들의 개성까지도 표준화시키는 학교규칙들, 자율보다는 통제가 앞서는 다양한 생활 수칙들, 학생들의 목소리가 철저히 묵살되는 일상들은 모두가 아이들의 성장에 있어 선한 환경이라 말할 수 없다. 그런 것들을 학교에서 걷어주고자 했다.

1991년 유엔아동권리협약에 비준하고 30년을 지나면서 그간 아동에 대한 권리 보호를 위한 정부와 사회의 노력이 있었던 것은 인정된다. 그러나 여전히 우리나라 아동의 삶의 만족도 점수는 OECD 27개국 중 꼴찌이다. 2018 아동·청소년 인권실태조사에 따르면 유엔아동권리협약, 학생인권조례, 국가인권위원회에 대한 인지도는 각각 11.8%, 6.6%, 15.6%로 여전히 낮다. 그리고 학생회 대표의 학교운영위원회 참여 및 의견표명권은 18.6%로 낮다. 이런 상황에서 2019년 유엔아동권리협약 이행 5·6차 국가보고서 심의에서 한국 공교육의 과도한 입시 중심 경쟁 체제에 대한 개선 촉구가 강하게 권고되었다. 이는 2011년 권고 이후 전혀 개선되지 않는 영역으로 아동권리의 신장을 막고 있는 주요 요인이 되고 있다. 공교육에서 벌어지고 있는, 그래서 공교육에서 책임지고 풀어나가야 하는 영역이다. 아직 학생인권과 관련해서는 갈 길이 멀다.

교육의 장이었기에 더욱 소홀했던 인권 사각지대, 학교!

현행법상 아동과 달리 학생을 보장 대상으로 상정한 법적 인권 개념이 존재하지 않는다. 학생의 인권 보호는 자치법규인 조례에 기대고 있다. 그렇다면 그간 왜 학생을 법적 대상으로 하는 인권법에는 우리가 소홀했던 것일까? 학교는 선한 가치의 집합소이다. '교육적'이란 표현은 '가치롭다'로 이해된다. 학교는 교육적 공간이자, 교육적 가치가 일상적으로 구현되는 곳이다. 그러니 당연히 인권의 가치가 교육되고 실현되는 곳이라고 받아들여졌다. 문제는 교육의 본질이 왜곡되고 잘못된 방향을 지향하면서 생겨났다. 입시의 결과가 학교와 학생의 수준을 결정하고, 상대적인 경쟁이 인간의 존엄을 해치고, 인간 내면의 가능성을 발현시키는 교육 대신 외부적인 주입과 확인을 반복하는 교육의 과정에서 학교는 더 이상 선한 가치를 실현하는 공간이 아니었다. 그 과정에서 학생들의 인권은 여지없이 유린당했다. 악한 환경에서 아이들의 상처가 갈등과 일탈로 드러나고, 그럴수록 학생들은 더욱 통제되고 자신들의 권리를 빼앗겼다. 사실 모두가 알고 있었는데, 누구도 신경 쓰지 않았던 인권의 사각지대가 학교 안에 버젓이 있었다.

아동·청소년 인권법 제정과 한국형 인권 보이텔스바흐 제도 마련

아동과 청소년이 어디에 머물고 있으며, 어떤 사회적 역할과 신분으로 살아가는지를 세세히 살펴볼 필요가 있다. 때로는 자녀이고, 때로는 학생이며, 직장인으로 살아갈 수도 있는 이들이 인권의 사각지대에 놓이지 않도록 우선 법령의 정비가 필요하다. 아동·청소년 인권과 관련한 법령을 살펴보면, 사회적 상황에 따라 정부 부서의 대응과정에서 제정된 개별 법안들이 분산되어 있고, 실제 아동·청소년과 관련한 정책들이 중구난방으로 운영되고 있다. 따라서 아동·청소년의 넓은 범위에서 종합적이고 체계적인 인권 보호를 위한 법안의 마련이 필요하며, 공교육의 특수성을 반영한 학생 인권 보호에 관한 법령 또한 보완이 필요하다. 이에 저자를 포함한 미래학교자치연구소(미자연)에서는 (가칭) 아동·청소년 인권법 제정을 제안한다. 아동·청소년·학생을 법적 주체로 하는 「교육기본법」, 「초·중등교육법」, 「아동복지법」, 「청소년기본법」, 「청소년보호법」, 「청소년복지법」, 「아동수당법」, 「아동빈곤예방법」, 「청소년성보호법」, 「장애아동복지법」 등을 포괄하는 법령 정비가 필요하다.

법의 수평적 체계에서 아동·청소년과 관련한 법령 간에 상충하는 지점이 있다. 단적인 예로, 청소년 기준에 있어 청소년기본법, 청소년복지법, 청소년활용법은 만 9~24세까지를 청소년으로 규정하고 있고, 청소년보호법, 청소년성보호법, 영화비디오법은 만 19세 미만, 게임산업진흥법은 만 18세 미만으로 각각 규정하고 있다. 실제 법령이 적용되는 모습을 보면 '만 18세' 청소년은 '청소년 이용 불가' 게임은 할 수 있되, '청소년 관람 불가' 영화는 볼 수 없다. 여기에 아동의 연령 범위까지 더해지면 더욱 혼란스러워진다. 이를 정리하여 아동과 청소년에 대한 인권 보호 기준이 마련될 필요가 있다. 그리고 법의 수직적 체계에서도 법령 정비가 필요하다. 예를 들어, 교육기본법 제12조 제3항은 "학생은 학습자로서의 윤리의식을 확립하고, 학교의 규칙을 준수하여야 하며, 교원의 교육·연구활동을 방해하거나 학내의 질서를 문란하게 하여서는 아니 된다"라고 명시하고 있다. 해당 조항은 학생인권을 제한할 수 있는 근거로 해석되어 학생인권을 침해하는 교칙으로 구체화되는 경우가 종종 발생한다.

법령을 종합적으로 정비하고 필요에 따라 제·개정하여 정부 각 부서의 아동·청소년 지원 사업의 중복성, 분절성을 개선하고, 이에 근거하여 효과적으로 아동·청소년의 인권 보호와 신장이 이뤄질 필요가 있다. 또한, 학생에 대해 학습권·자치권 등의 기본적 권리를 보장하는 법령 체제를 정비할 필요가 있다. 즉, 학생들이 학교 안에서 학력 정도, 개인의 환경적 요인 등에 의해 차별받지 않고 개인의 특성에 맞는 학습을 해나갈 수 있는 기본권을 보장해야 한다. 그리고 자신의 배움과 삶에 대한 결정권을 갖도록 해야 한다. 이러한 주장은 개인의 인권과 공교육에 부여된 공적 권한 사이에서 구성원 간 갈등을 유발할 수도 있다. 하지만 과도하게 우려할 필요는 없다. 이에 대해서는 보이텔스바흐 원칙에 기초한 '한국형 인권 보이텔스바흐' 제도의 도입을 제안한다. 실질적인 인권 보장을 위해 주입식 인권 교육을 방지하고 비인권적인 부분에 대한 구성원 간 합의 과정을 유도할 필요가 있다. 갈등을 다루는 것 또한, 학생의 상황과 이해관계를 고려하여 학생 스스로 시민역량을 키워나갈 수 있는 과정으로 수용해야 한다. 이를 통해 실질적인 인권의식의 신장과 상호 인권 존중의 학교문화 조성을 기대해볼 수 있을 것이다.

학생인권은 더 이상 선택이 아니다

기존 사회는 성인 중심의 구조로 조직되고 운영되었다. 따라서 아동·청소년은 성인의 수혜 결정 범위 안에서 보호받고 권리를 누렸다. 물론 성숙하지 않아 보호받아야 할 필요가 있지만, 그렇다고 해서 그들의 인권이 성인에게 양도되거나 유린당해서는 안 된다. 학생에게 인권을 줄 것인가 말 것인가를 과연 누가 결정할 수 있는가? 천부적 성격을 가진 인권은 누구에게나 똑같이 주어져야 하고, 보호받아야 한다. 반론의 여지가 없다.

앞서 얘기했듯, 오랜 시간 동안 학생들을 바라본 필자의 확신은, 학생들은 공동체 안에서 협의를 통해 결정을 내릴 때 대부분 옳은 판단을 한다. 때론 시행착오를 거치기도 하고 제 길을 찾아가는 데 시간이 걸리기도 하지만, 어른들처럼 개인적인 이해관계에 얽혀 전혀 생뚱맞게 일을 어그러트리는 경우는 많지 않다. 그런 아이들을 믿으면 된다. 그들이 자신들에게 주어진 권리를 당연히 여기고 책임감 있게 잘 다뤄낼 수 있도록 제도를 마련하여 지원하고 기다리면 된다. 그리고 아이들의 당연한 권리를 인권법의 이름으로 대한민국 법령에 문서화해주면 그것으로 충분하다.

일상의 민주주의에서 시작되는 학생 중심 미래교육

— 남혜정(정책연구위원)

'구색' 具色, 舊色

'구색을 갖추다'는 표현이 있다. 이것저것 필요한 것이 조화를 이루는 모습으로 해석된다. 새 옷을 차려입으면 해진 신발도 새것으로 바꿔 신어야 하고, 머리 모양새도 신경써야 하고, 명품 가방도 들어주면 좋을 것 같다. 구색은 본래 뜻이 그러하지는 않으나, 간혹 부정적 표현으로 사용되는 경우가 종종 있다. 내실보다는 외부로 보이는 것에 초점을 두고 있고 결과적으로 갖춰지는 형태와 행태에 집중한다. 그래서 '구색'은 '형식'이나 '생색'으로 바꿔 써도 그 뜻이 크게 달라지지 않는다. 결국 '구색'은 본질이 아니다. 구색을 갖추는 것에 초점을 맞추면 결국은 근본적인 변화를 이끌어낼 수 없다.

학교 현장에서 '구색'은 어떤 모습으로 나타날까? 예를 들어, 교육공동체가 함께하는 학교 대토론회를 개최하면서, 학교 부장회의에서 미리 결정된 토론회 주제에 맞춰 학생자치회장, 학부모회장, 교사대표가 나란히 앉아서 잘 정리된 개인의 의견을 피력하는 학교의 모습을 학교 현장에서 쉽게 볼 수 있다. 이를 학교 민주주의가 구현되었다고 인정할 수 있을 것인가? 우리가 지켜야 하는 것은 구색(具色)을 갖춘 낡은 구색(舊色)교육이 아니라 실제적이고 본질적인 민주주의를 학교 안에서 구현하고 이어나가기 위한 실천적인 노력이어야 하지 않을까?

온 동네가 미래를 향한 말놀이 잔치 중

듣기 좋은 말들이, 어쩌면 당연한 말들이 넘쳐난다. '미래교육에 있어 가장 핵심은 학생 주도성(Student Agency)이다. 학생이 교육의 주체이다. 비판적 사고를 가지고 자기표현을 할 수 있는 민주시민으로 성장하도록 도와야 한다. 학생자치회를 활성화하고 학교 교육과정 운영에 학생 참여를 확대해야 한다. 학생이 행복한 교육을 해야 한다.'

미래교육을 두고 할 수 있는 흥겨운 말놀이 잔치가 몇 해를 거쳐 이어지고 있다. 다들 신이 나 보인다. 불확실하기만 했던 미래교육에 있어 이제는 미래에 대한 희망의 청사진을 그릴 수 있게 되었다. 사라질 직업, 대량 실업 등과 같은 불안으로 학생들을 다그치고 몰아붙이지 않아도 되었다. 대신 학생들에게 '너희들이 배움의 주인이며, 각자의 관심사와 진로에 맞춰 배움을 선택할 수 있다'고 당당히 이야기하였다. 삶으로서의 배움을 이야기하며, 학생들에게 각자의 삶에 책임을 지고 주인이 되어야 한다는 미래교육의 비전을 설명하였다. 미래를 상상하는 대로 만들어갈 수 있다고 희망을 심어주었다. 수동적이지 말고 적극적으로 변해가라고 했다. 미래교육의 담론은 다채롭고 흥미로운 오솔길 같았고, 듣기 좋은 신곡 같았다. 말만 하면 모든 것이 이루어지는 양, 벌써 이루어져 있는 양 무성한 말들이 쏟아졌고 옮겨졌다.

이러한 말들 속에 자연스레 학생들의 삶 안에서 학교자치를 들여다보게 되었다. 정말 학생들이 배움 안에서 스스로의 삶을 살아가고 있는지를 살피게 되었다. 학생들의 이야기를 귀담아듣게 되었다. 그러면서 곧, 학생들이 잔치에 초대받지 못한 것을 알게 되었다. 학생들은 잔치가 벌어진 지도 모르고 있었다. 미래교육에서 말하고 있는 이미 주어졌다는 학생의 많은 권리들 앞에서 학생들이 여전히 소외되고 있음을, 그 여전함이 아직도 여전하다는 사실을 알게 되었다. 학생들의 이야기와 미래교육이 지향하는 이상의 간극이 너무도 컸다. 받은 사람은 없고, 주겠다, 줬다는 사람만 무성하였다. 실제 교육현장에서 참여와 권리에서 여러 걸음 뒤에 밀쳐져 있는 학생들은 살피지 않고 장기판에서 훈수 두듯 좋은 말 퍼레이드를 하고 있다. 이를 보는 학생들이 갸우뚱하며 물어오기 시작했다. 학생중심은 누구를 위한 것이냐? 이런 상태로 알맹이는 빠져버린 채 구색만 갖추려는 어른들의 흥에 겨운 말놀이 잔치를 계속해야 할 것인가? 아니면 학생들이 그 잔치를 열고 우리를 초대하게 할 것인가?

학생들 삶과 가까운 시선으로

학생들의 권리는 일상적인 권리이다. 그래서 일상적인 민주주의가 학교 안에서 구현되는 것은 당연해야 하는 것이다. 학교 안에서 일상적인 민주주의가 실제적으로 구현되는지를 알아보기 위해서는 학급회의를 들여다보면 된다. 학교 교육과정 상에서는 창의적 체험활동 영역의 '자율활동' 아래 세부적인 활동 내용으로 학급회의가 배치된다. 일반적인 학교는 연간 학사 일정에 맞춰 업무 담당자가 전년도의 계획을 참고하여 학급회의 주제를 선정한다. 자율활동으로 학급회의가 있기 며칠 전에 메신저로 담임들에게 주제가 전달되고 회의 결과가 학교의 행사나 의사결정에 필요한 경우는 회의록 제출을 요청하게 된다. 학급회의의 결과 반영은 시스템으로 보장되어 있지 않은 경우가 대부분이다. 물론 학급의 상황에 맞게 학급 단위에서 주제가 선정되고 학생들의 자유로운 논의가 진행되고 합의의 과정을 경험하고 이에 대해 학급구성원이 함께 책임지는 과정과 학교 단위로의 의견 개진, 학생자치회와 연계 등을 실천하는 학교도 있다. 그러나 안타까운 건 대부분의 학교에서 형식적으로 운영되고 있으며, 이런 형식적인 것마저도 하지 않는 학교들이 적지 않다.

학교는 학생을 어떤 존재로 규정하고 있으며, 학교는 학생들의 삶에 있어서 어떤 의미의 공간일까? 여전히 학생은 관리의 대상이며, 손쉬운 관리를 위해서는 관리의 대상이 비판적인 사고를 가지고 변화를 적극적으로 요청하는 상황이 발생하는 것은 달가운 일이 아니다. '그들이 자신들의 권리를 인식하고 주장하게 하지 말라.' 우리에게는 '가만히 있어'라는 말이 너무도 아프게 기억되는 공통된 상처가 있다. '가만히 있어' 말 앞에는 '닥치고', '잔말 말고', '이것저것 따지지 말고', '네 생각 표현하지 말고', '내 말 듣고', '하던 대로'가 붙는 것이 자연스럽다. 학생들을 그렇게 가만히 있게 한 다음은 무엇인가? '오세요', '가세요', '보세요', '들으세요', '적으세요', '이해하셨죠?'가 연결되면 자연스럽다.

학생들은 시·도교육청에서 만든 학생인권조례의 존재조차 모르는 경우가 대부분이다. 그 조례가 누구를 위해 만들어졌는지도, 그 조례가 갖는 의미와 담고 있는 학생들의 권리가 구체적으로 어떤 내용인지도 모른다. 이를 학생들이 어떻게 주장하고 사용해야 하는지는 더더구나 알 수 없다. 어쩌면 당연한 것인지도 모른다. 왜냐하면 아무도 가르쳐주지 않았기 때문이다. 최근 각종 위원회에 학생의 참여를 주장하고 16세 선거권과 피선거권에 대한 사회적 담론을 만들면서 역설적이게도 우리 학생들이 놓인 일상은 '가만히 있어'에서 별반 달라지지 않고 있다. 현실이 이렇다면 제도적으로 학생들에게 학교 안에서나 사회적으로나 참여의 권리가 보장된다고 해서 그 권리를 올바르게 사용할 수 있을 것인지 우려된다.

대표 없이 과세 없다

미국의 독립혁명 과정에서 권리의 부여 없이 의무만 지우려는 것은 불합리하다는 논리에 기초한 혁명의 시도는 세계 역사를 바꾸는 결과를 가져왔다. 학생들에게 주어진 권리를 엄격히 따져보면 학습권 하나밖에 없다. 그런데 그 권리마저 온전한 권리가 아니다. 선택의 여지가 없는, 학생 개별의 특성과 요구가 반영되지 않은, 대한민국 어디서나 똑같은 것을 강제하는 의무로 보여진다. 이런 의무화된 학습권과 더불어 학생이 감당해야 하는 책무는 참으로 많다. 불합리하다.

학생들의 요구는 간단했다. 자신들의 삶에 영향을 줄 수 있는 모든 것에 학생들의 의견이 반영되기를 바라는 것이다. 시민으로서의 삶을, 시민으로서의 참여를 요구하였다. 교육·청소년 정책 등에 있어 청소년 당사자가 직접 사업에 대한 의견을 개진하고 감독할 수 있도록 요구하였다. UN 아동권리협약의 아동 4대 권리 중 하나인 '참여의 권리'를 요구하였다. 너무도 당연한 요구이지 않은가?

하나 더 살펴봐야 할 지점이 있다. 2020년 경기도교육연구원이 발간한 『교육시선, 오늘』에서 학생 선거권이 하향되면 '청소년의 요구가 사회에 더 많이 반영될 것'이라는 의견이 가장 많았다. 자기 삶에 대한 주체성 인식 증대, 참여 민주 가치 인식 함양 등의 다른 항목에 비해 요구의 반영을 가장 많이 선택한 데는 선거권을 가지지 못하면 자신들의 의사를 표현하고 이를 사회에 반영할 수 있는 장이 없다고 인식하기 때문인 것으로 해석된다. 연령으로 시민을 자격화하고 아직 자격이 되지 않은 대다수의 학생에게는 의무만을 강조하는 구조가 학교에 온존한다. 이는 학생도 엄연히 존엄성을 지닌 인간이라는 점에서나, 학생이 대부분의 시간을 보내는 삶의 공간인 학교의 특수성을 보더라도 올바른 접근법은 아니다. 학생들이 있는 그곳에서부터 참여가 일상화되는 경험이 누적되어야 하고, 일상 속 민주주의의 구현은 선거권을 통하지 않더라도 자신들의 요구를 사회에 반영시킬 수 있는 하나의 방법이 된다는 것을 알게 하는 것이 필요하다. 이러한 경험은 당장 선거권·피선거권이 주어졌을 때 그 권리를 올바르게 쓸 수 있도록 하는 기반이 될 것이다.

이런 모습을 상상해보자

폭염이 지속되는 여름이다. 100년 만의 무더위로 인해 곳곳에서 온열병 환자가 속출하고 있다. 학교에서는 무더위에 학생들이 지치지 않도록 하루 종일 에어컨을 켜두고 있다. 덕분에 학생들은 더위에 건강을 해치지 않고 수업을 들을 수 있다. 그런데 문제는 에어컨을 켜는 것이 일상이 되다 보니 에어컨을 누가 켜는지, 끄는지 무감각해져 버린 것이다. 특별실로 옮겨 수업을 하는 경우에도, 모두가 점심식사를 위해 급식실로 이동한 시간에도 여전히 교실의 에어컨은 가동 중인 경우가 자주 나타난다. 때로는 에어컨을 켜둔 상태로 학생들이 모두 하교한 경우도 발생하였다. 누진 적용되는 전기세도 기하급수적으로 늘어났다. 그리고 TV에서는 연일 에너지 소비량의 급증으로 정전 사태까지 일어난다는 얘기가 들린다. 학교는 어떻게 할까?

쉽게 상상이 된다. 학교를 순시하던 교장선생님의 눈에 빈 교실에 켜져 있는 에어컨이 발각되었다. 또는 행정실장으로부터 이번 달 전기세가 너무 많이 나왔다는 보고를 받는다. 당장 학교 관리자는 부장교사를 통해 현재 학급의 에어컨 사용에 대한 문제를 전달하고, 더불어 실천 가능한 대안 몇 가지를 제안 또는 전달할 가능성이 높다. 이는 다시 담임교사에게로 전해지고 최종적으로 학급 학생들에게 안내될 것이다. 에어컨 가동 시간을 제한하는 등의 에너지 사용 수칙 몇 가지가 전달되거나 학급에서 에너지 관리 도우미를 뽑아 활동하게 할 가능성이 높다. 이 과정에서 학생들은 왜 에어컨 사용이 제한되는지에 대한 고민과 효율적인 에너지 사용 방법에 대해서는 관심이 없다. 단지 더운데 왜 에어컨을 켜주지 않느냐에 대한 불만과 체육 수업 후 돌아왔을 때 교실이 시원하지 않다는 이유로, 에어컨을 여지없이 끄고 간 도우미 학생에게 원망의 소리를 늘어놓을 뿐이다.

달리 접근해보자

다른 시각에서 접근하기 위해서는 선결 조건이 몇 가지 있다. 첫째, 학교생활 과정에서 생겨난 문제에 대해서는 관리자가 아닌 교육공동체가 협의 과정을 통해 해결해가야 한다는 인식의 공유가 필요하다. 둘째, 학생 생활과 직접 관련이 있는 사안들에 대해서는 학생들이 이에 대해 문제의식을 가지고 해결하기 위한 시스템이 마련되어야 한다. 정례화된 학급회의가 있다거나 학급회 또는 학생회가 중심이 되는 의사결정 구조가 있는 경우를 말한다. 셋째, 학급회와 학생회를 통해 합의된 사안에 대해서는 존중하고 수용하는 수준 높은 관리자의 리더십이 필요하다. 그런데 이보다 더 우선되어야 할 선결조건은 이러한 학교 상황을 문제로 인식할 수 있는 학생들의 의식이다. 배움이 또 다른 배움을 위한, 성장이 또 다른 성장을 위한 선결 조건이 되는 상황이다. 물론 갖추기 쉽지 않은 조건이다.

하여튼 이런 조건들이 갖춰졌다는 전제에서 위의 상황으로 다시 돌아가보자. 어디서부터 시작이 될까? 시작은 특별실을 다녀온 학생이 서늘한 빈 교실에 들어서면서 천정의 에어컨을 쳐다보며 생긴 '아차!'에서 출발해볼 수 있다. 아니면, 어제 저녁에 정전 사태로 인해 피해를 본 양식업 관계자의 하소연을 떠올린 친구가 교실에서 냉방병을 걱정하며 담요를 덮다가 든 '전기가 부족하다며?' 의문에서 시작해도 좋을 듯하다. 이 학생의 문제의식은 친구들과 공유하는 과정을 거치게 되고, 학생들은 우연의 상황인지, 다른 학급에서도 일반적인 상황인지를 파악하고 이로 인해 생겨날 수 있는 문제들을 예상하고 확인하는 작업을 해볼 수 있다. 학급 당 여름 하루 에너지 사용량을 계산해볼 수 있고, 학교 전체 에너지 사용량, 해당 지역 학교들의 총에너지 사용량, 전국으로 확대해서 학교에서 사용하는 에너지 사용량, 기관을 확대해서 공공기관에서 사용하는 에너지 사용량까지 객관적인 데이터를 모으고 효율적으로 사용되지 않아 소모되고 있는 에너지양을 산출할 수도 있다. 그렇게 필요 이상으로 사용되고 있는 에너지양이 파악되었다고 치자. 이 정도까지 오면 학생들은 당연히 해결방안을 찾으려고 할 것이다. 당장 자신들이 생활하고 있는 학교로 시선을 돌릴 것이다. 그리고 자신들 스스로 할 수 있는 방법을 찾으려고 할 것이다. 더 많은 학생의 공감이 필요하다. 학생들은 자신들의 의사소통 통로인 학급회와 학생회를 통해 이 문제를 공론화하고자 할 것이다. 학급회의에 '학교 에너지 과다 사용에 따른 문제와 해결방안'에 대한 안건을 올리고 자신들이 학교생활 중에 실천할 수 있는 실천과제를 만들어 실천해나가고자 할 것이다. 그리고 주변 학교, 더 넓게는 전국의 모든 학교 학생들이 이에 동참하도록 다양한 채널을 동원하여 홍보하는 일을 기획하고 실행에 옮기게 될 것이다.

결과적으로 전국의 모든 학생회가 에너지 절감 선언을 하고, 정전으로 인해 피해를 봤던 어느 누군가가 학생들의 노력에 대해 전달하는 감사 메시지가 언론을 통해 전파를 탄다면, 그래서 또 다른 누군가가 에너지 사용에 대해 신중해진다면 지나친 상상일까?

학생은 언제까지 학생으로만 머물지 않는다. 반드시 어른이 된다. 정해진 시간이 지나면 되는 어른. 이런 경험의 아이들이 20대가 되고 30대가 되면 우리 사회는 어떤 모습일까? 선거권이 16세가 되든, 대통령 선거의 피선거권이 20대로 낮춰진들 과연 우려할 일일까?

학생은 어떻게 자기 삶의 주인이 되는가?

학생이 인간으로서 기본권을 누리는 것이 중요하다는 것을 인식하고, 자신들의 삶에 직접적인 영향을 미치는 정책들에 대해 적극적인 참여의 권리를 유도하고 보장하는 것은 학생을 자신의 삶의 주체로 키워내기 위한 가장 중요한 과정이다. 이 자체가 교육의 본질이고 교육의 최종 목적이다. 이를 위해서 생활 속에서의 민주적인 참여와 책임의 경험이 우선되어야 한다. 이를 위해서는 실질적인 참여를 보장하기 위한 교육지원기관과 학교의 노력이 필요하다. 이와 더불어 학생들의 사회 참여를 안정적으로 뒷받침하기 위한 제도들이 함께 마련되어야 한다. 학교 안에서는 학교운영위원회, 교육과정위원회에 학생 위원이 필수 참여할 수 있는 법적 근거가 마련되어야 하며, 이를 확대하여 교육청, 정부 단위의 각종 교육정책위원회에 학생 참여를 제도화하여야 한다. 또한, 청소년의 '16세 선거권' 하향 조정을 적극적으로 검토하여 개선할 필요가 있으며, 올바른 정치 참여와 선거를 위한 교육 기반 마련을 위해 법령 개정과 함께 제도를 준비해야 할 것이다. 작은 참여와 선택, 그리고 그에 대한 개인적·사회적 책임을 갖도록 하는 것에서 출발하여 사회적 참여와 책임을 다할 수 있는 법적 제도들을 마련해두고 실행하는 것이 중요하다.

미래교육이 지향하는 바대로 우리는 편견 없는 시선으로 청소년과 학생을 바라보고 있는가? 학생이 올바른 가치관에 기초하여 적극적으로 사회에 참여하고 선한 영향력을 주는 시민으로 성장하는 것이 우리 공교육의 지향점이다. 그러기 위해서는 학생들이 머무는 모든 곳에서 그들이 자기 삶의 주인이 되도록 돕는 것, 그것 하나면 미래교육은 충분할 것이라 생각된다.

4. 학생의 기본권을 보장하는 '아동·청소년 인권법'제정 및 실질적인 인권보장을 위한 제도 마련

1) 현황 및 문제의식

- (국제사회의 지속적 요구) UN 아동권리위원회에서 한국정부에 아동 관련 정책을 권고함
  - UN 아동권리위원회는 한국 정부에의 권고서(2019)*를 통해 국내의 각종 아동 관련 정책을 대대적으로 보강하고 그 체계를 통합적으로 관리할 것을 권고함.

    *10여개의 필수기본권 보장 권고, 7개의 기본권 보장 권고, 8개의 아동 특별보호 권고

- (국내 아동, 청소년 관련 법령) 아동·청소년 인권 보장 관련 법 부재
  - 아동·청소년 관련 기본법은 시대적 상황에 따라 생성되고 논의되는 여러 의제를 시급히 처리하기 위해 각 의제별 개별 법안이 제정되고 있음
  - 이에 각종 아동·청소년 관리체계가 중구난방식으로 운영되고 있어 학교 교육과 청소년시설에서의 교육 간 유기적 체계가 마련되지 않음.
  - 대부분의 학생인권조례는 헌법(제32조 등), 교육기본법(제12조 및 13조 등), 초·중등교육법(제18조 4 등)을 그 근거로 두고 있는데, 현행 헌법-교육기본법-청소년기본법 등에서 명시하는 아동의 권리가 각각 모두 다르며, 더욱이 '교육', '학교', '학생'을 구체적으로 보장 대상으로 상정한 법적 인권개념이 존재하지 않음.
  - 많은 학생들이 학교생활 과정에서 발생하는 다양한 형태의 차별을 금지해 달라는 요청 발생, 공교육이라는 특수한 상황에서 해석될 수 있는 학생인권과 다문화·탈북·임신·출산 청소년 등 소외된 교육계층의 인권을 단일 단위로 포함하여 보호할 수 있는 법적 장치가 필요함.
- (아동·청소년 인권법 제정에 대한 사회적 우려) 기존 법령과의 충돌, 개인화된 인권과 공교육의 공적 권한 간의 대립 가능성이 있음
  - 학생 기본권 제한 근거: 교육기본법 제12조 제3항은 "학생은 학습자로서의 윤리의식을 확립하고, 학교의 규칙을 준수하여야 하며, 교원의 교육·연구활동을 방해하거나 학내의 질서를 문란하게 하여서는 아니 된다."
  - 인간존엄성에 기초한 인류보편적 가치에 대한 인권 교육이 보장되어야 함, 다만, 사회 질서 유

지 및 민주시민을 양성하는 기능을 담당하는 공교육의 특수성을 반영하여 구성원 간의 각각
의 권리가 상충하지 않고 균형을 찾을 수 있는 제도적 장치가 함께 마련되어야 함

나아가야 할 방향 및 과제

• (아동 청소년 인권법 제정) 아동·청소년의 기본권 보장의 체계적인 법체계 정비, 실질적 교육권
보장하는 법적 근거를 마련함

• (학생 기본권 보장 근거 마련) 학생을 법적 주체로 하는 학생 기본권 보장 근거를 마련함

• (인권 교육 보장) 인류보편적 가치에 대한 상호 인권 교육을 보장함

2) 핵심 의제(과제) 및 제안

• 추진 방향

- 아동·청소년의 학습권·자치권 등의 기본적 권리를 보장하는 법령 체제를 정비함

- 법령 정비에 따라 정부 각 부서의 아동·청소년 지원 사업의 중복성, 분절성을 개선하고, 효율
적으로 운영함

- 실질적인 인권보장 기반을 마련하기 위한 보이텔스바흐 원칙* 도입, 한국형 인권 보이텔스바
흐 제도를 마련함

  *보이텔스바흐협약 시민교육 3대 원칙: ① 강방적인 교화와 주입식 교육을 금지하고 학생의 자율적 판단을 중시한
  다. ② 논쟁적 주제는 수업 중에도 다양한 입장과 논쟁상황이 그대로 드러나게 한다. ③ 학생의 상황과 이해관계
  를 고려하여 스스로 시민적 역량을 기를 수 있도록 한다.

• 주요 내용

- (「아동·청소년 인권법(가칭)」제정) 현행 「교육기본법」, 「초·중등교육법」, 「아동복지법」, 「청소년
기본법」, 「청소년보호법」, 「청소년복지법」, 「아동수당법」, 「아동빈곤예방법」, 「청소년성보호법」,
「장애아동복지법」 등을 포괄하여 기본적 권리를 명시하고 이를 보장하기 위한 체계를 갖춘 법
률을 제정함

- (세부 법령 검토 정비) 각 법령의 아동·청소년 인권 침해 및 상호 충돌 조항에 대해 검토한 후
에 정비함

- (보이텔스바흐 합의를 통한 실질적인 인권 보장 제도 마련) 공교육에서 발생하는 비인권적인
부분, 개인의 권리-교육적 권한 간의 갈등에 대한 구성원 간의 합의 과정을 유도함

<UN 아동권리위원회는 한국 정부에의 권고서(2019)>

• 학업성적에 따른 차별 철폐(16b), 출생환경에 따른 사회안전망 접근의 차등 해소(17b), 연령에 관계없이 자신의 견해를 표현할 권리의 법적 보증(21a-c), 사생활 침해 금지 및 개인정보 보호(25), 학대피해아동 지원 자원 추가 투입(26e-h), 아동성범죄자의 양형기준 확대(28d, 29f), 이혼가정아동의 면접교섭권 보장(31c), 모든 장애아동에게 통합교육 제공(36c), 이주아동의 건강권 보장(37a), 청소년 임신에 대한 효과적 접근(39b) 등의 필수기본권 보장 권고(A-F)

• 사교육 의존도 감축(42a), 교육의 접근권 차등 해소, 낮은 수준의 학교통합(school integration)과 중퇴율 개선(42b), 대안학교 학생·난민 및 이주아동·농어촌지역 학생 등에 대한 지원 증대 및 사이버 괴롭힘 철폐(42d-f), 연령과 사회상황에 적합한 성교육으로의 개선(42g), 아동이 중심이 되는 진로상담(42h), 어가권의 건전한 보장(42j) 등의 교육기본권 보장 권고(G)

• 난민신청아동 및 난민아동·이주아동에 대한 예산 독립 편성 등 지원(43), 아동노동의 근절 및 예방체계 수립(44), 매매·거래·약취유인 등에 대한 국제적 기준 도입(45), 소년사법체계 내에서의 반기본권적 조치 시정(46), 아동전문 사법체계의 구축(47a-d), 아동구금에 대한 명확한 기준 마련(47g), 형사법체계에서의 아동의 성적 기본권 보장(48), 아동 강제징집의 법적 규제(49) 등의 특별보호 권고(H)

5. 학생의 학교-국가 교육정책 및 정치 참여 보장

1) 현황 및 문제의식

• (청소년의 참여 보장) 「청소년 기본법」제2조에서 사회구성원으로서 정당한 대우와 권익을 보장받음을 명시, 동법 제5조와 제5조의2에서 청소년의 인권 존중, 청소년 자치권 확대를 법률로 보장하고 있음

　- 교육·청소년 정책 등에 있어 청소년 당사자가 직접 사업을 감독함으로써 그 효율성을 스스로 높일 수 있음

• (시민으로서 정책 개발 참여) 정책 개발 및 수립 과정에 학생 참여권 부족으로 '시민으로서의 삶'보장이 미미함

　- 기본권적 욕구를 해소하였을 때 교육의 효율과 참여자(학생)의 흥미도가 높아진다는 여러 흐름에 맞추어 학생이 시민으로서 기능하는 능동적 교육정책 개발에 관한 요구가 매우 커짐

　- 참여권은 국제기구와 정부의 아동 관련 법령에서 주요하게 언급되고 있는 아동의 기본권 중

하나임. 이들 법령은 모두 아동이 권리의 주체로서 자신의 삶에 영향을 미치는 문제를 해결해 나가는 과정에 적극적으로 참여하도록 보장해야 한다고 강조하고 있음

※(UN 아동권리협약) '참여의 권리'는 아동의 4대 권리 중 하나로, 아동이 본인에게 영향을 미치는 모든 문제에 있어서 자유롭게 견해를 표하고 존중받을 권리(제12조), 표현의 자유(제13조), 사상·양심·종교의 자유(제14조), 평화로운 방법으로 모임을 자유롭게 열 수 있는 권리(제15조), 유익한 정보를 얻을 권리(제17조) 등을 그 내용으로 함.

• (학교·교육 정책 의사결정과정에서의 학생 참여)
- 학교운영위원회, 교육과정위원회 등 학교 교육활동의 의사결정 과정에 학생 참여가 저조함
- 또한, 교육청이나 정부의 교육정책 마련을 위한 정책위 구성에 학생 위원의 참여도 필요에 따라 임의로 구성되고 있음
• (학생의 정치 참여권) 만 18세 이상 선거권은 마련되었으나, 피선거권은 보장하고 있지 않음. 만 16세 정치 참여 및 선거교육 강화에 대한 요구가 커짐
- 정치 참여(선거 등) 연령은 지속적으로 낮아지고 청소년의 사회 참여가 폭발적으로 늘어나는 추세이나 정치 참여 교육은 제한적으로만 이루어지고 있음
※UN 아동인권위원회는 한국의 선거법을 아동친화적으로 개정할 필요가 있다고 공식적으로 언급하였음(2003)

2) 나아가야 할 방향 및 과제

• (학생주도적 사회 참여 확대) 청소년 사회 참여 프로그램 확대, 지역 청소년(교육)의회 활동, 교육정책(국가교육과정 개정, 청소년 정책 등) 수립 시 아동·청소년의 참여 확대를 통한 실질적인 교육권을 보장함
• (학교·교육 정책 의사결정과정에서 학생 참여 법제화) 학교운영위원회, 교육과정위원회, 정부나 교육청의 교육 관련 각종 위원회 등에 학생 대표가 대표성을 갖고 학생위원으로 참여하는 것을 법제화함
- 법령을 통해 아동·청소년의 의견을 직접 수렴하여 아동·청소년의 실질적 교육권 보장을 요구하고 이에 걸맞는 정책을 수립할 수 있는 강력한 근거와 시스템을 마련함
• (아동 청소년의 선거권 하향 조정 및 정치 참여 교육 강화) 만 16세부터 선거권과 피선거권을 보장하고, 정치 참여 교육을 강화함

3) 핵심 과제안

• (학교 교육 및 정책 수립 과정에서 학생 참여 보장) 교육정책 수립 시 아동·청소년의 참여 확대를 통한 실질적 교육권을 보장함

- 교내 학생자치 및 학생동아리 활동 강화하고, 청소년 활동프로그램의 외연을 확장함(지역 청소년의회, 학생주도 정책개발 프로젝트 등 운영 권장)

- 학교, 교육청, 정부의 교육 관련 각종 위원회* 등에 학생 대표가 학생위원으로 참여하는 것을 법제화하고 소통 시스템을 마련함

  *예) 청소년참여위원회, 청소년운영위원회 등 청소년참여기구의 운영 내실화, 다양한 의제 논의 및 중론을 수렴할 수 있는 온오프라인 상의 소통창구 마련, 중앙 정부 및 지자체의 청소년 관련 기구에서의 청소년위원 비중 확대 및 역량 강회를 지원함

• (학교운영위원회 법령 개정) 학교운영위원회 및 교육과정위원회 등에 학생대표 참여 제도화함

초 · 중등교육법 제31조(학교운영위원회의 설치)

(현행)② 국립 · 공립 학교에 두는 학교운영위원회는 그 학교의 교원 대표, 학부모 대표 및 지역사회 인사로 구성한다.

(개정)② 국립 · 공립 학교에 두는 학교운영위원회는 그 학교의 교직원 대표, 학부모 대표, 학생 대표 및 지역사회 인사로 구성하되, 학교자치기구(교직원회, 학생회, 학부모회)의 장은 당연직으로 참여한다.

※학교운영위원회에 학교자치기구(교직원회, 학생회, 학부모회)의 장을 당연직으로 참여할 수 있도록 법령을 개정함

• ((피)선거권 하향 조정) 만16세 청소년의 정치참여가 가능토록 법 개정

  *(참고) 국회에 제출한 <청소년(만16세) 정치참여와 선거교육 강화를 위한 정치관계법 개정안>

제3부. 지속 가능한 미래 학교 운영 체제

학교 운영 체제 정비로 지속 가능한 미래학교 운영

"기본학력을 보장하고,
진로·신학 집중 교육을 위해
지속 가능한 미래학교를 운영합니다!"

교육의 계산법은 계산기로는 답이 나오지 않는다

— 남혜정(정책연구위원)

왜 통합운영학교인가?

2020년 기준 전국에 통합운영학교는 개교 예정교를 포함하여 118개이다. 학령인구의 감소에 직격탄을 맞고 있는 농·어촌 지역에 통합운영학교의 분포가 몰려 있다. 현재 충남, 전북, 경북 등에서 통합운영학교의 수가 많은 이유다. 그리고 2019년 이후부터는 학령인구 급감에 대한 대비와 학생 발달 단계를 고려하여 도심 재개발 지역이나 신도시에 위치한 대규모 학교를 대상으로 통합운영학교 신설이 늘고 있다. 경기도 내 개교한 성남 대장초·중 통합운영학교와 개교 예정인 부천 옥길 중·고 통합운영학교, 의왕 내손 중·고 통합운영학교가 이에 해당한다.

통합운영학교는 교육적 가치가 아닌 경제 논리로 풀어간다는 비판을 받으며 현장의 반감을 사고 있다. 이름에서조차 통합학교가 아니라 '운영'을 사족처럼 넣어 두었다. 통합운영학교의 운영 실태를 들여다보면 왜 굳이 통합학교와 통합운영학교가 구분되는지 알 수 있다. 현재의 법령과 제도, 운영 주체의 정책이해 부재 및 운영역량 등의 현실적인 문제들로 인해 현재로서는 통합운영학교가 최선인 상황이다.

'왜?'라는 질문이 필요하다. 굳이 멀쩡히 운영되고 있는 유·초·중·고를 우려가 큰 통합 형태로 운영하는가에 대해 사회적 합의까지는 아니더라도 교육 관련자들의 필요성에 대한 이해가 전제되어야 할 필요가 있다. 단순히 학령인구 감소와 함께 인구 감소 지역에서 순차적으로 밟아나가는 절차 정도로 학교급 간 통합을 설명하는 것은 올바른 접근법이 아니다. 이러한 접근법은 신도시에 개교하는 통합운영학교에 대한 설명이 불가능하고, 통합운영학교의 정상적인 운영을 위해 필요한 많은 제도적 보완과 변화를 견인해낼 수 없다.

통합운영학교 접근법

통합운영학교는 네 가지 방향에서 접근해볼 필요가 있다. 첫째, 통합운영학교는 우리나라의 예상되는 인구변화에 물리적인 학교 공간과 자원을 유연하게 활용할 수 있는 방법이다. 교육에 있어 경제적 잣대를 가져다 대는 것을 우려하는 사람들이 많으나, 교육이라고 해서 국가 예산 사용에 있어 효과성과 효율성을 따지지 않을 수 없다. 학교 규모의 영세성을 완화하여 학교시설, 인력의 효율성을 높이고, 더불어 교육과정의 다양성을 기대해 볼 수 있다.

둘째, 학교 신설이 필요한 지역에서 학령인구 감소에 따라 중장기적으로 발생할 수 있는 문제점을 줄이기 위한 접근이다. 한번 지어진 건물은 수십 년 이상을 간다. 신도시가 새롭게 개발될 경우 교육 수요에 따라 학교의 신설은 당연한 것인데, 관련 부처 입장에서는 학령인구 감소로 인해 학교의 절대 수가 늘어가는 것에 대한 부담이 생겨난다. 그렇다고 유치원부터 초·중·고등학교를 선택적으로 설립할 수도 없는 일이다. 예상되는 학령인구의 변화 추이와 인구 이동에 대한 예측을 전제로 학교시설을 유연하게 사용하기 위한 방안으로 통합운영학교는 좋은 해결방안이다.

셋째, 학생의 발달 단계에서 학교급 간 단절이 가져오는 성장 지연과 학생 심리적 저항감을 줄이고, 연속적인 학생 성장 지원 교육과정을 기획·운영을 유도할 수 있다. 학생의 성장은 단계적·분절적이지 않다. 속도와 깊이가 다른 학생들의 성장 프로세스에 현재의 학교급 구분은 일종의 매듭과 같다. 학생의 시선으로 봤을 때, 학교급 간은 넘어야 하는 허들일 수 있다. 6-3-3 학제 개편과 관련한 논쟁은 정권 교체기마다 심심찮게 등장하지만, 구체화된 것은 없다. 학습자 중심의 교육과정 운영을 위해 학제 개편이 필요하고, 유연하게 학제가 운영되어야 한다는 정도의 일부 공감대가 형성되었을 뿐이다. 이런 상황에서 통합운영학교가 대안일 수 있다.

넷째, 학령인구 감소와 지역인구 감소가 지역소멸로 이어지고 있는 농·어촌 지역의 절박함에 대한 해법이다. 학교에 올 학생이 없으니 학교 문을 닫아야 한다는 논리와 학교를 제대로 살리면 학생이 찾아온다는 논리 중 어느 것에 손을 들어야 할까? 효율성은 전자를, 교육은 후자를 선택하였다. 1982년부터 학생 수 100명 이하의 학교를 통폐합하기 시작한 이후 전남에서만 800개가 넘는 학교가 사라졌다. 2021년 기준 전국 단위로 4,000개에 육박하는 학교가 폐교 수순을 밟았다. 그 결과는? 교육적 가치를 별도로 두더라도 폐교 지역 입장에서 무엇을 위한 효율성 논리였던가? 폐교를 선택하기보다 학교를 부여잡았던 지역에서 학교를 통해 지역을 되살리는 상생의 사례가 심심찮다. 때로는 효율성이 비효율적 결과를 가져올 수도 있다.

통합운영학교를 시작으로 통합학교까지!

학령인구 감소, 인구 급감에 따라 향후 통합운영학교는 늘어날 것으로 예상된다. 피할 수 없는 예상이라면 준비해야 한다. 다행히 통합운영학교는 유연한 학제 운영, 무학년 등 학생 성장중심 교육과정 운영, 지역과 연계한 상생의 선순환, 과대 학년·학교 분산 등 다양한 가능성을 가지고 있다. 비판적 논리보다 제대로 운영될 수 있도록 관련 법령의 재·개정과 제도 보완이 필요하다.

대부분의 통합운영학교는 교육과정과 교사 지원에 있어서 물리적인 통합에 머물러 있다. 예를 들어, 초등학교에 발령받은 보건교사는 아픈 중학생을 살필 법적 근거가 없다. 아픈 중학생은 학교 보건실에 가지 못하고 병원에 가야 하는 이해할 수 없는 일이 통합운영학교에서 실제 벌어지고 있다. 학교 홈페이지도 두 개, 나이스 시스템도 각각 관리되고, 교무실도 분리되어 있다. 필자가 근무하는 지역 내에 있는 초·중통합운영학교 교사들은 교직원회의를 같이 하지 않는다. 학교 교육과정에 대해서도 서로 협의하지 않는다. 최소한 초등학교 6학년과 중학교 1학년 담당 교사들 간은 학생 성장과 관련한 협의가 진행될 법도 한데 그렇지 않다.

한 가지 예를 더 들어보자. A학교는 초·중통합운영학교다. 학생들의 요구로 초등학교 동아리에 과학실험심화반이 개설되었다. 초등학교 내에 해당 동아리를 운영할 만한 교사가 없어 시간강사를 쓰기로 했다. 중학교에는 과학교사가 있다. 정작 같은 학교의 교사는 초등학생을 가르칠 자격이 없어 초등학교 동아리 수업을 할 수 없다. 소규모 학교 특성상 그 과학교사가 주당 15시간의 수업을 하고 있어도, 지역 내 교사 수급문제로 순회교사더라도 중학교 교사는 초등학교 교실 문을 열고 들어갈 수 없다. 교원자격제도의 맹점이자, 통합운영학교의 한계이다.

미자연의 실제적인 제안

필자를 포함한 미자연은 다음을 제안한다. 첫째, 교육과정 특례 제도 도입, 둘째, 교원인사 특례 제도 도입, 셋째, 행정체제 정비이다. 미자연은 학제 개편과 관련한 의제에서 초·중 통합 9학년제를 제안하였다. 사회적 합의와 관련 제도들의 정비가 필요하다. 통합운영학교에 대한 교육과정 특례 제도는 9학년제 통합학교의 전면화에 대비하여 교육과정의 자율적 편성 및 운영 확대를 핵심으로 한다. 5~7학년을 하나의 학년 군으로 설정하여 초·중 연계 교육과정을 운영할 수 있도록 자율권을 확대한다. 이를 위해서는 「공교육 정상화 추진 촉진 및 선행교육 규제에 관한 특별법」을 유연하게 적용할 필요가 있다. 적극적인 전환기 학년 프로그램을 개발하고, 학생 요구에 따른 특성화 교육과정을 확대한다. 무학년제와 학습 선택권을 확대하고 유연하게 학제를 운영하고, 이를 위해 마을과 지역 단위로 캠퍼스형 초·중·고 통합운영 체제를 마련해볼 수 있을 것이다.

교원인사와 관련한 특례의 핵심은 학교급 간 경계 없이 교사 간 상호 교류가 가능하도록 하는 것이다. 초등교사자격증 소지 교사와 중등교사자격증 소지 교사 간 교차 수업이 가능하도록 하는 제도 보완이 필요하다. 미자연에서 발표한 의제 가운데 교원정책개선 의제 중 교원전문대학원 도입이 이러한 초·중등 교사 자격 유연화를 위한 실질적인 방안이다. 다만, 물리적인 시간이 필요한 방안이며, 대안으로 초등학교 5~6학년과 중학교 간 교사 넘나들기는 제도화해 볼 수 있을 것이다. 초·중통합교사자격증 또는 초·중복수자격증 형태로 교사 자격에 대한 과정을 마련하고 학제 통합에 대한 교사 지원 방안들을 구체화할 필요가 있다.

앞서 말했지만, 현재의 통합운영학교는 같은 건물 안에 두 개의 학교가 있는 것뿐이다. 명확히는 별개의 학교이다. 이 학교들을 유기적으로 연계·통합하기 위한 몇 가지 행정 통합 방안을 제안해 보고자 한다. 학교 유형에 대한 법제화가 우선 필요하다. 통합운영학교를 초·중등교육법 제2조의 분류 항목 한 가지에 포함시켜 일반학교와 구분하고, 독자적인 학교로 분리해야 한다. 통합운영학교에 맞는 행·재정 운영 기준을 마련하여 교무, 학사, 인사, 회계, 물품, 시설 등에 대한 관리체계를 일원화해야 한다. 교육지원청은 통합운영학교의 특수성에 대한 지원 체계를 만들고 학교급 간의 연계성 강한 교육과정을 운영할 수 있는 통합교육과정 프로그램 개발·운영에 협력적 파트너로서 학교를 지원해야 한다.

1타 2피의 전략!

필자는 개인적으로 통합운영학교에 대해 호의적이다. 중학교에 갓 들어온 신입생들이 4월만 되면 아프곤 했다. 4월 출석부는 병결, 병조퇴, 병지각이 다른 달에 비해 많다. 환절기이도 하고, 요란스러운 봄 날씨에 적응하느라 그럴 수 있지만, 초등학교와는 전혀 다른 학교생활에 적응하느라 아이들의 성장이 잠시 멈추며 생긴 증상이라고 생각한다. 경제 논리로 시작된 통합운영학교를 교육이 받아들이는 방식은, 그 안에 아이들을 담는 것이다. 사회변화에 따라 어쩔 수 없이 효율성의 논리가 필요하다면, 과연 우리 아이들에게 도움이 되는 방식으로 바꿔볼 수 있는 여지는 없을까? 생각해 보는 것이다. 이를테면 현재의 학제가 가진 문제를 보완하고 경직된 학년 단위 교육과정을 유연하게 풀어볼 수 있지 않을까? 하는 것이다. 함께 고민해보기를 기대해본다. 변화에 본능적으로 저항하기보다는 공론의 장에서 터놓고 이야기하며 이리저리 살펴보며 좋은 방향으로 만들어가보면 어떨까 한다. 통합운영학교는 학교 현장에서는 당장 낯설고 불편한 학교 형태이지만, 경직된 교육 관련 제도들을 유연화할 수 있다는 점에서 어쩌면 미래학교를 열어나가는 시작일 수 있다고 기대한다.

틀을 깨는 학교 제도 도입, 9년제 통합학교

— 우영진(정책연구위원)

주어진 틀 안에서 변화를 꿈꿀 수 있는가?

불확실성과 불명료성을 특징으로 하는 미래사회는 창의적이며 융합적인 인재를 요구한다. 획일적이고 폐쇄적인 교육체제에서는 이러한 인재의 탄생은 불가능하다. 이미 우리 사회에서는 교육의 내용, 교사를 비롯한 교육 주체들의 역할, 교육의 운영방식 등이 창의적이고 융합적인 인재의 양성에 적합하도록 혁신되어야 한다는 데 광범위한 공감대가 형성되어 있다. 그럼에도 불구하고 새로운 틀을 만들어내기보다는 기존의 틀을 유지하려는 힘이 큰 것도 사실이다. 미래교육으로 나아가기 위해서는 분절적인 교과 중심 교육과정, 학기와 방학의 관행적 운영, 학교급 간 단절적 운영 등 우리 교육의 전반적 틀에 대해 고민해보아야 한다. 그 고민의 기저에는 당연히 학생의 진정한 성장이 있어야 함이다.

왜 바꿔야 하는 것일까?

1950년에 제정된 6-3-3-4 학교 제도(학제 중 수업연한)는 지난 70년간 큰 변화 없이 지속되어 왔다. 현재 학제는 연령을 기준으로 하고 있고, 기간학제 중심 제도이다. 초등학교(6년)와 중학교(3년) 과정은 의무교육체제이나 교원자격체제는 중학교와 고등학교를 묶어 중등교육체제로 운영되고 있다. 그러나 최근 미래교육체제로의 전환이 필요하다는 인식이 확산하면서, 기존의 경직되고 획일적인 학교 제도의 개편 요구가 커지고 있다. 미래 학교에서는 교육과정의 획일적 운영에서 벗어나 학생 개인의 요구와 소질을 반영한 진로에 따라 다양한 교육과정이 운영될 것이다. 따라서 현재와 같은 획일적이고 경직된 수업연한으로는 이를 수용해낼 수 없다. 2019년에 발표한 경기도교육연구원의 미래교육을 위한 학제 혁신방안 연구에서는 현재 학제를 합목적성, 수용성, 유연성, 정합성, 개방성, 국제적 통용성 등의 기준으로 진단한 결과, 전체적으로 적합하다는 응답이 16~28%로 부적합하다는 의견이 지배적이었다.

현행 학교 제도에서는 의무교육의 성격이 불명확하다는 점도 간과할 수 없다. 실제 초·중학교 의무교육과 이후 고등학교 교육의 성격이 명확하게 구분되지 않고 있는 실정이다. 초·중학교 9년의 의무교육은 전 국민을 위한 기본 공통교육으로서 민주시민으로 필요한 자질과 미래사회를 살아가는 데 필요한 기본 능력을 습득하기 위한 과정이다. 그럼에도 불구하고 초등학교 과정과 중학교 과정이 엄격하게 분리된 채 운영되고 있으며, 초-중 전환기 과정이 없다. 무엇보다 학생 발달 단계를 고려한 학교급 간 교육과정 운영의 연계성, 연속성이 결여되어 있다. 고등학교 교육은 개인의 선택으로 이수하는 과정이며(단, 국가 지원에 의한 무상교육), 자신의 진로와 진학을 구체적으로 준비하는 과정으로 중·고등학교 연계 운영체제보다는 초·중 연계체제가 우선 마련되어야 한다.

마지막으로, 현재의 학교 제도에서는 초-중학교 단계가 의무교육임에도 불구하고 취학만 학부모에게 의무로 부과될 뿐 교육의 결과에 대한 국가나 학교의 책임은 어디에도 규정되어 있지 않다는 점이다. 최근 기초학력보장을 통한 학생의 학습권 실현, 교육격차 해소를 위한 공교육의 역할 제고 등의 사회적 요구와 필요가 높아지고 있다. 그러나 공교육이 보장해야 할 학력의 범위와 책임의 기준이 명확하지 않은 가운데 교육의 과정과 결과를 논하기에는 어려움이 있을 수밖에 없다.

단순히 수업연한을 바꾸자는 것인가?

학교 제도 혹은 학교 교육제도를 줄여 학제라고 한다. 학제의 개편 혹은 혁신을 이야기할 때 수업연한 체계만으로 한정하는 것은 실제 의미를 협소화시키는 것이다. 이러한 학교 제도를 변화하고자 하는 궁극적인 목적은 무엇인가? 학교의 틀과 교육의 질을 향상시키자는 것이다. 이는 교육의 과정, 즉, 교수·학습이 이뤄지는 과정과 형태를 바꾸자는 것이다. 수업연한을 조정하는 것에 초점을 둘 것이 아니라, 학생의 진정한 배움과 성장을 실현하기 위한 학교 종류와 운영(수업연한, 학사운영, 교육과정 등)을 포괄하는 학교 제도 혁신으로 바라보아야 할 것이다.

어떻게 변화해야 하는 것일까?

이전 정부에서도 학교 제도 개편을 위한 국민적 합의에 이르지 못하고 국책연구기관에서 여러 연구를 수행하였지만, 실제 반영되지 못하였다. 그럼에도 불구하고 또다시 논의되고 있다. 4차 산업혁명 시대와 지능정보사회를 맞이하여 새롭게 대두된 교육 수요에 적절하게 대응하기 위해서는 현 교육(학교) 체제의 목표와 내용, 방법 등의 세부적인 변화가 필요하다. 보다 개방적이고 유연한 학교체제로의 전환은 시대적 요구인 것이다.

9년제 의무교육 통합학교 제도 도입

필자를 포함한 미자연에서는 획일화된 통합학교 제도의 도입이 아닌, 학교와 지역의 특색과 요구를 반영한 다양한 9년제 통합학교를 제안한다. 현행 초·중학교 6·3제 학제 편성에서 초등학교와 중학교를 통합하여 9년제로 운영함으로써 명실상부한 '한 가족' 학교를 실현하는 것이다. 학교의 구체적인 형태는 매우 다채롭게 상상할 수 있다. 이를테면, ○○초와 인근 ○○중학교 시설 연계 운영 '☆☆학교'인 시설 분리형, 기존 ○○초를 9년제로 운영하여 '○○학교'로 변경 운영, 기존 ○○중을 9년제로 운영하되 '△△학교'로 운영하는 시설일체형 등 자율적으로 결정하고 운영할 수 있도록 한다. 이러한 다양한 통합학교에서 학생 맞춤형 개별화 교육과정이 연속성 있게 운영되며, 이를 위해 학교와 교사에게 학교 운영 및 교육과정 자율성이 보다 넓게 보장되어야 할 것이다.

실제 미국과 북유럽을 비롯한 여러 나라에서 통합학교는 미래학교의 대표적 학제로 운영되고 있다. 핀란드에서는 교육의 성공 요인의 하나로 종합학교 제도를 꼽고 있다. 핀란드의 학제는 기초교육에 해당하는 9년제 종합학교와 3년제 고등학교, 그리고 고등교육단계로 구분된다. 초등학교와 중등학교를 나누지 않고 7~16세 학생들이 모두 같은 수준의 종합학교에서 공부한다. 핀란드도 능력별 학교 구분을 실시하였으나, 이는 아동들의 건전한 성장과 자본주의의 고도성장에 부적합하다고 판단, 30여 년간의 점진적 개혁으로 제도를 정착시켰다. 1960년대 중반 이후 능력별 분리와 통합형을 병렬형 학제로 하여 10여 년간 유지한 후, 최종적으로 통합형으로 전환한 것이다. 이후 제도 도입 후에도 실태를 끊임없이 분석하고 더 나은 실천과 개선을 위해 지속적으로 개혁해 왔다. 종합학교는 인권, 평등, 민주주의, 선천적 다양성, 환경보존, 문화의 다양성 인정 등의 이념 하에, 학생들에게 차별

없는 학습과 교육복지를 제공하는 데 목표를 두고 있다. 스웨덴의 프트럼 학교(Futurum schola)는 자기주도학습이 중심을 지향하며, 6세부터 16세까지 통합된 학교로 자기주도학습 지향하는 미래학교를 운영하고 있다.

의무교육에 상응하는 책임교육 체제 구축으로 기본학력 보장

9년의 의무교육을 살아가면서 필요한 최소 기본 능력을 습득하고 익히는 전 국민을 위한 기본 공통교육과정으로 운영한다. 이를 위해, 초·중학교(9학년제) 통합학교에서의 기본학력이 보장되는 책임교육 실현이 뒷받침되어야 한다.

예를 들면, 1~9학년을 3개의 학년 군(1~3, 4~6, 7~9)으로 구분하여 무학년제로 운영하고, 학년 군별 교육과정은 학교의 여건과 학생의 상황에 맞춰 유연하게 편성한다. 구체적으로는 1~3학년은 통합교과 체제로 운영하고, 4~6학년 군에서는 지금의 초등학교 담임 방식과 중학교의 교과 담임 방식으로 교육과정을 운영하되, 교과 담임이 지도하여 교과의 비중을 점차 늘려갈 수 있을 것이다. 이때, 담임과 교과 담당교사는 학생의 학업 성취도를 진단·점검하고 향상 정도를 누가기록 관리해나가며, 성취도 평가는 각 학년 군의 최고학년 시기에 실시한다. 학년 군 성취도 평가는 학생들의 역량을 제대로 파악할 수 있는 방식(절대평가 서술형 권장)으로 실시하며, 학생 평가권을 가진 (교과) 교사가 담당 학생 개인의 성취도 도달 여부를 서술형으로 기술하여 학생과 학부모에게 전달할 수 있을 것이다. 이 과정에서 담임교사, 특수교사, 기본학력통합지원교사, 상담교사가 수시로 학력을 확인하여 특수교육대상자와 기본학력 부진 대상자를 집중 지원하는 제도가 함께 이행되어야 할 것이다. 현행 의무교육이 취학의 의무(=부모의 의무)만 있었던 것에 대해, 그 질과 결과에 대한 책임(학교와 국가)은 기본학력 보장으로 화답하는 것이다.

9학년제 통합학교 운영을 위한 교·사대 통합 교사양성체제 개편

현행 교사자격증에는 학교급과 중등의 경우 교과명이 구체적으로 명시되어 있다. 또한, 자격증에 정해진 교과 범위를 벗어난 수업을 담당할 수 없는 것이 현실이다. 이는 학교급 간 연계에 있어 큰 걸림돌로 작용한다. 통합학교 및 학교급 간 연계가 가능하기 위해서는 복수자격제도 도입하는 것이다. 예를 들면, 초등교사 양성 과정 시 중등교사 자격을 추가로 취득할 때는 해당 과목을 위한 추가 학점을 이수하고, 중등교사 양성 과정에서는 초등교사 자격을 추가 취득 시 담당 과목과 관련한 융합주제 범위로 명시하는 것이 방안이 될 수 있을 것이다. 장기적으로는 교·사대 통폐합을 통해 교원 양성 교육과정에서 교사 자격을 복수로 취득하는 것을 용이하게 하고, 9년 교사 자격을 부여하는 등의 방안을 모색해 나가야 한다.

<참고문헌>
경기도교육연구원(2019). 미래교육을 위한 학제 혁신 방안. 2019-03.

지속가능한 미래를 주도하는 한국형 지속가능한 학교

— 심정은(정책연구위원)

'미래가 없는 미래'를 논의하고 있는지도 모른다

"선생님이 어렸을 때, 선생님의 선생님께서 '네가 어른이 되면 물을 사서 마실 거야'라고 했던 말씀을 웃으며 넘겼어요. 하지만 선생님이 어른이 된 지금, 우리가 깨끗한 물을 구매하는 것은 당연한 일이 되었죠. 앞으로 여러분은 신선한 공기를 사 먹어야 할 수도 있어요. 이미 맑은 공기는 다양한 방법으로 판매가 되고 있죠. 이런 이야기를 할 때마다 선생님은 여러분이 어른이 되어서 진짜 맑은 공기를 사 먹게 될까 봐 겁이 나요."

물을 사 먹는 것이 당연한 나의 제자들에게 환경교육을 시작하면서 던지는 이야기이다. 초임 때 아이들은 웃으며 이야기를 받아들였지만, 20년이 지난 지금 이 이야기를 가볍게 듣는 아이들은 거의 없다. 봄이면 미세먼지로 운동장에 나가지 못하는 날이 더 많은 초등학생에게 맑은 공기가 늘 있지는 않다는 사실은 이미 익숙하다. 지금의 코로나 팬데믹이 환경문제와 밀접한 관련이 있다는 것을 아는 우리는 가끔 미래를 상상하는 것이 두렵기도 하다.

IPCC(기후변화에 관한 정부 간 패널) 6차 보고서에서는 혁신적인 탄소 감축으로 2050 탄소중립을 달성했다고 가정하더라도 21세기 안에는 평균기온이 1~1.8도 상승을 피할 수 없을 것이라 하였으며, 세계기상기구 WMO는 강력한 폭염과 파괴적인 홍수 등 극단적인 기상 현상이 이제 '뉴노멀(new normal·새로운 표준)'이라고 규정하였다. 여섯 번째 대멸종에 대한 걱정은 이제 낯설지 않다.

지속가능발전교육, 발전을 포기할 수 없었던 인간의 한계에 부딪히다

지속가능발전이라는 용어는 1987년 세계환경개발위원회(WCED)가 발표한 보고서인 '우리 공동의 미래'에서 '고대가 그들의 필요를 충족시킬 능력을 저해하지 않으면서 현재 세대의 필요를 충족시키는 발전'이라고 정의하면서 본격적으로 사용되었다.

2005년 지속가능발전 10년이 시작한 이후 우리나라는 UN차원의 지속가능발전교육 권고를 이행하기 위해 노력하였으나, 발전을 저해하지 않는 범위 내에서 환경을 고려하면 된다는 성장 지향의 개념으로 해석한 측면이 있었다. 이듬해 저탄소 녹색성장 실현을 위한 친환경 녹색학교 추진계획으로 학교 공간 녹화 추진, 학교 및 가정에서의 온실가스 발생 최소화, 미래 지향적 친환경 녹색성장 마인드 제고를 목표로 하였으나, 지속가능발전교육의 내재적 가치를 제대로 해석하지 못하고 추진실적만 수치화하다가 정권교체와 함께 자취를 감추었다.

그러나 기후위기에 직면한 우리의 현실 앞에 미래를 논하기 위한 모든 전제조건은 환경이었다. 2015년, 유엔(UN)은 전 지구적 위험에 대응하기 위해 인간, 지구, 번영, 평화, 파트너십이라는 5개의 영역에서 인류가 나아가야 할 방향성을 17개의 목표와 169개의 세부 목표로 제시했다. '2030 지속가능발전 의제'라고도 불리는 지속가능발전목표(이하 SDGs: Sustainable Development Goals)는 모든 국가들이 인류의 번영을 위해 힘씀과 동시에 환경을 보호할 것을 촉구하고 있다.

지속 가능한 미래는 전 지구적 생태계를 위한 삶의 방식으로의 전환이 절실하다. 2020년 세계보존협회의 논의처럼 지속가능발전교육이 '지속가능발전을 위한 교육'이 아닌, 지속 가능한 삶을 살아가기 위해 필요한 지속가능성의 의미를 내면화하고 실천하는 교육인 '지속가능성에 대한 교육'으로 나아가야 할 때인 것이다.

현장에서 필요한 것은 현재의 한계를 뛰어넘는 지속 가능한 학교 구현

국제사회는 기후변화에 대응하기 위한 포괄적 정책 방향으로 '탄소중립'을 선언하고 있다. 우리나라도 2020년 12월 「2050 탄소중립 추진전략」을 발표했고, 올해는 '2050 탄소중립 추진전략 10대 중점과제'의 기본방향 및 10대 정책을 발표했다. 정부의 기후변화 정책에는 탄소중립사회로의 공정한 전환을 위한 '탄소중립 등 학교환경교육 지원방안 마련'이 포함되어 있다.

이러한 흐름에 따라 2022 개정 교육과정 총론에서는 기후변화 등에 대응하는 생태환경교육을 교육목표와 전 교과의 내용요소에 반영해야 한다고 명시하였으나, 그 실천이 매우 어려운 실정이다. 초등 환경교육이 분절적 교과 내용 또는 수많은 범교과 주제 중 하나로 다뤄지고 있고, 국가 수준의 교육과정이 있는 중등에서는 주요 교과에게 밀리는 선택과목 중 하나일 뿐이다. 또한, 학교 현장에는 지속가능발전의 의미와 역사를 깊이 이해하고 탄소중립 등 학교 환경교육을 실행할 사람이 많지 않다. 2008년 이후 전국적으로 환경교육 교사가 충원된 것은 2021년도 임용고시에서의 7명이 전부일 뿐이다. 학교에 환경 지향적 지속가능발전교육을 제대로 반영할 전문가가 거의 없는 셈이다.

이러한 현실에서 선언적인 환경교육 관련법과 시행령, 추진계획만으로는 기후변화 등에 대응하고 지속 가능한 미래를 지향하기 위한 생태환경교육을 체계적으로 시행하는 데 어려움이 크다. 지금의 학교 현장에 필요한 것은 지속가능발전교육의 장으로서의 통합적이고 전체적인 지속 가능한 학교 구현인 것이다.

'한국형' 학교여야 한다

2000년대 초반부터 교육계에서는 영국, 호주, 미국 등을 중심으로 '지속 가능한 학교'에 대해 정부, 민간 혹은 단위학교 차원에서 공간적, 교육과정적, 통합적으로 논의해왔다. 2015년에 발표된 SDGs는 다양한 국가적 상황에 따라 유연성을 발휘하므로 각 국가들은 가장 적절하고 관련 있는 목표 내 세부 목표와 지표를 골라 척도로 삼을 수 있다. 이에 우리나라도 한국에서 강조해야 하는 영역과 접근법을 고려하여 2018년 '모두를 포용하는 지속가능국가'라는 비전 아래 모두가 사람답게 살 수 있는 포용사회 구현, 모든 세대가 누리는 깨끗한 환경 보전, 삶의 질을 향상시키는 경제성장, 인권보호와 남북평화구축, 지구촌협력과 같은 5대 전략을 담은 '국가 지속가능발전목표(이하 K-SDGs)'을 설정하였다.

또한, 2021년에는 세계적으로 기업에 요구하는 ESG(환경, 사회적 가치, 지배구조 지표)를 국내 기업 상황을 고려하여 K-ESG의 표준지표를 발표, 국내외 600여 개에 달하는 ESG 지표로 인해 기업들이 겪는 혼란을 줄이고자 하였다. 이러한 맥락에서 새 시대에 부합하는 지속 가능한 학교의 모델도 우리나라 상황과 교육 현실을 반영한 '한국형 지속 가능한 학교'라는 이름으로 만들어야 한다. 그렇다면 한국형 지속 가능한 학교는 어떤 모습이어야 할까?

한국형 지속 가능한 학교, 학교 공간으로부터 시작하다

한국의 도시화율은 2021년 기준 81.4%이다. 우리나라 학교는 에너지 사용량과 온실가스 배출량이 많으면서도 녹색공간이 상대적으로 부족한 도시에 대부분이 위치하였고, 지역 내에서 차지하는 공간이 비교적 넓은 편이다. 이는 한국형 지속 가능한 학교가 직접적인 탄소중립을 실천할 수 있도록 친환경적인 실내외환경을 갖춘 공간을 바탕으로 지역 내에서 탄소 흡수원으로서 역할을 수행하고 전체적이고 실천적인 지속가능발전교육의 장이 되어야 함을 시사한다.

이미 국외에서는 학교 공간 자체를 '제3의 교사' 또는 '3차원의 교과서'로 인식하고 공간을 학생의 성장과 학습에 적합하게 조성하고자 하는 노력이 활발하였으며, 적은 에너지 소비율, 재생 가능한 에너지 시스템, 교육적 도구로서의 건물 등을 강조한 지속 가능한 학교 건축에 대한 논의가 구체적으로 실현되고 있다. 미국에서 신축되는 거의 모든 학교들은 '지속가능성'이 디자인 전·중·후까지 고려해야 하는 기본적인 사안이 되었고, 특히 영국은 중앙정부가 2020년까지 모든 학교 건물에 건축기술과 가구 배치의 인테리어, 친환경 소재의 설비 등 지속 가능한 디자인 요소를 적용하도록 권고하고 있다.

우리나라에서는 2005년부터 학교 건물에 대한 친환경 인증제가 시행되었으나 참여가 미비하였고, 정부 기관 산하 시·도교육청들의 설계지침에 친환경 항목을 포함하면서 활성화되었으나, 여전히 단위학교의 선택적 참여로 이행되고 있어 한계를 지니고 있다. 현재 교육부가 추진하는 그린스마트 미래학교사업 또한, 지속가능성에 대한 이해와 논의가 충분히 이행되지 못한 채 탄소중립 학교의 실현, 생태·휴식·건강 공간의 마련, 생태교육의 장으로서의 그린학교를 핵심요소로서만 선언하고 있다. 아직까지 지속가능성과 연계된 학교 교육과정과 시설의 종합적인 추진 모델이 없는 실정인 것이다. 이

때문에 건축 전문가가 아닌 일선 학교에서는 왜, 무엇을, 어떻게 해야 하는지 매우 혼란스러워하고 있는 것이 현실이다.

따라서 학교 건물의 친환경 항목과 심사기준을 국가 수준에서 재정비하고 친환경 건축물 인증을 의무화하여 지속 가능한 학교 공간을 확보해야 한다. 한국의 학교라면 공통적이고 기본적으로 고려되어야 할 친환경 건축기법과 자재 명시, 녹색 공간 확보 비율, 지속 가능한 에너지원 사용과 확대 계획, 제로에너지를 위한 관리방안 등 지속 가능한 삶의 체험장으로 갖춰야 할 학교 시설의 구체적인 표본이 국가 수준으로 제시되고 이후, 학교의 상황과 소재의 특수성을 고려하여 선택적인 사항이 추가되어야 할 것이다.

지속 가능한 학교 건물의 요건과 인증기준, 그리고 디자인 원칙에 대한 국가 수준의 기준이 마련된다면 한국의 모든 학생들이 기본적이고 공통적으로 갖춰진 친환경 학교 공간 안에서 지속 가능한 삶을 경험할 수 있다. 지속 가능한 삶의 연습 기회를 부여하는 학교 공간을 바탕으로 일상적인 학교생활에서 학생들은 환경 감수성을 키우고 지속 가능한 삶의 내면화를 시작할 수 있을 것이다.

학교경영과 교육과정이 한국형 지속 가능한 학교를 완성한다

최근 국외의 지속 가능한 학교 논의와 실천은 학교 건축, 교육과정뿐만 아니라 학생, 학부모, 지역주민의 생활방식, 나아가 지역사회, 국가, 지구적으로 지속 가능한 생활을 전망하는 방향으로 확대되고 있다. 이러한 방향을 국가 차원에서 통합적으로 접근하지 못하면 지속가능발전교육의 실천에 있어 단위학교들이 공유할 수 있는 목표, 지향, 평가와 관련된 기준이 명확하지 못하고 그 실천의 중요성이나 당위성에 대한 인식이 학교 구성원들 간에 충분히 공유되지 못한다는 문제점을 야기할 수 있다(이선경, 2008).

앞서 논의한 바와 같이 학교 공간이 지속 가능한 삶을 경험하고 연습하는 체험장을 제공한다면 지속 가능한 삶을 살아가기 위해 필요한 지속가능성의 의미를 내면화하도록 하는 것은 교육과정이다. 또한, 학교 구성원 모두가 이를 실천하고자 함께 노력하게 하는 것은 학교경영, 즉 지속가능성에 대한 학교 전체접근이다. 따라서 한국형 지속 가능한 학교 모델은 친환경적인 학교 시설을 기반으로 단계적으로 2025년까지 모든 학교가 지속가능발전교육을 실시하는 것을 목표로 설정하고 지속가능성을 추구하는 학교경영체제와 지역과 연계된 교육과정을 통합적으로 담아야 한다.

K-SDGs를 구현을 위해 에너지와 물, 여행과 교통, 구매와 쓰레기, 포함과 참여 등 한국의 지속 가능한 학교에서 다뤄야 할 공통 주제를 설정하고 학교별 선택 주제 선정을 위한 융통성을 지녀야 하며, 지역과 연계한 지속가능발전교육 및 융복합교육, 다양한 형식의 탄소중립 교육과정을 운영하는 등 한국만의 전체적이고 통합적인 추진 모델이 개발되어야 한다.

이러한 한국형 지속 가능한 미래학교는 기후위기에 직면한 우리 사회의 지속 가능한 미래를 위해 학교경영을 통한 공동체의 노력을 지향하고, 교육과정을 통해 지속 가능한 미래 역량을 지닌 학생을 길러 우리나라가 추진하는 탄소중립 사회로 전환하는 데 중추적인 역할을 할 수 있을 것이다.

한국형 지속 가능한 학교를 지속가능하게 하려면

기후위기의 현실은 시급한 실천을 요구하는데 모든 학교가 바로 지속 가능한 학교가 될 수는 없다. 특히 학교 공간은 한국형 지속 가능한 학교의 마중물이나 그러한 공간이 실현되기까지 상당한 시일이 소요된다. 그렇다면 한국형 지속 가능한 학교의 외재적 측면인 학교 공간이 구축되기까지 내재적인 측면인 학교경영과 교육과정 시스템을 먼저 실천해야 할 것이다. 이를 위해 국가 수준의 학교 지속가능진단지수가 국가 수준에서 개발되어야 한다.

학교 지속가능진단지수는 지속 가능한 학교 모델의 3가지 영역으로 나누어 각 영역별로 국가 수준에서 개발된 공통 진단지수와 단위학교 선택 진단지수로 구성된다. 지속가능진단지수를 통해 단위학교별 지속 가능한 학교의 실천 가능성을 확인할 수 있다. 학교 공간에서는 친환경적 디자인 구현, 절전형 부품 사용, 식수사업 계획, 도보 및 자전거 통학을 위한 기반시설, 자원순환시설 등을 진단하고 학교경영에서는 친환경적인 업무 수행을 위한 조직 및 절차, 시설관리 및 운영, 구성원의 협의를 통한 지속 가능한 정책 여부 등의 진단이 포함되어야 하며, 교육과정에서는 학교 자율과정 등을 통해 지속 가능한 삶을 실천할 수 있는 지속가능발전교육 및 탄소중립 프로그램이 마련되었는지를 진단할 수 있다.

객관적인 진단 결과를 활용하여 교육부와 환경부, 지자체와 교육지원청의 협업부서가 실질적인 지속가능발전교육의 장으로서의 지속 가능한 학교 구현을 효과적으로 지원할 수 있는 것이다. 따라서 국가 차원에서 학교 지속가능진단지수가 개발되면 한국형 지속 가능한 학교를 빠르게 정착시킬 수 있을 것이라 기대한다.

기후위기의 가장 설득력 있는 해결방안으로서 교육은 인간의 내면적 변화를 가능하게 한다는 점에서 근원적이며 장기적인 대책으로 인식되고 있다. 또한, 인간의 의도적인 변화를 추구하는 학교는 다른 어떤 기관보다도 효과적으로 지속 가능한 미래를 추구하는 데 효과적인 기관이다. 한국형 지속 가능한 학교는 2050 탄소중립을 위한 시대적 요청이 교육을 통하여 이루어지기 위한 출발점이다. 이는 인류의 미래가 존속할 수 있을지에 대한 최후의 대응 가능한 세대에게 주어진 의무이기도 하다.

지속 가능한 학교를 통해 한국의 교육이 지구적으로 생각하고 지역적으로 실천하는 세계시민 육성에 중추적인 역할을 할 것이라 믿으며, 2022년 새로운 정부와 함께 '미래가 있는 미래교육'이 시작되기를 기대한다.

<참고문헌>
이선경(2008). 한국학교에서의 지속가능발전교육의 현황과 쟁점. 최순호 외(편). 지속 가능한 미래를 위한 교육. 유네스코한국위원회, 194-223.

'타고난 저마다의 소질을 계발'하도록 모든 고등학교를 특별하게!

— 최진욱(정책연구위원)

입시만 좇는 고등학교의 모습, 50년이 넘어!

인문계 고등학교에서 20년을 재직하며 많은 아이들을 만났다. 새롭고도 비장한 각오로 고등학교에 입학하지만, 수업 시간에 조는 모습은 금세 일상이 돼버린다. 정작 꾸어야 할 꿈은 꾸지 못하고 졸고만 있는 모습을 보며, 여러 처방전을 만들어 봤지만, 늘 되풀이되는 일상으로 자괴감이 들 때도 있었다. 학습 의욕이 1도 없는 학생들이나, "대학을 꼭 가야 하나요?"라는 질문 앞에선 먹먹해지곤 했다.

인문계 고등학교에서는 상위 대학만을, 특성화 고등학교에서도 좋은 직장만 강조하며, 학교 교육의 목표는 오로지 입시와 취업이다. 학교 시계는 수능만을 향해 달리고 있는 대한민국 고등학교의 모습이 50년이 넘었다. 친구와의 경쟁을 위해 어렵고도 어려운 문제들을 수없이 똑같이 풀어대고 있다. 이제는 바꾸어야 한다고 하지만, 교육정책은 거꾸로 가는 듯하다. 획일화는 여전히 지속되고 있다.

학생들의 다양한 진로에 각기 다른 답을 마련해 주는 고등학교

학교가 학생들의 다양한 진로에 각기 다른 답이 있는 곳이 되는 방법은 없을까? 학교마다 특화된 교육과정으로 학교 선택에서부터 학생들의 동기를 일으킬 수는 없을까? 일부 학교에만 적용된 특화정책(마이스터고, 자사고 등)은 서열과 경쟁만 키웠다. 모든 고등학교를 특화할 필요가 있다. 교육과정의 특화는 중점고 차원을 뛰어넘는다. 학생들은 배우고 싶은 교과들로 교육과정을 설계한 학교를 찾아갈 수 있도록 한다. 학생이 진로를 변경하면 전학도 가능하다.

고등학교의 특화 형태는 학교와 지역의 여건에 따라 공동교육과정이나 캠퍼스형이 될 수도 있다. 서너 개 고등학교가 종합대학과 같은 모습이 되고, 각 학교는 단과대학처럼 교육과정이 운영되어 학생들은 여기저기 다니면서 원하는 수업을 들을 수도 있다. 학교 교육과정 특화는 동기부여의 가장 기본이 되는 시스템의 기반이다.

고교학점제, 그나마 숨통!

고등학교 특화정책은 학점제와 맞물려 있다. 지난해(2021년) 8월 10일, 교육과정평가원이 실시한 인식조사에서 학생은 83.6%, 학부모는 81.2%, 교사는 77.5%가 고교학점제 취지에 공감을 표했다. 학생의 적성과 진로에 맞는 교과 선택이 가능할 것이라는 기대 때문이다. 국가교육회의가 실시한 2022 개정 교육과정에 대한 설문조사에서는 고교학점제 추진 시 가장 중점을 두어야 할 사항이 학생의 진로와 적성에 따른 다양한 선택과목의 제공(43.6%)이라고 했다. 교과 선택에서부터 자발적 동기를 일으킬 것이기 때문이다.

어쩌면, '교육권' 중심 교육에서 '학습권' 중심 교육으로 교육법을 바꾸었던 25년 전에 고교학점제가 시행되었어야 했다. 이제는 교사의 역할 변화에 대해 논의해야 할 때일 수도 있다. 그런 의미에서 학점제와 더불어 대안학교인 드리미스쿨이나 별무리학교의 교육과정 운영에서 시사점을 찾을 필요가 있다.

한 명이 설계하든 팀으로 하든 일정하게 정해진 커리큘럼 속에서 학생들이 교육과정을 짠다. 교사는 그 교육과정에 성취기준을 제시하고, 이행 과정을 점검하며 결과를 평가한다. 평가방식은 축제가 될 수 있고, 소논문이나 포트폴리오가 될 수 있다. 미래형 수업에서 교사가 조력자이다. 교육청이나 교육부가 학생의 개별 교육과정을 인정해 주고, 기록과 평가 시스템을 개선하면 공교육에서도 적용이 가능해 보이기도 한 부분이다.

고교학점제 취지를 높이는 고교 교육과정의 특화

학점제의 취지를 제대로 살리면서 고교 특화정책을 펼치려면, 무엇보다 학점제 전체 이수 학점을 대폭 줄여야 한다. 교육부가 말하는 192학점은 현재와 같은 교육과정 수준에 머무를 수밖에 없다. 예·복습 시간과 이동시간을 보장해 120학점 정도면 충분하다. 한 학기에 20학점이면, 대학생보다도 많으니 적정하다. 학생이 교육과정을 구성하고, 이행하는 대안학교의 사례를 보면 학생들은 물론 교사들의 에너지 소모가 많다. 120학점도 오히려 많을 수 있다.

고교 특화정책은 졸업을 유연하게 한다. 고1에서의 불필요한 교육과정을 과감히 생략하고, 진학과 진로에 준비가 된 학생들에게 빨리 기회를 주자는 것이다. 현재 특목고에 국한된 조기 졸업을 일반화하자는 얘기다. 120학점을 놓고 보면 한 학기에 30학점씩 챙기면 조기 졸업이 가능해진다. 갭이어로 1년을 보낸 학생도 3년 내 졸업이 가능하며, 갭이어를 한 한기만 다닌 학생도 나머지 학기에서 학점을 빠듯하게 가져가면 조기 졸업도 가능해진다.

학생의 전체 이수 학점 중 30%는 온라인으로 이수 가능하도록 열어 둔다. 에듀테크에 기반을 둔 협력 수업도 가능한 온라인 수업으로 전국을 대상으로 한 다양한 강좌를 만나는 미래형 수업을 전개한다. 다만 30% 이내로 제한하여 관계성을 기반으로 하는 수업은 유지한다.

아울러 입시 제도와도 연결되어야겠지만, 대학 진학을 위한 학점 배치 부분만을 간략히 언급해 본다. 대학에서는 3~4개의 기본+심화 교과(6~8개 과목이며, 학점은 12~24학점이 될 수 있음)를 바탕으로 선발하도록 한다. 공통교과(일명, '국영수')는 p/f 방식(Pass or Fail, 절대평가방식)으로 향상도를 보는 데 주안점을 둔다. 120학점 중, 50학점 정도가 적절할 듯하다. 공통교과의 수준은 누구나 평이한 수준으로 학생들은 중간 점수를 선호하게 이끌어 경쟁을 완화한다. 입시는 전공 교과로 치른다. 전공 교과는 30학점 이상으로 해서, 2개 전공 이상을 지원할 수 있도록 학점을 설계한다.

미래교육은 이제 현재교육이다

필자를 포함한 미자연이 제안하는 고등학교의 특화정책은 고교학점제의 취지를 제대로 실현하는 방안이며, 미래형 수업의 실천을 말하고 있다. 입시 제도의 변화라는 큰 걸림돌이 있지만, 어차피 고교학점제를 전면화하려면 손을 대야 할 부분이다. 공정 프레임에 갇혀 역행하는 정부는 철학을 다시 세워야 한다. 학생들과 학부모들의 학습권 요구에 제대로 응답해야 한다. 미래교육, 미래교육 말만 할 때가 아니다. 불확실한 미래를 주도성과 책임감으로 헤쳐나갈 학생들을 위한 현재 교육이다.

방황하기 딱 좋은 나이,
청소년들에게 갭이어(gap year)를 선물하자!

── 최진욱(정책연구위원)

고2가 되어서야 제 꿈을 찾은 아이

난독증이 아닐까 의심했던 아이가 아웅다웅 자라 고등학교에 들어갔다. 기숙사까지 들어가 생활을 잘 하는가 싶더니 1학년이 끝날 무렵 학교를 다니기 싫다고 했다. 6차 산업에 끌려 그 길로 가고 싶다며 자신의 미래 계획서를 작성해 가족들에게 발표까지 하며 농업고등학교로 전학 가고 싶다고 했다. 아내는 무슨 소리냐며 펄쩍 뛰었지만, 나는 농고에 근무하는 동료 선생님께 연락해 방법을 알아보았다. 인문계에서 특성화고로 옮기려면 특성화고 학생의 자리가 비어 있어야 한다. 자리가 나기까지 기다려보자고 달랬지만, 이미 마음을 먹은 아들은 농업과 농기계에 푹 빠져 버렸고, 그런 가운데 학교생활 적응이 힘들어 선생님들과 마찰까지 생기기 시작했다. 결국, 고등학교 2학년 5월에 숙려제도 못 끝낸 채 자퇴했다.

청소년, 왜 방황하면 안 될까?

질풍노도의 시기, 왜 방황하면 안 될까? 의무교육 단계에 대한 고민은 차치하고, 최소한 고등학교와 대학을 가기 전에 이곳저곳 다니며 세상을 만나고, 이것저것 다양한 경험을 해보면 안될까? 그런 고민 끝에 진정한 자신을 만나고, 제 적성을 찾아 상급학교의 문을 두드리면 안되는 걸까? 우리 어른들이 그러라고 여러 갈림길을 만들어주고, 그 길을 갈지자로 걷는 아이를 그냥 봐주면 안될까? 아이가 손 내밀 때 그때 도와주면 안될까?

교과 전공에 대한 기초 지식은 고등학교에서 배우고 기본 자격증을 따는 데에 지장 없도록 해주면 안될까? 대학은 보다 고차원적인 심화 자격이나 역량을 키우기 위해 진학하는 곳으로 자리매김하면 안될까? 다시 말해 기본 자격증 딸 정도면 대학을 안 가면 안될까? 왜 초등학교, 아니 유치원에 보내면서부터 딱 15년, 아니 19년(대학 포함)을 틀 속에 가두어 자라게 해야 할까?

갭이어는 반백의 역사를 지닌 교육제도

이미, 다른 나라에서는 앞서 언급한 고민들을 제도로 풀어서 이행하고 있다. 영국의 갭이어 역사는 50년을 넘었다. 개념적으로는 4세기에 걸쳐 진행되었다. 아일랜드에서는 '전환학년제'라는 이름으로, 덴마크에서는 애프터스쿨 등으로, 유럽에서는 확산하고 있다. 미국이나 캐나다, 일본의 경우에도 대학에 입학 허가를 받은 후에 갭이어 활동을 지원하는 형태로 운영하고 있다.

서울의 오디세이학교나 충북의 목도고가 전환학년제 운용으로 주목받고 있지만, 우리나라의 경우에는 결국 먼저 고등학교에 입학부터 해야 한다. 전학은 없다. 그리고 고등학교 1학년으로 한정하고 있으며, 법적 행정적 지원의 한계가 많다. 2020년 7월에는 박범계 의원이 청년기본법 일부 개정안을 발의해, 국가와 지방자치단체가 갭이어를 추진할 수 있도록 하는 법적 근거를 마련하려 하고 있어 우리나라도 먼 미래의 일은 아닐 것이라는 희망을 갖게 한다.

대기만성, 청소년기의 1년은 10년의 가치, 천천히! 여유롭게!

다른 친구들보다 늦다고 생각해야 할 이유는 조금도 없다. 무조건 가야 할 코스는 아니기 때문이다. 무엇보다 간절히 원하는 학생에게 기회를 주는 제도이다. 해외 사례의 시사점을 보면 성공 사례가 많기에 역사를 갖고 지속하고 있는 제도다. 전체 20% 학생 정도가 참여하고 있다지만, 점점 늘고 있는 추세다. 청소년기 1년의 방황이 10년, 20년 후에 듬직한 사회 일꾼으로 성장하게 할 것이라는 기대가 있다. 우리나라에서도 대안학교를 비롯해 홀로 그 길을 갔던 이들에 의해 증명되고 있다. 지금의 제도 속에서도 기능한 부분이 있지만, 한계가 분명하다. 공적 영역에서의 지원은 너무나 미비하며, 확산하기에 어려움이 크다.

갭이어 지원 교사, 갭이어 학점, 갭이어 플랫폼

그래서 미자연이 제안한 갭이어 도입 방안은 가치롭다. 나 또한, 그 주장에 동의하며 갭이어 도입 방안을 소개한다. 개인적 바람도 한 가지 더 첨언해본다. 중학교를 졸업한 후 고등학교에 진학하지 않고도 갭이어를 할 수 있도록 제도화한다. 물론 갭이어는 고등학교 진학 후에도, 1년 이내의 학기 단위로 진로탐색 교육과정을 스스로 운영할 수 있도록 한다. 고교학점제 정책과 연계하여 갭이어 활동을 학점으로 인정할 수 있어야 한다. 학교 심의를 통해 20학점까지 인정이 가능하되, 대입 전형에는 반영하지 않아 갭이어의 취지를 살릴 수 있다.

고등학교에는 진로전담교사가 확대 배치되어 갭이어 참여 학생들의 개인별 진로탐색-교육과정을 살피고 지원한다. 자아와 적성을 찾고, 진로를 결정할 수 있도록 조력하고, 학점으로 인정받을 수 있도록 지원한다. 지자체와 유관 기관, 교육청은 갭이어 플랫폼을 만들어 공적 영역에서의 지원을 강화한다. 진로전담교사의 역할이 커질 수 있다. 현재 각 교육청에서 추진하고 있는 혁신교육지구사업과 맞물려 사업체까지 확장하는 시스템으로 보강하면 플랫폼 구축은 어렵지 않을 것이라 본다.

다만, 국외 사례를 확인해 보면 갭이어 학교가 설립되어 있는 상태에서 추진하면 보다 안정적일 것이라 생각한다. 넘쳐나는 사립대학(전문대 포함)을 공영화하면서 갭이어와 연결하는 방법도 좋을 것이라고 조심스레 제안해 본다. 교육청과 대학의 거버넌스가 필요한 지점이기도 하다.

갭이어는 지금의 우리 과제

사례로 들었던 필자의 아이는 학교를 나와 버렸으니 농고에 전학 갈 수는 없었다. 농기계를 공부하며 자격증을 따려 하더니 결국 자동차 정비 쪽으로 진로를 정했다. 군 복무를 마치고 어른이 되어 자동차 정비업을 하고 있다. 힘든 노동에 손은 굳어지고 구릿빛으로 변했지만, 노동의 가치를 존중하는 자랑스러운 노동자가 되어 있다.

좀 더 일찍 이 아이의 길을 찾아주었다면, 물론 부모가 미리 과정을 거쳤더라면 좋았을 테지만, 제도의 힘으로 이런 시행착오를 없앴더라면 좋았을 것이다. 한 아이를 위해 온 마을이 필요하고, 한 아이를 위해 포기하지 않는 교육을 선언하고 있는 지금, 갭이어 도입은 지금의 우리 과제다. 어느 의원이 발의한 법안을 조속히 통과시키고, 국가 정책으로 받아 안아, 교육감들이, 학부모와 교사들이 실천하면 결코 먼 나라 먼 미래의 일은 아닐 일이다.

공동체가 키워내는 모든 아이, 진로 선택 평등권

— 이상찬(정책연구위원)

고2가 되어서야 제 꿈을 찾은 아이

2020년 너무 다른 두 아이의 대학 진학을 도와준 적이 있었다. 한 아이는 대도시에 살면서 자립형 사립 고등학교에 재학 중이었다. 치밀하게 평가가 기록된 고등학교 생활기록부를 내밀며 자신이 희망하는 전공적성에 맞게 어떤 내용을 논리적으로 서술하는 게 더 높은 평가를 받을지 물어왔다. 다른 아이는 시골 농촌에서 몸이 아파 입원하는 바람에 고등학교 1년을 마무리하지 못했다. 게다가 그 아이는 친모의 불의한 교통사고로 삶의 의욕을 잃은 상태였다. 5년 전 초등학교 때 담임 선생님의 손을 잡고 나를 찾아왔다. 대학 진학을 위한 준비가 전혀 안 된 아이였다.

결론적으로 두 아이는 그해 모두 원하는 대학에 진학했다. 하지만 두 아이를 돕는 과정에서 나의 마음은 편치 않았다. 대학 진학에 대한 출발점이 서로 너무 달랐다. 부모 카드, 사회적 제도, 자신의 진로를 위해 동원할 수 있는 가용 인력의 차이는 확연하게 달랐다. 유스망고 김하늬 대표는 그의 저서 『리얼 월드 러닝』에서 어른을 세 종류로 분류하였다. 한 사람이 성장과정 동안 진로를 선택하면서 만나는 제1의 어른은 부모이다. 제2의 어른은 사회적 제도에 의해 만나는 교사가 그것이고, 자발적으로 자신을 학생들의 진로를 위해 내어놓은 진짜 세상에서 치열하게 살아가는 사회적 어른이 제3의 어른이다. 천운으로 맺어지는 부모는 그렇다 치더라도 사회적 제도로 만나게 되는 제2, 제3의 어른 만큼은 동등하게 선택할 수 있어야 한다는 생각이 떠나지 않았다.

자발성을 촉진하는 전향적 진로지도 교육과정 설계

한 사람의 성장은 분절적이지 않다. 다분히 인과적이고 연결되어 있다. 초등학생 때부터 중학생을 거쳐 고등학생으로 성장하기까지 치밀하게 연계되는 진로교육과정을 설계해야 한다. 교사로 학생들을 만나는 이들은 기본적인 소양으로 진로지도에 대한 융·복합적 학습 과정을 설계할 수 있어야 한다. 이런 과정을 통해 학생들은 자신들의 관심사에 자발적으로 집중하게 되고, 집중이 누적되면 몰입하게 되고, 몰입이 극대화되면 마침내 내면적 통합을 이루게 된다. 이렇게 통합된 진로에 대한 자신만의 관점은 미래사회에 새롭게 재편될 사회 속에서 유의미한 역할을 할 수 있는 가치로운 일거리를 스스로 만들 수 있을 것이다.

초등학교 단계에서는 타인을 인식하고 자존감을 기반으로 하는 '진로 인식' 단계를 교육과정 속에 녹여내야 한다. 중학교 과정에서는 다양한 직업 세계를 만남으로써 충분히 탐색하는 '진로탐색'을 마음껏 할 수 있도록 해야 한다. 특히 비판적 사고력이 왕성하게 발달할 때이기 때문에 사회적으로 불합리하다고 생각한 주제를 중심으로 문제해결 중심의 교육과정을 제시할 수 있다면 매우 효과적일 것이다. 고등학교 단계에서는 지금까지 '진로인식', '진로탐색' 과정을 바탕으로 개인에게 최적화된 구체적인 영역을 찾아

'진로 심화' 단계를 마음껏 경험할 수 있도록 교육과정을 계획해야 한다.

2017년 경기도교육연구원에서 연구한 '학생 꿈조사 결과 보고'에서 학생들이 꿈꾸는 삶에 가장 큰 영향을 주는 것(복수 선택 가능)은 부모님 77.6%, 선·후배 38.2%, 개인적 특별한 계기 27.9%, 선생님이 27% 순으로 집계되었다. 자신이 소중하게 생각하는 가치를 기준으로 진로를 설계한다고 가정할 때 부모의 영향력이 가장 높고 교사의 영향력이 가장 낮다. 이것은 학생들의 자연스러운 선택일 수 있지만, 가르침의 현장에 있는 한 사람으로서 아쉬움이 남는 대목이다. 가치로운 일을 찾는 과정 동안 학교라는 공간에서 12년을 만나는 교사의 영향력이 가장 미흡하다는 것은 교사가 진로교육의 입장에서 학생들을 대하지 않았다는 방증이다. 모든 교사의 진로지도 교사화를 통해 모든 교과목에서 진로교육을 실시하게 해야 한다. 모든 담임교사가 학생들이 제도적으로 처음 만나는 제2의 어른으로 학생들의 삶과 연계한 진로교육을 실시할 수 있도록 3년 내 진로교육 연수를 의무적으로 이수하게 해야 한다.

초등학교 진로교육은 실과 교과에서만 다루며 담임교사가 진행하도록 되어 있다. 중등과정과 같이 진로전담교사를 도입하여 담임교사와 함께 교과와 진로교육이 연계된 융합교육 설계를 주도하고 모든 교사들에게 교과 수업 시수 20% 이내에서 진로와 연계한 교과 융합 교육을 재구성하여 진행할 수 있도록 해야 한다. 중등과정에서 진로진학교사의 역할 재구조화하여 학교 교육과정 내 진로교육 종합 설계, 교과교사의 교과 융합 진로교육 역량 강화 지원, 담임교사 대상 진로교육 의무 연수 실시를 통한 학년 단위 진로교육 설계를 지원하도록 해야 한다. 학교 규모에 맞게 진로전담교사를 확대하여 배치할 필요가 있다.

'리얼 월드 러닝 과정' 제공

앎의 궁극적 지향점은 삶이다. 학생들이 배워 알게 된 대로 살아갈 수 있도록 준비시키는 것이 학교여야 한다. 초등과정에서는 학부모, 지역사회, 진로지원센터의 직업인 인프라를 활용하여 학습과 연계되도록 해야 한다. 이과정은 직업적 다양성에 초점이 맞춰져야 한다. 굳이 자신이 장차 몸담게될 업을 찾는 과정일 필요는 없다. 실제 사회 속에서 다양한 사람들이 사회적 역할을 감당하며 살아가고 있다는 것을 몸으로 익힐 수 있는 과정이라면 가장 이상적일 것이다. 중학교 과정에서는 실제 세상 속 문제해결을 통한 '게임 체인저'를 경험할 수 있는 PBL(Project Based Learning) 기획, 진행, 정리, 발표, 공유 활동을 지원하여 최종 산출물을 만들어 볼 수 있게 해야 한다. 고등학교에서는 ICP(Internship Centered Project)를 통한 중·장기 직업 체험 과정을 제공하고, 진행, 정리, 발표, 공유 활동을 지원해야 한다. 학교 교육과정 자율성 확대를 통해 창의적 체험활동 중 진로활동을 강화해야 한다. 학교 자율과정을 활용한 학교급별(학년별) 진로교육과정 제공 및 교원역량 강화를 지원하여 학교공동체 협의에 따라 기간 집중형/월 단위 학생주도 진로인식-진로탐색-진로심화과정을 제공하는 방법도 있을 것이다.

갭이어 이행을 위한 정부 지원 제도 마련

학생들이 학년 승급하는 과정에서 갭이어 과정을 선택할 때, 기업에 참여하여 실제적인 업무 중심의 배움을 진행할 때 제도적인 지원이 필요하다. 갭이어 서비스 공급망을 구축하고 나아가 이를 갭이어 지원과 연계하는 체제를 구축하는 방안이 필요하다. 기업 갭이어 희망자들에 대해 컨설팅 및 워크숍을 제공하고, 나아가 갭이어 희망자 대상의 지역 차원 '진로직업지원센터' 관리시스템을 촘촘하게 구축해야 한다. 이를 위해 지자체 차원의 취업 지원

센터, 고용노동부 지청 등과의 네트워크 중심의 협력이 이뤄지도록 해야 한다. 교육부는 갭이어 연계 대학을 발굴하여 학교 현장에 보급하고 연수형, 체험형, 여행형, 창업형 등 다양한 형태의 갭이어 활동을 장려해야 한다. 특히 제1의 어른인 부모의 역할을 기대하기 힘든 사회적 배려대상 학생의 갭이어 지원을 위한 지원금 제도를 마련하여 경제적 부담 없이 갭이어에 참여할 수 있도록 배려해야 한다. 지역별로 갭이어 전담 학교를 설립할 수도 있다. 새로운 부가가치를 만들어 낼 수 있는 갭이어의 경우 창업으로까지 이어질 수 있는 모델도 있을 수 있을 것이다. 이런 사례들은 미래학교의 다양한 학교를 구현할 수 있을 것이다.

학교의 여러 기능 중 한 가지는 학교에서 배운 학생들이 자신의 정체성을 발견하고 자신이 속한 사회 안에서 가치로운 역할을 할 수 있도록 돕는 데 있다. 이 과정은 물리적 시간으로 계산할 때 모든 학생들에게 동등하다. 그리고 교육적 구조는 물리적 동등함이 학생 개별적 동등함으로 구현되도록 최대한 노력하여야 한다. 그 과정에서 정부의 지원, 지자체의 의지, 교사의 전문성, 그리고 모든 사회 영역들이 희망하는 학생들의 진짜 배움이 있는 '학교'일 수 있도록 자신을 내어놓는 과감한 결단이 필요하다.

<참고문헌>
경기도교육연구원(2017). 2017 학생꿈조사 결과 보고. 2017-05.

6. 유·초·중·고 통합운영학교 제도 정비

1) 현황 및 문제의식

• (근거 법령) 초·중등교육법 제30조, 동법 시행령 제56조

> **초·중등교육법 제30조(학교의 통합·운영)**
>
> ① 학교의 설립자·경영자는 효율적인 학교 운영을 위하여 필요하면 지역 실정에 따라 초등학교·중학교, 중학교·고등학교 또는 초등학교·중학교·고등학교의 시설·설비 및 교원 등을 통합하여 운영할 수 있다.
> ② 제1항에 따라 통합·운영하는 학교의 시설·설비 기준 및 교원배치기준 등에 필요한 사항은 대통령령으로 정한다.

<통합운영학교 운영 방법 및 형태>

구분	운영방법	교직원	비고
통합운영학교	효율적인 학교운영을 위하여 지역실정에 따라 초등학교·중학교, 중학교·고등학교 또는 초등학교·중학교·고등학교의시설·설비 및 교원 등을 통합하여 운영하는 학교	각 학교급에 따른 교직원 배치	초·중등교육법 제30조, 초·중등교육법 시행령제56조
통합운영학교 캠퍼스 형태	• 일체형: 하나의 장소에서 통합하여 운영 • 연계형: 인근 거리의 분리된 학교를 통합운영 • 복합형: 다수의 분교, 하나의 본교로 구성된 초등학교와 중학교를 통합운영		

• (운영 현황) 농산어촌 학령기 인구 감소, 구도심 등의 공동화 현상 등으로 유·초중고 통합운영학교 늘어나고 있음

- 전국의 통합운영학교는 102개 교임. 전국 17개 시·도교육청 가운데 13개 지역에서 통합운영학교가 운영 중임. *(미운영) 광주, 대구, 세종, 울산

- 현재 통합운영학교는 학령인구가 급감하는 농·어촌 지역에 위치한 소규모학교를 대상으로 운영되고 있으나, 2019년 이후 개교하는 경기, 서울, 인천 통합운영학교의 경우 도심 재개발 지역이나 신도시에 위치한 대규모학교(39학급 이상)를 대상으로 추진 중에 있음

*초·중 통합운영학교 46개교, 중·고 통합운영학교 50개교, 초·중·고 통합운영학교 6개교 운영 중(교육부 조사 자료, 2020)

<통합운영학교 지역별 분포>

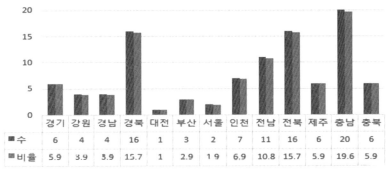

	경기	강원	경남	경북	대전	부산	서울	인천	전남	전북	제주	충남	충북
■수	6	4	4	16	1	3	2	7	11	16	6	20	6
■비율	5.9	3.9	3.9	15.7	1	2.9	1.9	6.9	10.8	15.7	5.9	19.6	5.9

출처: 성열관(2019)

<시도별 초중고 통합운영학교 현황>

구분		부산	인천	대전	울산	경기	강원	충북	충남	전북	전남	경북	경남	제주	대구	서울	세종	계
운영중	초·중		1			5	1	6	6	6	5	9	1	5		1		46
	중·고	3		1	2		3		14	9	6	7	3	1		1		50
	초·중·고		4			1				1								6
	계	3	5	1	2	6	4	6	20	16	11	16	4	6		2		102
개교예정	초·중		2			5	1	2					2		1	1		
	중·고			1							1						1	
	초·중·고																	
	계	3	7	2	2	11	5	8	20	16	12	16	6	6	1	3	1	118

출처: 경기도교육청(2020). 통합운영학교 교육과정 편성·운영 매뉴얼

- 초·중, 중·고, 초·중·고등 학교급이 서로 다른 2개 이상 학교의 시설·설비 및 교원을 통합하여 운영하고 있으나 '물리적 통합'에 머물러 있어 '한 울타리 안에 두 개의 학교가 별도로 존재하는 학교'로 운영되는 한계가 있음

<통합운영학교 유형과 특징>

구분	초·중 통합운영학교	초·중·고 통합운영학교	중·고 통합운영학교
수업연한	6+3=9년	6+3+3=12년	3+3=6년
조직	•교장 1명, 교감 초·중등 각 1명	•각각의 학교를 기준으로 교직원 배치 배치기준에 따름	
수업시간	•학교 급별로 운영(초 40분, 중 45분, 고 50분)		
인사관리	•초·중등 복수자격증 소지 교사 우선 배치 가능	•초·중등 복수자격증 소지 교사 우선 배치 가능 •소지 자격증에 따라 수업 겸임	•소지 자격증에 띠라 수업 겸임
시설설비 기준	•학교 급별 설비 기준을 학생 수별 기준으로 적용		

*출처: 경기도교육청(2021). 초중고 통합교육과정

- (개선점) 통합운영학교의 교육과정, 교사 지원이 물리적 통합을 넘은 화학적 통합 운영될 수 있도록 지원체제 및 제도 정비가 필요함
  - 초,중,고 학교급이 단절되어 있는 현행 학제의 한계를 극복하고, 학생 발달 단계와 학교급 간 전환기 학생 개개인의 발달 수준을 고려한 협력적, 연속적으로 교육과정을 운영하는 미래학교 모델 모색이 필요함
  - 초·중등 교원자격 분리 체제, 교무·학사·회계·물품·시설 등에 대한 관리의 학교급 간 독립된 행정체제 등으로 인한 초중고 통합교육과정 운영의 한계 극복을 위한 행정적, 제도적 정비가 필요함

2) 나아가야 할 방향 및 과제

- (교육과정 특례) 미래사회에 필요한 역량, 학생 발달 단계에 맞는 교육과정 운영 및 학령인구 감소와 소규모학교의 증가에 대처하는 효율적인 초중고 통합 교육과정이 운영되도록 해야 함
- (제도 및 법규 정비) 교사자격체제 유연화, 학교 행정체제 일원화·통합화 등 제도 및 법규 정비가 필요함
- (행재정 지원체제) 교육지원청의 역할을 재구조화하여 학교 교육과정 지원 역할을 강화함, 교육행정지원체제 등 미래학교 모델로서의 통합 운영이 되도록 해야 함

3) 핵심 과제안

- (교육과정 특례 제도 도입) 9학년제 통합학교 전면화를 대비한 교육과정 자율 편성·운영권을 확대할 수 있도록 교육과정 특례 제도를 도입함
  - 5~7학년을 하나의 학년 군으로 설정하여 초·중 연계 교육과정 운영할 수 있도록 자율권을 확대함.「공교육 정상화 촉진 및 선행교육 규제에 관한 특별법」을 유연하게 적용함
  - 마을과 지역 단위 캠퍼스형 초중고 통합학교 운영 체제를 마련함
  - 적극적인 전환기 학년 프로그램을 개발하고, 특성화 교육과정 운영을 확대함
  - 무학년제와 학습선택권의 확대 등을 통해 학교 운영과 학제 상의 유연성을 확대하고, 통합학교 교사들의 상호 지원과 협조체제 구축을 지원함
- (교원인사) 교사 자격 및 배치 유연하게 할 수 있는 특례 제도 도입
  - 학교 급간 교원의 상호 교류 방안을 모색함(교원학습공동체, 연수 공동 운영 등)

- 교사의 화학적 교과/담임 지도를 위해 중등교사자격증 소지자와 초등교사자격증 소지자 간 통합운영학교에서의 교차 지원이 가능하도록 제도를 마련함

  ※(예) 초5~6년 ~ 중학교 넘나들기, 초·중통합교사자격증, 초중복수자격증 등

- (행정체제 정비) 통합운영학교 관련 법규 및 행재정 운영 기준 정비

- (학교 유형 법제화) 통합운영학교를 초·중등교육법 제2조의 분류 항목 한 가지로 포함시켜 일반 학교와는 구분하고, 독자적인 학교로 인정함

- (학교 행·재정 기준 수립) 교무, 학사, 인사, 회계, 물품, 시설 등에 대한 관리 학교·급간을 일원화·통합함(통합운영학교의 행·재정 운영 기준 수립)

- (교육행정 지원체제) 교육지원청*의 역할을 재구조화하여 학교 교육과정 지원 역할 강화를 통해 통합교육과정 프로그램(유·초·초·중 넘나들기 및 학년 군별 교육과정)을 지원함

  *학교 교육과정 지원, 통합운영학교 교육과정 프로그램뿐만 아니라, 보통학교의 학년 군 교육과정, 고등학교 갭이어 프로그램, 조기 졸업 등 개발 지원

7. 초·중(의무교육) '9학년제 통합학교'로 전환

1) 현황 및 문제의식

- (학제 체제) 현행 6-3-3-4제의 학제가 운영되고 있음

- 초등학교(6년)과 중학교(3년) 과정은 의무교육체제이나 교원자격체제는 중학교와 고등학교를 묶어 중등교육체제로 운영되고 있음

- 학생 발달 단계에 맞는 교육과정 운영, 미래사회에 필요한 역량 중심의 교육과정 운영, 학령인구 감소와 소규모학교의 증가에 대처하는 효율적인 교육과정 운영에 대한 요구가 증대되고 있음

- (의무교육체제) 현행 학교 제도에서는 의무교육의 성격이 불명확하며, 의무교육과 이후 단계 교육(고등학교 교육)의 성격이 명확하게 구분되지 않음

- 9년의 의무교육은 전 국민을 위한 기본 공통교육으로서 민주시민으로 필요한 자질과 미래사회를 살아가는 데 필요한 기본 능력을 습득하기 위한 과정임

- 그럼에도 불구하고 초등과정과 중학교 과정이 엄격하게 분리, 운영되고 있으며, 초·중 전환기 과정이 부재하며, 학생 발달 단계를 고려한 학교급간 교육과정 운영의 연계성, 연속성이 떨어짐

<현행 초중 통합운영학교의 교과 연계 교육과정 형태>

교과 연계 유형1	교과 연계 유형2	교과 연계 유형3
초등학교와 중학교가 서로의 교육과정을 염두에 두면서 각자의 교육과정 운영	초등학교와 중학교 중간단계에서 중학교 적응 활동(전환기 프로그램) 운영	일부 과목에서 초등학생과 중학생이 동일한 수업에 참여(초등교원/ 중등교원 팀티칭)
초등교원과 중등교원이 교육과정을 함께 분석하는 교원학습공동체 운영 초6과 중1 교육과정 연계	초6학년 말 중학교 적응 활동 또는 전환기 프로그램 운영	음악 과목 합창이나 기악 합주, 미술 과목의 공동 창작, 체육 과목에서의 단체 스포츠 활동, 다양한 실습기자재 활용하는 과학, 실과, 기술가정, 정보 과목에 적용

※한국의 초중 통합운영학교 모델에서 교과 연계 교육과정 운영 사례를 볼 수 있음.

- 초·중학교 의무교육체제에서 졸업과 진학 관련 업무, 학생 배정 업무 등의 다양한 행정 업무가 발생하고 있음

- 고등학교 교육은 개인의 선택으로 이수하는 과정이며(단, 국가 지원에 의한 무상교육), 자신의 진로와 진학을 구체적으로 준비하는 과정으로 중·고등학교 연계 운영 체제보다는 초중 연계 체제가 더 필요함

• (책임교육) 현재의 학교 제도에서는 초-중학교 단계가 의무교육임에도 불구하고 취학만 부모에게 의무로 부과될 뿐 교육의 결과에 대한 국가나 학교의 책임은 어디에도 규정되어 있지 않음

- 이에 따라 취학의무에 상응하는 국가와 학교의 책임교육이 제도화될 필요가 있음

2) 나아가야 할 방향

• 현재 부분적으로 실시하고 있는 초중학교 통합 운영을 제도화함

- 1~9학년을 하나의 제도로 통합하여 명실상부한 '한 가족' 학교 만들기(화학적 통합)를 실현함

※핀란드나 덴마크 등 서구의 많은 나라가 의무교육 기간 9년제 통합학교를 운영하고 있음

• 의무교육에 상응하는 책임교육 체제 구축으로 기본학력을 보장함

- 현행 의무교육이 취학의 의무(=부모의 의무)만 있었던 것에 대해, 그 질과 결과에 대한 책임(학교와 국가)은 기본학력 보장으로 화답

3) 핵심 과제안

• 9년제 의무교육 통합학교 제도 도입 및 의무교육의 성격 재규정

- (학제) 현행 초·중학교의 6·3제 학제 편성에서 초등학교와 중학교를 통합하여 9년제로 하되, 운영형태는 지역과 학교 여건에 따라 다양하게 자율적으로 운영함

※(예) (시설분리형) 00초와 인근 00중학교 시설 연계 운영 '☆☆학교'

(시설일체형) 기존 00초를 9년제로 운영하여 '00학교'로 변경 운영, 기존 00중 을 9년제로 운영하되 '▲▲학교'로 운영

- (9년제 의무교육의 성격 재규정) 민주시민의 자질과 미래사회에 필요한 최소 기본 능력을 습득하고, 전 국민을 위한 기본 공통교육과정으로 운영함

• 초중학교(9학년제) 통합학교에서의 기본학력 보장

- 1-9학년을 3개의 학년 군(1-3, 4-6, 7-9)으로 구분하여 무학년제로 운영하고, 학년 군별 교육과정은 유연하게 편성할 수 있음

- 1-3학년은 통합교과 체제로 운영하고, 4-6학년 군에서는 지금의 초등학교 담임 방식과 중학교의 교과 담임 방식으로 교육과정을 운영하되, 교과 담임이 지도하여 교과의 비중을 점차 늘려감.

- (교과) 담임은 학생들의 학업성취도를 진단하고, 점검하며, 향상 정도를 누가기록 관리함.

- 성취도 평가는 각 학년 군의 최고학년 시기에 실시함. 학년 군 성취도 평가는 학생들의 지식과 역량을 제대로 파악할 수 있는 방식(절대평가 서술형 권장)으로 실시하며, 학생평가권을 가진 (교과)교사가 담당 학생 개인의 성취도 도달 여부를 서술형으로 기술하여 학생/학부모에게 전달함.

- 1-6학년 동안 담임교사, 특수교사, 기본학력통합지원교사, 상담교사가 수시로 학력을 확인하여 특수교육대상자와 기본학력 부진 대상자를 집중 지원함.

• 통합학교 운영을 위한 교·사대 통합 교사양성체제 개편*

- 교사 양성 체제 개편으로 실질적인 통합학교 운영 기반을 마련함

*'교육의제 15-교사 양성 및 연수 제도 개선'과 연계함

8. 한국형 지속 가능한 학교 모델과 지속가능진단지수 개발

1) 현황 및 문제의식

• 현재 학교 환경교육은 초등에서는 국가 수준의 교육과정 없이 각 교과에서 분절적으로 다뤄지는 수많은 범교과주제 중 하나이며, 중·고등학교에서는 선택과목 중 하나로 국, 영, 수 중심의 주요교과보다 덜 중요하다는 인식으로 실행순위에서 밀려나 2022 개정 교육과정 총론에 명시된

생태환경교육 강화가 어려움

• 2008년 이후 학교 현장에 환경교육 교사가 충원된 것은 2021년도 전국 임용고시에서 7명이 전부로 지속가능성의 관점에서 전문적인 생태환경교육을 할 수 있는 교사가 거의 없음

• 전 지구적 기후위기를 고려하지 않고서는 '미래가 없는' 미래를 준비하는 어리석은 준비이며 최근 코로나 팬데믹에 따라 건강하고 안전한 교육환경 조성과 지속 가능한 미래교육을 구현할 수 있는 학교 모델이 필요함

　- IPCC 6차 보고서에서는 혁신적인 탄소감축으로 2050 탄소중립을 달성했다고 가정하더라도 21세기 안에는 평균기온이 1~1.8도 상승을 피할 수 없을 것이라 발표하였으며 지구온난화가 지속되면 전 지구 물순환의 불균형이 강화되고 극한현상의 빈도와 강도가 더 증가할 것이라 예측함

[그림] CO2 누적 배출량과 지구 표면온도 상승 간의 근 선형관계

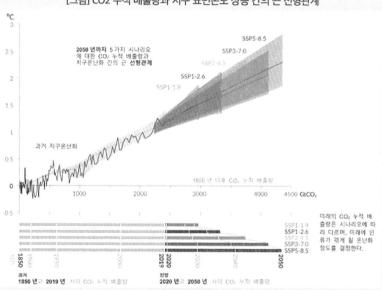

(출처: IPCC 기후변화 2021 과학적 근거, 정책결정자를 위한 요약본)

　- 세계기상기구 WMO는 강력한 폭염과 파괴적인 홍수 등 극단적인 기상 현상이 이제 '뉴노멀 (new normal·새로운 표준)'이라고 규정했으며, 일각에서는 여섯 번째 대멸종을 걱정하고 있음

• 2009년 친환경 녹색학교 추진계획은 지속가능발전교육의 장으로서 학교 교육을 구현하지 못하고 실적만을 수치화하다가 정권교체와 함께 사멸되었고 최근 그린스마트 미래학교가 교육부

사업으로 추진되고 있으나 지속가능성을 반영한 학교 교육과정과 시설을 연계한 종합적인 추진 모델이 아직 없음

- 우리나라에서는 2008년 발전을 저해하지 않는 범위 내에서 환경을 고려하면 된다는 '성장 지향의 개념'으로 저탄소 녹색성장의 개념이 제시됨
- 다각적으로 해석할 수 있는 지속가능발전이 추상적인 개념과 문서만으로 존재할 때의 한계를 보여주는 실패 사례임

• 미래를 위한 삶의 방식의 전환은 일부 교육과정으로서의 환경교육, 선언적인 법과 시행령, 추진 계획을 넘어 지속가능발전*교육의 장으로서의 통합적이고 전체적인 학교 교육 구현이 필요함

※지속가능발전은 전세계석으로 '미래 세대가 그들의 필요를 충족할 수 있는 기반을 저해하지 않는 범위 내에서 현세대의 필요를 충족시키는 발전'이라는 정의를 널리 사용함. 이는 현세대의 욕구를 위해 미래 세대의 가능성을 파괴하지 않는 것을 의미. 물질과 기술 중심의 문화에서 벗어나 인간과 환경의 조화로운 공존의 가치를 강조하는 것임. 우리나라 지속가능발전법(제2조 제2호)에는 지속가능성에 기초하여 경제의 성장, 사회의 안정과 통합 및 환경의 보전이 균형을 이루는 발전을 의미함.

2) 나아가야 할 방향

• (지속 가능한 학교 정책 수립 차원) 환경적으로 건강하고 안전한 학교 공간에서 환경의 소비자가 아닌 생태의 일부로서 역량을 갖춘 책임 있는 미래 시민의 육성을 담당할 지속 가능한 학교 구현

• (지속 가능한 학교 모델 구축 차원) 2018년 K-SDGs*와 2021년 K-ESG 표준지표**를 발표한 것처럼 한국의 교육현장을 고려한 구체적이고 실행가능한 메뉴얼로서의 한국형 지속 가능한 학교 모델이 개발되어야 함

*2015년 UN이 제시한 17가지 지속가능발전목표를 한국의 상황과 필요를 고려하여 국가의 상황에 맞는 지속가능 발전 방법을 찾기 위해 K-SDGs(국가 지속가능발전목표)를 개발

*세계적으로 기업에 요구하는 ESG(환경·사회·지배구조)를 국내 기업 상황을 고려하여 정부에서 '한국형 ESG' (K-ESG) 지표를 개발, 국내외 600여 개에 달하는 ESG 지표로 인해 기업들이 겪는 혼란을 감소시키고자 함

*한국형 지속 가능한 학교는 우리나라의 상황을 고려한 지속가능발전목표가 고려되어야 하고, 학교 지속가능진단 지수를 통해 공통적으로 갖춰야 할 목표와 학교의 상황과 특수성을 반영할 선택지수로 정착, 확산하여 탄소중립 사회에 효과적으로 기여할 것임

• (지속 가능한발전교육 차원) 한국형 지속 가능한 학교는 지속가능발전을 '위한' 교육이 아닌 '지

속가능성에 대한 교육'*으로 나아가 전 지구적 생태계를 위한 삶의 방식으로의 전환이 이루어지도록 해야 함

*지속가능발전을 달성하기 위한 교육이 아닌 지속 가능한 삶을 살아가기 위해 필요한 지속가능성의 의미를 내면화하고 실천하는 교육

※지속가능성을 중심으로 학교 공간 설계, 기술인프라, 학교경영, 지역과 연계한 조직구성 등의 총체적인 시스템과 교육과정을 포함하여 개발된 한국형 지속가능학교에서 한국의 학생 모두가 지속 가능한 미래를 위한 삶을 자연스럽게 시작할 수 있도록 함

3) 핵심 과제안

• 국가 수준의 학교 친환경 건축물 인증* 의무화

- (학교 건물의 친환경 인증제 의무화) 학교 공간의 자재생산, 설계, 건설, 유지관리 폐기 등 전 과정을 대상으로 에너지 및 자원의 절약, 오염물질의 배출감소, 쾌적한 학습환경의 조성 등 실내환경, 생태환경, 유지관리, 물순환 관리, 재료 및 자원, 에너지 및 환경오염, 토지이용 및 교통 등의 항목을 재정비하여 학교 건물의 친환경 건축물 인증을 의무화

*인증의 종류는 크게 2가지로, ① 건축물의 에너지효율등급 인증 및 제로에너지 건축물 인증과 ② 녹색건축 인증이 있으며, 녹색건축인증제도는 지속 가능한 발전의 실현을 목표로 인간과 자연이 서로 친화하며 공생할 수 있도록 건축의 전 생애를 대상으로 환경에 영향을 미치는 요소에 대한 평가를 진행하여 건축물의 환경성능을 인증하는 제도임

- (지속가능성에 기여하는 학교 시설 기준 마련) 그린스마트 미래학교* 사업의 구체적인 방향과 지침을 국가차원에서 견고히 제시, 교육 주체들이 직접 참여하는 사전 설계과정 이전 한국의 지속 가능한 학교라면 반드시 적용되는 친환경기술과 가구배치의 인테리어, 친환경소재의 설비 등 지속 가능한 디자인 요소과 영역을 공식화

*그린스마트 미래학교는 교육과정 개선과 교수학습 혁신이 가능한 미래형 학교 환경을 조성하기 위한 사업으로 공간혁신, 스마트교실, 그린학교, 학교복합화, 안전한 학습환경이 핵심요소임

※지속 가능한 학교의 핵심요소는 친환경 건축 기법과 자재, 녹색공간 확보, 지속 가능한 에너지원 사용 및 확대, 제로에너지를 위한 관리 등 지속 가능한 삶의 체험장으로서 학교 공간임

※지속 가능한 학교 공간에는 기획, 디자인, 건축과 유지의 모든 과정에서 질적으로 우수한 건축학적 기법 및 자재, 경제적 효율성, 환경 보존 및 기여 등의 가치가 포함됨

[그림] 지속 가능한 학교 디자인 가이드라인(Innovative Design, 200)

쟁점	고려사항
운영비용 줄이기	• 부지의 조건을 최적화하고 햇볕이 잘 들 수 있도록 학교를 설계한다. • 주간 조명을 최대한 이용하기 위해 에너지 효율을 높인 창문을 설치한다. • 에너지 효율이 높은 건물 구조를 개발한다. • 재생에너지 시스템을 채택한다. • 효율성이 높은 조명 및 기계 시스템을 이용한다. • 보수비용이 적게 들어가는 재료와 제품을 사용한다. • 물 절약 전략을 통합한다. • 안전한 통학로를 만든다.
지속가능성을 가르치는 건물	• 교육용 도구로 지속가능한 요소를 최대한 낧이 사용한다. • 지속가능한 방식을 보여주기 위해 친환경적인 부지 설계방식을 이용한다.
학습성과 개선하기	• 주간조명을 통합한다. • 실내공기를 개선하기 위한 전략을 실행한다.
환경 보호하기	• 친환경적인 부지 설계를 개발한다. • 재생에너지 시스템과 에너지 효율이 높은 기술을 이용한다. • 환경적으로 민감한 건물 제품과 시스템을 채택한다. • 물 절약 전략을 실행한다. • 오염을 덜 시키는 대체 교통수다늘 만든다. • 재활용 시스템을 통합한다.
건강, 안전, 편안함을 위한 설계	• 태양광의 이점을 이용한다. • 실내공기의 질을 개선하기 위한 전략을 채택한다. • 학교를 주변 동네와 안전한 통학로로 연결한다. • 온도, 시각, 청각적인 편안함을 제공하는 전략을 개발한다.
지역사회의 가치 지지하기	• 학교를 역사와 장소를 고려해 설계한다. • 학교와 지역사회를 통합한다. • 학교으시설을 지역사회와 공유한다. • 장기 재무전략을 통합한다. • 지역 상품을 구매하고 지역의 서비스를 이용한다. • 지역사회에서 에너지 비용을 줄이기 위해 에너지 사용을 줄인다. • 환경적인 측면에서 의무를 이행한다. • 지속가능성에 대해 지역사회에 교육을 실시한다.

(출처: 신나민, 이선희(2011). 한국교육 제38권 제4호. 189-215.)

- 국가 수준의 한국형 지속 가능한 학교 모델 개발

  - (한국의 학교와 교육 현실 반영) 우리나라의 학교는 에너지 사용량과 온실가스 배출량이 많으면서도 녹색공간이 상대적으로 부족한 도시에 대부분이 위치하고 지역적 특색이 다양하여 친환경적인 학교 시설을 기반으로 지역과 교육과정을 담은 통합적 모델*이어야 함

    *한국형 지속 가능한 학교 모델은 친환경 학교 공간(건축기술, 관리방안, 녹지공간 등), 지속가능성을 추구하는 학교경영체제, 지역사회와 연계한 지속가능발전교육 및 탄소중립 교육과정 등을 통합적으로 제시

  - (K-SDGs 구현을 위한 주제 선정) 2025년까지 단계적으로 모든 학교가 지속가능발전교육을 실시하는 것을 목표로 K-SDGs를 구현하는데 필요한 공통 주제*를 설정하고 선택 주제에 대한 융통성을 지녀야 함

    ※영국에서는 2020년까지 모든 학교가 지속가능발전교육을 실시하는 것을 목표로 음식과 음료, 에너지와 물, 여행과 교통, 구매와 쓰레기, 건물과 운동장, 포함과 참여, 지역사회의 복지, 세계적인 문제를 선정함

- 지속 가능한 학교 확산을 위한 학교 지속가능진단지수 개발

  - (학교 지속가능진단지수 개발) 한국형 지속 가능한 학교 모델의 학교 공간*, 학교경영**, 교육과정***의 3가지 영역이 통합적으로 포함되어야 하며 각 영역에서도 국가 수준에서 개발된 공통 진단지수와 학교 선택 진단지수로 나누어 단위학교의 실천가능성을 확인할 수 있도록 함

    *친환경적 디자인 구현, 절전형 부품 사용, 식수사업 계획, 도보 및 자전거 통학을 위한 기반시설, 자원순환시설 등을 진단

    **환경경영체제(EMS-Environment Management System)를 활용한 학교경영을 도입하여 효율적인 조직, 절차, 관리비용, 교사연수, 정보수집, 의사소통, 사무기기 및 비품, 폐기물, 에너지 등 조직체가 환경영향을 최소화하고 지속 가능한 발전을 위해 모든 과정에서 환경친화적 업무를 수행할 수 있는지를 진단

    ***학교자율과정 등을 통해 지역과 연계된 지속가능발전교육, 지속 가능한 삶을 실천할 수 있는 탄소중립 프로그램 등을 진단

    ※학교 지속가능성진단지수 예시 - 학교상황에 따라 항목은 수정 가능

영역		추진내용	세부내용	척도		
				상	중	하
학교 공간	실내	친환경건물	•학교건물은 친환경건물의 조건을 달성하였는가 - 친환경 자재 사용, 절수시설, 전기사용량을 줄이기 위한 절전 형 부품 사용 등 - 자체발전을 위한 시설(태양광, 풍력 등)			
	실외	녹화공간	•교내 식수사업 계획이 지속적으로 이루어지고 있는가 •학교 주변 녹화공간의 비율이 30% 이상을 차지하고 있는가 •도보 및 자전거 통학을 위한 기반시설이 마련되어 있는가 •분리수거를 위한 자원순환시설이 마련되어 있는가			
학교 경영		학교의제21	•학교의제를 위한 조직이 구성되었는가 •학교구성원의 협의를 통한 지속 가능한 정책이 마련되는가 •가정통신문 등을 통한 학부모의 적극적인 참여를 유도하고 있는가 •학교 홍보를 통한 지역사회 참여를 유도하고 있는가			
		지속 가능한 경영체제	•지속 가능한 경영체제 구축 및 실행을 위한 조직이 구성되어 있는가 •지속 가능한 경영을 위한 초기 환경성이 검토되었는가 •지속 가능한 경영 계획이 수립되었는가 •지속 가능한 경영체제 운영에 대한 객관적인 근거 기록 및 유 지되고 있는가 •학교장은 지속 가능한 미래학교 추진을 위한 실천에 적극적 으로 참여하고 있는가 •지역과 연계한 학교 자체 경영이 추진되고 있는가			
교육 과정		계획	•자체 실천 계획이 수립되었는가 •교육과정 운영을 위한 교직원(15시간 이상) 및 학부모 연수 (연간 4회 이상)가 실시되고 있는가			
		운영	•교육과정을 통한 지속가능발전교육 차시가 확보되었는가 •학교실정에 맞는 다양한 교육과정이 시행되고 있는가 - 연중 환경기념일 계기교육, 지속가능발전교육주간 운영,지 역과 연계한 지속가능발전교육, 학생동아리 등 - 지역기반 지속가능발전교육활동 자체 자료 개발, 활용 건수 •학생 개인의 역량을 고려한 지속 가능한 미래를 위한 진로연 계활동이 실시되고 있는가			
		평가	•교육과정 토론회에 지속가능성에 대한 주제가 포함되어 있 는가 •학교공동체의 다양한 피드백을 반영하고 있는가			

9. 고등학교 유형의 특화

1) 현황 및 문제의식

• 현행 고등학교 체제 현황

 - 인문계 고등학교와 직업계 고등학교가 뚜렷하게 구분됨

 - 특목고, 자사고, 마이스터트고 등 특정 학교의 특성화 형태(이명박 정부 때 도입)가 있음

 - 2025년 고교학점제 전면 시행 예정임

 - 학점제 시행 대비 2022 교육과정 개편 중

• 문제의식

 - 현재 고등학교 단계는 직업계열과 일반계열로 분리되어 있지만, 고1을 공통 과정으로 둠으로써 중학교에서 배운 교과를 다시 배우는 불필요한 반복을 하고 있음

 - 이로 인한 공통과정에 대한 동기부여가 안 되며 학습 부담만 가중됨

 - 고교 다양화는 몇몇 학교만의 특화로 서열화를 부추김(자사고의 경우 다양화로 보기도 어려우며, 입시 경쟁을 강화하고 있음)

 - 경직된 교육과정 운영으로 학생들의 다양한 진로 및 학습 선택권을 보장하지 못함

 - '학교내 학점제'로 학점제의 취지가 변질될 우려가 큼

 - 학생 개별 교육과정 설계 및 평가 방식을 개선하고 그 결과를 대학이 활용할 수 있는 시스템(입시제도 개선) 마련이 필요함

2) 나아가야 할 방향

• 모든 고등학교를 일반고로 하고, 학교별 교육과정을 특화하여 학생의 교육과정 선택권을 실질적으로 보장함(개별 교육과정 설계 및 이수 - 교과 담임의 인증제)

• (교육과정) 선택권을 보장하고, 개별 교육과정 이수가 가능하게 하여 동기를 부여함으로써 책임학습이 이루어지도록 함

• 특정 고등학교의 다양화, 특화가 아닌 모든 고등학교의 특화로 중점학교의 한계를 극복하고, 궁극에는 서열화를 없앰으로써, 진정한 다양화가 이루어져야 함(수시 전학 가능)

• 여건에 따른 공동교육과정, 공동캠퍼스 운영 등이 가능하도록 하고, 3년 체제를 유지하되 2-4년 졸업이 가능하도록 고등학교 체제의 유연성을 강화해야 함

• 고교학점제의 취지를 본격화하고 학생이 교육과정을 설계하고 이수(학습몰입)할 수 있도록 진로 중심 학제로 운영함(졸업학점 120학점 이상)

3) 핵심 과제안

• 고등학교의 진정한 다양화가 이루어질 수 있도록 모든 고등학교를 일반고로 하고 학교별 교육과정을 특화함(학생들은 학교별 교육과정을 선택해 고교 입학, 전학도 자유로움)

　- 예1) 교명은 그대로 둠(특화된 교육과정을 학교 홈페이지에 공시)

　- 예2) 특화된 학교 예시: 문학, 인문, 체육, 예술, 사회과학, 자연과학, 수학, 기술, 요리, 미용, 관광 등의 단과대학 형태

• 학교와 지역의 여건을 고려하여 공동교육과정을 운영하거나 공동캠퍼스 형태로도 운영할 수 있도록 유연성을 강화함.(교육지원청의 지원 필요)

• 현행 고등학교의 3년 학사 운영은 그대로 두되, 조기 졸업(2년)과 개별 선택형 진로교육과정을 이행한 후 졸업(4년)할 수 있도록 고교 체제를 유연화함

<예시: 고등학교 학생의 학점 이수 및 담임 역할, 평가(입시-학과별 모집) 방안 모델>

학년 구분		이수학점	담임제	역할	대입관련	비고
1학년	Gap Year A	20	진로전담교사 책임코딩	학생주도형 진로탐색(설계) 프로젝트 어드바이저(advisor)	미반영	선택
	공통	25	진학담임	어드바이저(advisor)	공통교과 50학점 이상	필수
2학년 (전공학습 1년차)	공통	25	진학-교과 담임 연임제	대학 진학을 위한 개인별 성취도와 향상도 관리 졸업(누적)학점 관리		
	전공A	20		개인/그룹 연구프로젝트 조언(협업, 지도) 봉사, 진로체험 등 관리	전공 교과 각 30학점 이상 2개 전공	2개 학과 지원을 위해 해당 전공 교과 30학점씩 이수함
3학년 (전공학습 2년차)	전공A/B	20(10/10)		대입을 위한 전문적, 집중적 진학 관리		
	전공B	20				
계		130				

※ 1학년 때 공통 50학점(25+25), 2학년 때에는 갭이어(20학점), 3학년에 전공 60학점(30+30)을 이수할 수도 있음(예3)
※ 갭이어 없이, 공통 50학점에 전공 70학점만 이수하여 조기 졸업 가능, 대입에는 각 전공 35학점 중 유리한 몇 과목으로 전형(예2)

• 고교학점제의 졸업학점은 120학점* 이상으로 대폭 축소하고, 온라인 학점 30% 이내, 개별 진로탐색(갭이어) 20학점의 이수가 가능토록 함

   *예·복습 시간을 학점에 산정함으로써, 학생의 학습 집중력을 높이며 이동 시간을 보장함

   ※학생 개별 공통교과(국영수) 학점은 총 50학점으로 하고, 하나의 전공 학점은 30학점 이상으로 함.(전공 교과의 경우 기초과목과 심화과목(과목당 3학점 기준)을 묶음으로 5과목이상을 이수해야 입시 전형에 응시 가능 - 아래 예시 참고)

• 학생 개별 교육과정 이수를 위해 제도를 정비함(학생기록부 입력 방식 개선, 평가 산출 방식-절대평가 개선)

• 논·서술식(포트폴리오 포함) 절대평가 방식을 도입함

10. 학생의 진로·진학 탐색을 위한 갭이어 도입

1) 현황 및 문제의식

• 평가와 연계 짓지 않는 다양한 진로 체험 중심의 교육과정 운영이 가능한 중학교 자유학기제가 운영되고 있음

• 6개월 이상의 기간을 통해 적정 시기에 자아를 탐색하고 새로운 직업세계에 대한 실질적인 진로 체험 기회의 요구가 커지고 있음

• 갭이어를 도입한 전환학교(서울 오딧세이고, 충북 목도고) 및 대안학교(센터 형태의 위탁 기관이 교육청별로 존재)가 운영되고 있음

• 평가에서 자유롭고, 다양한 진로 체험을 하는 자유학기제와는 달리 적정 성장 시기(고입 단계)에 스스로 자아를 탐색하고 실질적 진로를 찾으려는 학생 학부모가 증가함

2) 나아가야 할 방향

• 통합학교를 졸업한 학생이 진학과 진로에 매진하는 고등학교에 입학하기 전에 자신의 자아를 찾고 진로를 결정할 수 있는 선택-갭이어 활동이 가능하도록 함

• 고등학교 교육과정에 '선택 갭이어(학생주도형 진로탐색 교육과정)'를 제도화하여 학생의 자아와 진로 찾기 기회를 확대함

• 고등학교 진학 전 또는, 재학 중 갭이어는 학생 개인의 선택과 학교별 심의위의 결정에 따라 학

점과 연계가 가능함(최대 20학점), 다만 대입 전형에 반영하지 않아 갭이어의 취지를 살림
- 정부와 교육청의 갭이어 학생 지원 및 프로그램 제공을 확대함(고등학교 중 갭이어 활동의 코딩은 학교내-진로전담교사가 전담하고, 중졸 고입 전 학생은 교육청소속-진로전담교사가 전담함)
- 갭이어 도입 시기는 중졸-고입 사이, 고등학교 진학 후 선택적으로 가능함

3) 핵심 과제안
- 학기 단위(1년 이내, 고등학교 입학 전후, 동계-하계 방학 활용 가능)로 학생이 스스로 개별 진로탐색 교육과정 설계하고 운영이 가능한 '고교 갭이어'를 도입함
- 학교 및 지역 센터의 진로진담교사가 갭이어 학생을 코칭 지원함(산하 연계, 위탁 형태 등도 가능)
- 고교학점제*와 연계(학교 심의를 통한 20학점 인정, 대입 미반영)할 수 있음
- 갭이어 교육기관 설립과 지정을 확대함
- 지자체-유관 기관-교육청의 갭이어 플랫폼을 구축함
  - 갭이어 프로그램의 질 높이기 방안
    · 양적 확대보다는 성공 경험, 학생들 입장에서 도움을 주는 방식으로 접근
    · 시·도교육청의 진로교육체험지원센터('센터')에서 갭이어 프로그램 개발 운영(중학교 체험교육 운영의 한계 극복)
    · 센터 소속으로 진로전담교사(=진로진학상담교사)를 확대 배치하여 중졸-고입 전 갭이어 학생의 지원 체제 제공
    · 지자체, 시·도교육청 등이 갭이어 프로그램 개발 공유(지역에 있는 여러 자원들을 활용할 수 있도록 대학, 지자체, 시민단체, 마을활동가 지역 전체가 함께 개발 연계하는 시스템 마련 필요)

11. 공동체가 키우는 모든 아이, 진로선택 기회 보장

자발성을 근거로 학생들이 자신의 진로를 스스로 찾아가는 과정은 모든 교육현장의 꿈이다. 자발성의 근원을 '사랑'이라고 전제할 때 교육현장의 학습자들은 자신들이 충분히 존중받고, 사랑받고 있다고 느끼는 순간 자신들의 진로에 대하여 비로소 진지해진다. 진지한 자발성이 실제 세상에서 발현되도록 돕는 전향적 진로교육과정을 제안하며 학교라는 범위 안에서 동등하게 진로를 인식하고 탐색하며 자신의 선택에 맞게 심화할 수 있는 기회를 공평하게 제공하여야 한다.

1) 현황 및 문제의식

- 초등교육과정의 교과교육 속에 부수적으로 배치된 진로교육으로 별도의 진로전담 교사가 부재하며 담임의 재량에 의해 진행됨.
- 중등교육은 지나친 입시 중심의 진로지도로 인하여 상위 학교 진학을 위한 내용에 초점이 있음.
- 학생의 발달 단계에 따른 전향적 진로교육과정의 부재로 분절적이고 일시적임.
- 학생들의 진로 선택지는 매우 좁은 상태이며 일반계고는 대입, 특성화고는 직업 세계 준비라는 단선적 구도임.

2) 나아가야 할 방향

- 초등교육 기간 동안 타인을 인식하고 자존감이 충만한 상태에서 다양한 사회의 진로들을 접할 기회를 제공해야 함. 이 과정은 학생의 진로를 확정 짓는 접근이 아니라 진로의 다양성에 초점을 맞출 필요가 있음
- 중학교 과정에서는 자기 바깥의 직업과 자기를 연결시키는 과정 즉, 진로 탐색을 경험할 수 있는 실제 세계에 대한 경험 제공이 필요함
- 고등학교 과정에서는 중학교 과정을 통해 진로 탐색이 개별적으로 정리된 후이므로, 구체적인 진로 계획을 수립하고 자신에게 최적화된 진로를 심화시킴

3) 핵심 과제안

- 자발성을 촉진하는 전향적 진로지도 교육과정 설계
  - 자발성이 학습에 집중·몰입할 수 있으며, 융/복합적인 산출물을 만들어 낼 수 있기에, 자발성을 촉진할 수 있도록 초·중·고 단계별로 진로 학습 과정을 설계함
    - 초등: 타인을 인식하고 자존감을 기반으로 하는 '진로 인식' 단계
    - 중등: 다양한 직업 세계를 만남으로써 충분히 탐색하는 '진로 탐색' 단계
    - 고등: 개인에게 최적화된 '진로 심화' 단계
  - 모든 교사의 진로지도 교사화를 통해 모든 교과목에서 진로교육을 실시함
    - 모든 담임교사가 학생들이 제도적으로 처음 만나는 어른으로 학생들의 삶과 연계하 진로교육을 실시함(3년 내 진로교육 연수 의무 이수)
    - 초등에서도 진로전담교사를 도입하되, 모든 교사가 진로교육 연수 이수하여 교과와 진로교육

연계 융합교육 설계 역량이 함양될 수 있도록 함

· 교과 수업 시수 20% 이내에서 진로와 연계한 교과 융합 교육을 실시함

- 진로진학교사의 역할을 재구조화함

· 학교 교육과정 내에 진로교육을 종합적으로 설계하고, 교과 교사의 교과 융합 진로교육 역량
강화를 지원함

· 학교 규모에 맞게 진로전담교사 배치를 확대함

• '리얼 월드 러닝 과정' 제공

· 초등: 학부모, 지역사회, 진로지원센터의 직업인 인프라를 활용하여 학습과 연계가 되도록 지원함

· 중등: 실제 세상 속 문제해결을 통한 '게임 체인저'를 경험할 수 있는 PBL(Project Based
Learning) 기획, 진행, 정리, 발표, 공유 활동을 지원함

· 고등: ICP(Internship Centered Project)을 통한 중/장기 직업 체험 과정을 제공하고, 진행, 정
리, 발표, 공유 활동을 지원함

· 학교 교육과정 자율성 확대와 함께 창의적 체험활동에 진로활동을 강화함

· 교육지원청은 학교자율과정을 활용한 학교급별(학년별) 진로교육과정을 제공하고, 교원 역량
강화를 지원하도록 함

예) 학교공동체 협의에 따라 기간 집중형/월 단위 학생주도 진로인식-진로 탐색-진로심화과정 제공

· 사회에서 만나는 진로를 선택하는 데 영향을 주는 의미 있는 타인인 제3의 어른: 사회인들에
게도 사회구성원으로서 역할을 할 수 있는 기회를 제공하도록 멘토링 플랫폼을 통해 학생들이
제3의 어른을 만날 수 있는 시스템을 마련함

예) 초등-다양한 직업을 가진 동네 어른을 만날 수 있는 장, 중-학생이 문제해결프로젝트를 통해 사회를 이해하고
관여하는 어른을 만나며 진로 탐색, 고등-자신의 직업에 대한 사명감을 찾을 수 있는 어른을 만나 진로 심화

• 갭이어 이행을 위한 정부 지원 제도 마련

· 갭이어 참여 기업에 대한 지원 제도를 마련함(고용노동부)

· 갭이어 연계 대학 발굴 및 활동을 장려함(교육부)

· 사회적 배려대상 학생의 갭이어 지원을 위한 지원금 제도를 마련함(교육부)

• 사회적 협동조합형 창업고교 설립(교육청)

· 지역별로 갭이어 전담 학교를 설립하되, 창업으로까지 이어질 수 있는 모델도 만들어 미래학
교의 다양한 학교를 구현함

제4부. 교육과정 자율성 확대

학교수준 교육과정으로 교육자치 완성

"학교 교육과정 자치의 완성을 위해
모든 학교를 자율학교로 지정하고,
교사 평가권을 보장합니다!"

자율과 창의의 미래 교육! 교과서 자유발행제로 가자!

— 강은주(정책연구위원)

미래 세대를 위한 교과서! 그 변화가 시급하다

교육현장의 시·공간 변화, 4차 산업기술의 발달로 인해 예측하기 어려운 미래 시대, 저출산으로 인한 인구감소와 기후위기, 민주사회로의 성장이라는 키워드들은 지금 교육체제의 미래교육 체제로의 큰 변화를 요구한다. 미래를 살아갈 미래 세대가 교육받을 교과서의 발행은 매우 시급하며 중요한 일이다. 미래시대를 맞아 교육은 학생들에게 그 무엇보다 자율성과 창의적 능력을 길러줄 수 있어야 한다. 교과서는 자율성과 창의성을 발현시킬 수 있는 교육과정을 담아낸 학습 교재로서 역할을 할 수 있어야 한다. 그동안 교육에 관한 많은 혁신정책들과 변화가 이루어져 왔다. 하지만 교육과정 실행에서 키를 쥐고 있는 교과서에는 그 변화를 찾아보기 어렵다. 미래시대를 살아갈, 미래 세대를 교육할 교과서! 이 한 문장만으로도 교과서 변화의 중요성은 언급하지 않아도 될 만큼 크다. 하지만 지금의 교과서는 그 힘이 충분하지 않다.

교과서 주도권을 교육 주체에게

교과서 변화의 첫걸음은 교과서에 대한 교사와 학생, 학부모 인식이 보다 열린 관점으로 변화되는 것에 있다. 그동안 우리나라는 국가가 저작권자가 되어 교과서를 직접 편찬하여 발행해왔다. 직접 교과서를 편찬·발행하는 방법을 통해 교육의 질을 관리하며 우리나라 교육의 근대화, 표준화에 많은 기여를 해왔다.

하지만 안타깝게도 국가 중심의 권위적 결정구조와 국가 심의를 통해 발행된 교과서는 획일적이며 표준화된 지식과 정보 전달에 집중해 왔다. 교과서의 역할을 '배워야 할 지식과 정보의 전달'로 바라보는 관점은 학생들에게 이 시대가 필요로 하는 다양하며 창의적인 사고의 기회를 부여하지 못했다. 또한, 교사에게 교육과정 재구성에 대한 가능성을 열어주는 교육활동 자료로 인식되기보다 학생들에게 국가가 만든 교육과정을 전달하는 수동적인 입장에 머무르게 했다(신헌재, 2011).

국가 중심의 교과서 발행체제는 교과서에 대한 경전으로서의 인식을 굳게 함으로써 교육 주체인 교사와 학생이 교과서에 대한 변화의 필요성을 깨닫지 못하게 하며, 시대 변화에 따라 알맞게 이루어져야 할 계속적이며 점진적인 교육의 변화와 발전의 속도를 늦추는 결과를 낳았다. 우리는 교과서 발행제도가 가져온 교육현장의 문제점을 직시하고 개선 방법을 찾아야만 한다.

미래교육은 다양성과 자율성, 창의성 통해 학생들이 성장할 수 있도록 도울 수 있어야 한다. 교육과정을 담고 있는 교과서는 학생들의 다양성과 자율성, 창의성을 포함하는 학생 활동 중심 교재, 학생-교사 간 상호작용 중심 수업이 가능한 교육활동 자료의 역할을 해야 한다(박지현, 2020). 모든 학생은 스스로 학습하는 배움의 주체로, 교육과정을 통해 자신의 독창성과 잠재력을 계발할 수 있어야 한다. 교사는 자율적이고 창의적으로 학생의 삶을 반영하는 교육과정을 설계할 수 있는 교육의 주체로서 서로의 역할을 잘 실행해 나갈 수 있어야 한다. 그러할 때 한 명 한 명의 학생이 자신의 삶의 의미와 가치를 스스로 발견하며, 미래사회가 요구하는 다양성과 자율성, 창의성을 키워나갈 수 있다. 이런 점에서 교과서에는 교육활동 주체인 교사와 학생의 요구와 의견이 반영될 수 있어야 하며, 두 교육 주체의 상호작용을 통해 교육활동이 잘 이루어지도록 교과서가 만들어져야 한다.

4차 산업혁명, 인공지능, 온라인 수업 등 급변하는 교육환경과 사회의 변화에 발맞추어 알맞은 미래교육과정을 담은 교과서를 만드는 일은 우리 모두가 함께 해결해야 할 숙제이다. 이제 국가는 교과서 편찬·발행에 대해 가지고 있던 권한을 축소하여 교사와 학생, 학부모가 상호작용 속에서 행사할 수 있도록 그 권한을 온전히 돌려주어야 한다. 교육활동 주체인 교사와 학생이 발행의 주체가 될 때, 교과서를 만들고 배우는 과정에서 학생들은 진정한 배움의 주체가 되고 교사는 교육과정의 설계의 전문가로 자리매김할 수 있다.

교과서 자유발행제로 교육 주체의 자율성을 극대화해야

최근 국가 주도의 검인정 체제를 단계적으로 전환하여 교과서에 다양성과 창의성을 반영하고자 하는 논의가 확산하고 있다. 교과서의 개발, 심의 활용 등에 있어 국가 개입을 최소화하는 '교과서 자유발행제'의 도입을 논의해 오고 있다.

교과서 자유발행제란 일정한 자격 조건을 가진 저작자가 국가의 인허가를 받지 않고 교과용 도서를 자유롭게 개발하는 것을 허용하는 제도(김정호, 2000)로, 특히 교과서 형태에 얽매일 필요가 없이 자유롭게 교과서 내용의 구성이 가능하며, 심의를 통해 교과서로 바로 사용할 수 있다는 점에 장점이 있다. 누구에게 얼마만큼의 권한과 자유를 부여해 주는가에 따라 교과서의 채택과 사용에 관해 단위학교와 교사의 자율성을 극대화할 수 있다. 자유발행제가 실시되면 단위학교에서는 민간 출판사가 국가교육과정에 근거하여 제작·발행한 교과서를 자유롭게 채택하여 사용할 수 있거나 교사의 전문성에 근거하여 교육적 판단에 의해 학교 단위나 교사들의 자체 평가에 의해 자율적으로 교과서를 채택하는 것이 가능하다. 나아가서는 교사가 창의적인 교과서를 개발하는 것이 가능하다(이호명, 2009). 이러한 장점에도 불구하고 국가는 여전히 국가수준의 교육과정 및 교과서 편찬 관련 기준을 준수하여야 한다는 '점진적 교과서 자유발행제' 입장을 취하고 있어 아쉬움이 남는다(교육부, 2019). 이제 국가 중심의 관료적 통제를 뛰어넘어 시대의 변화 속도에 알맞은 교과서를 발행·편찬해야 할 때이다.

교과서 자유발행제는 교사에 대한 신뢰로부터

무엇보다 자유발행제 실시를 위해 교사에게 자율성을 허용하는 것에 대한 동의, 즉 교사의 전문성에 대한 신뢰가 우선해야 한다. 하지만 안타깝게도 국가 중심의 교과서 체제 안에서 대체로 교사들은 자율적이며 전문성 있는 모습을 발휘할 기회를 많이 갖지 못해왔으며, 교사에 대한 우리 사회의 불신이 적지 않다. '자유발행제'라는 새로운 제도는 교사에게 자율성과 함께 교육과정을 재구성하고 의미 있는 교육과정을 설계하는 전문가로서의 역량을 신장할 기회를 줄 것이다. 이를 통해 교사는 적극적이고 자율적인 모습을 가질 수 있게 할 것이 분명하다. 자율성과 함께 부여된 교사의 지성적 책무성은 적극적, 반성적 사고를 통해 교육을 계속해서 변화하게 한다. 이러한 교사의 적극적인 태도는 교육의 질을 향상시키는 방향으로 교육활동 전반을 움직이게 할 것이다.

국·검정교과서가 있는 지금도 교과서 내용의 의미 있는 교육활동의 실현은 교실 속 한 명 한 명의 교사로부터 가능하다. 교육현장에 있는 교사는 어떠한 내용에 가르치는 데 시간을 얼마나 사용해야 하는지, 어떠한 수준으로 학생들에게 내용을 어떻게 전달해야 하는지, 어떤 내용들이 함께 연결되어야 더욱 의미 있는 배움이 일어나는지 잘 알고 있다. 특별히 이 시대가 요구하고 있는 창의력과 문제해결력의 신장은 교과의 경계를 넘어선 교육내용의 연결로부터 더욱 신장될 수 있으며, 그 누구보다 실현된 교육과정으로 교사가 만든 융합된 교육내용이 필요하다. 이러한 부분은 국정교과서가 만들어주지 못한다.

예를 들면, A중학교에서는 수학시간에 교과서와 교사가 편찬·발행한 '대안교과서' 두 가지를 학습교재로 사용한다고 한다. '대안교과서'는 교육과정의 핵심내용을 중심으로 학생과 학교의 특성에 맞게 교사가 교과서를 다시 재구성한 것이다. 수학 시간 엎드려 자던 학생들을 안타깝게 생각해오던 교사가 정답 없는 수학 수업에 대해 연구하고 대안교과서를 제작한 것이다. 엎드려 자던 학생들은 이내 수학에 흥미를 갖고 정답이 없는 수학 문제해결을 통해 발견의 기쁨을 알게 되었다고 한다. 교사의 전문성에 관하여 위와 같은 다양한 교육현장의 사례를 통해 교사들이 가진 자율성이 교사들의 전문성과 교육의 질에 어떠한 긍정적 영향을 미치는지 확인할 수 있다. 이런 사례는 교사의 교과서 발행이 곧 교육의 질을 높이는 증거가 되어, 교사들 사이에서 확산하고 있다. 대단히 긍정적인 현상이며, 국가가 제도적으로 뒷받침야 할 이유가 되기도 한다.

자유발행제는 가르칠 내용에 대한 국가가 가진 권한과 책임을 교사와 나눔으로써, 교사가 교육과정의 전문가로서 성장할 수 있는 기회를 제공하는 것이다. 자율적이고 창의적인 교육과정을 운영할 수 있도록 하며, 나아가 교육의 질을 향상시킬 수 있다.

교사의 전문성에 대한 신뢰가 확보되지 않아 국가의 권한을 교사에게 나눠줄 수 없다면, 즉 교사를 자율성을 가진 교육 주체로 인정할 수 없다면, 우리 교육현장은 시대 변화에 알맞은 높은 교육의 질을 확보하기 어려울 것이다. 교육의 질 향상을 위해 교사의 전문성에 대한 신뢰와 동시에 책무성 있는 자율성 부여가 반드시 이루어져야 한다.

교과서 자유발행제는 교사의 자율성과 교육의 질을 함께 높일 수 있다

자유발행제를 전면적으로 실시하지 못하는 까닭은 무엇인가? 자유발행제 시작은 각 교육 주체들에게 그동안의 국·검정교과서가 주던 '교과서 질'에 대한 안도감 대신 두려움을 줄 수 있다. 국가는 교육의 질과 교과서의 안정적 공급에 대한 담보를 필요로 한다. 하지만 자유발행제의 채택은 더 이상 뒤로 미룰 수 있는 문제가 아니다. 우리의 고민은 자유발행제의 채택이 아니라 자유발행제의 실행에 있어 국가가 가진 권한과 자유를 어느 선까지 어떻게 나눠야 하는가, 자율성이 주어짐에 따른 교과서의 질 관리는 어떠해야 하는가에 있어야 하며, 자유발행제를 성공적으로 실행하기 위해 우리가 무엇을 해야 하는가에 있어야 한다.

자유발행제를 실시하고 있는 프랑스 사례를 통해 우리나라 교과서 자유발행제도 실행을 위한 시사점을 찾을 수 있다. 프랑스는 교사가 수업에 효과적이라고 판단하면 교재나 교구 선택 차원에서 '교과서'를 결정할 수 있으며, 국어나 수학, 사회, 과학, 외국어 등 주요 교과목의 경우에도 교사의 판단에 따라 교과서 없이 수업을 진행하는 경우도 적지 않다. 교과서에 대한 법률적 정의가 없으며, 사용 의무에 대한 조항도 있지 않다. 그러나 프랑스는 교육과정만은 중앙 정부가 강력하게 관장한다. 초·중등 교육체계나 교육목표를 교육기본법에 명시하고 있고, 교육과정 역시 교육부령으로 통일된 형태로 운영한다. 이와 함께 교과서 채택을 위한 선정 제도를 엄격하게 운영해 자유발행제의 모습을 보완하며, 교과서 채택을 위한 지역 단위, 학교 단위, 교과 단위의 심의 기구를 운영하고 있다(박남화, 2004).

영국 역시 자유발행제를 실시하고 있는 나라로 전체적으로 자율성을 인정하면서 외부 평가기관의 정의적인 평가를 통해 책임 소재를 명확히 하는 교육제도를 운영하고 있다. 전국단위 교육과정에 과목마다 추구하는 가치와 목표점, 평가 요건 등이 서술되고 있지만, 국가 단위 교과서의 발간이나 지방자치단체 단위 검정 또는 인정방식을 통한 교과서 개발, 교재 공급과 구매 등은 하고 있지 않다.

두 나라 모두 자유발행제의 필요성을 알고 교과서 채택·발행에 관해 교사에게 많은 자율성을 인정해오고 있다. 아울러 다른 교육의 질을 관리할 수 있도록 심의기구를 두는 등 다른 제도적 장치 마련을 통해 보완하여 운영하고 있다. 교과서 자유발행제는 자율성과 함께 교육의 질 모두를 높일 수 있는 교과서 발행체제가 될 수 있다.

교육의 다양성과 자율성 실현을 위해

학교자치, 학교 교육과정 자율화, 고교학점제등 학생 한명 한명을 고려한 맞춤형 교육과정 운영을 위해 학교별, 지역별 다양한 교육과정과 과목의 개설을 준비하고 있다. 하지만 다양한 교육과정 운영을 뒷받침해줄 교과서가 아직 준비되지 않은 상태라 미래 교육을 준비하며 시작된 많은 제도는 그 시작부터 어려움을 겪고 있다.

국가교육과정의 한계점 극복을 위한 학교 교육의 자율화는 국정교과서 발행제도를 극복하기 위한 교과서 자유발행제도로 뒷받침될 때 의미 있는 운영을 보장할 수 있다. 자유발행제의 실시는 학교자치와, 고교학점제 등의 다양성과 자율성을 실현하는 여러 제도의 기반이자 필요조건이다. 자유발행제의 실시로 교육과정의 빠른 변화를 교과서에 담아내며, 지역별, 학교별 다양한 교육과정을 제대로 운영할 수 있도록 해야 한다.

국가의 교과서 발행과 편찬에 대한 촘촘한 통제는 학교 특성에 맞는 교과목의 개설 및 교과서 활용에 있어서 학교 및 교사의 자율성을 축소시킬 것이며, 다양성과 자율성, 창의성을 기반으로 한 미래교육을 위해 진행되고 있는 많은 제도의 취지와 교육 성과들을 이루는 데 장애물이 될 수 있다. 학교자치를 앞에 둔 지금, 국가가 학교와 교사에게 교과서를 채택·발행하는 권한을 맡기는 것은 너무나 당연한 일일 것이다.

이미 영국, 네덜란드, 스웨덴, 핀란드 등 세계 많은 국가는 시대 변화에 발맞춰 교과서 자유발행제를 실시하고 있다. 각 나라마다 상황과 맥락에 따라 자율성의 적용 정도나 국가 개입 정도에는 차이가 있지만, 다양한 교과서 발행의 길을 열어 다양하고 창의적인 교육을 실시할 수 있도록 뒷받침해주며, 교사에게 교과서 채택의 권한을 부여하여 가르치는 내용을 스스로 선택할 수 있도록 하고 있다(이호영, 2009). 특별히 핀란드의 경우, 1992년 교과서 검정제도를 폐지했으며, 그 이후 반드시 배워야 할 주제는 국가 수준의 커리큘럼으로 규정하고 있다. 그러나 국가가 정한 교과목별 원칙에 따라 교육과정을 설계하고 교재를 선택하고 교수방법을 결정할 책임과 권리는 지방자치단체의 지원 아래 학교와 교사들에게 나누어 주었다. 정부는 교육과정 운영을 창조적이고 유연하게 할 수 있도록 지원하며, 국가 수준의 어떠한 획일적인 표준도 강요하지 않는다. 어떤 참고자료를 활용해 어떻게 가르칠 것인지는 전적으로 교사들의 권한이며, 교사는 교육과정 목표를 효과적으로 달성하기 위해 다양한 창의적인 시도를 할 수 있다. 우리나라도 이에 발맞출 수 있는 제도가 시행되어야 한다.

미자연의 정책제안

그 어느 때보다 국가는 교과서 편찬과 발행에 있어 교사들의 지성적 책무성을 신뢰하고, 교육자로서의 전문적 자율성을 존중해 주며, 창의적인 교육활동을 하도록 격려하고, 더 좋은 교육을 위한 교과서 편찬과 발행에 필요한 교육여건을 지원해야 하는 시점에 있다. 이를 위해 국가는 교과서 편찬 관련 기준을 준수해야 한다는 국가 중심의 관료적 통제를 뛰어넘어 교과서 형식의 다양화, 학교 교육과정 자율화에 따른 교과서 교육내용의 자율화를 실현할 수 있어야 한다. 국가는 전문성에 근거하여 교과서 편찬·발행·채택의 권한을 지역교육청, 단위학교, 교사와 알맞게 나누는 한편, 교육의 질을 관리할 수 있는 효과적인 방안을 마련하여 변화하는 시대에 필요한 교과서를 편찬·발행할 수 있어야 한다.

미자연은 교과서 자유발행제 시작에 앞서 학교 교육과정 자율화 및 고교학점제의 효과적인 운영을 위해 다음과 같이 제안했다. 적어도 국가는 지역 교육과정위원회 차원에서 작성한 인정도서 목록을 배포하며, 개별 교사는 성취기준 도달에 적합한 도서를 선정할 수 있어야 한다. 또한, 초등학교 교과용 도서 선정은 학교운영위원회가 심의하여 채택하도록 요구했다. 교과서 자유발행제와 관련 정책들은 함께 시작되는 많은 교육혁신 정책을 더욱 효과적으로 이루어지게 하는 필요조건이기에 미자연의 주장은 의미가 있다. 변화하는 시대에 맞춰 서책형 교과서와 함께 디지털 교과서를 발행하고, 키트화된 교과서 발행도 필요하다. 워크북, 멀티미디어 자료, 실험·실습자료 등 다양한 보완교재들을 구비하여 수업의 효과성과 효율성을 높이기를 기대한다.

교과서 자유발행제, 진정한 교육자치의 실현

교과서 자유발행제는 가르칠 내용에 대한 국가가 가진 권한과 책임을 교사에게 나누어주는 것이다. 또한 교사에게 교육과정 전문가로서 성장할 수 있는 기회를 주어, 교육현장의 교사가 자율적이고 창의적인 교육과정을 운영하여 궁극에는 교육의 질을 향상시킬 수 있다. 교육의 본질에 닿는 교육활동을 펼침으로써 진정한 교육자치를 실현하는 것이다.

<참고문헌>
교육부(2019). 교과용도서 다양화 및 자유발행제 추진 계획 발표(2019.1.3.).
김정호(2000). 교과서 자유발행제의 의의와 전제 조건, 교과서연구, 34, 10-13.
박지현(2020) 우리나라 자유발행 음악교과서의 편찬 방향과 기준 개발, 음악교수법연구, 21(1), 63-85.
신헌재(2011) 국어 교육의 발전을 담보할 국어 교과서관. 청람어문교육, 44, 7-21.
이호명(2009). 교과서 발행 제도에 대한 개선 연구, 대구교육대학원, 석사학위논문.
이호영(2009). 교과서 발행제도에 대한 개선 연구, 대구교육대학교 석사학위논문.
릴라, "잘하는 아이는 그냥 놔둬요_핀란드교육제도의 특징". 「릴라의 글쓰기」 2012년 4월 22일. https://sheshe.tistory.com/1269

배움이 즐거운 학교, 학교 교육과정 자율화

— 김삼향(정책연구위원)

배움이 즐거우려면

학생들은 자기 삶과 관련 있는 것을 배울 때 학습의 의미를 깨닫고 배움의 즐거움에 빠져든다. 요즘 학교에서는 교육과정 재구성으로 학생 스스로가 하고 싶은 것을 찾아 자기주도적으로 학습할 수 있도록 함으로써 학생의 잠재적 역량을 이끌어내는 노력들이 늘고 있다. 하지만 국가의 교육과정 지침이나 수업 시수, 교과별 성취기준, 범교과 교육 등이 너무 많고 복잡해 학생들에게 적합한 교수학습 평가를 충분히 구현하기에는 어려운 실정이다. 정량적인 질 관리 방법 또한, 학교 구성원끼리 상호 작용하면서 교육과정을 운영하는 것을 위축시키고 있다.

그러다 보니 학교 교육과정과 교사의 개인별 교육과정에 대한 고민과 노력은 한계에 부딪치게 되고, 주어진 교육과정 틀 안에서 교과서 내용만을 전달하게 된다는 현실적 이야기도 만만치 않게 듣게 된다. 교육활동은 교사와 학생이 하는데, 교육내용과 평가 기준은 국가가 촘촘하게 제시하니, 학생들의 흥미와 관심은 교육과정 운영상에서 배제되기에 십상이다.

더 좋은 표준화를 위한 노력들

이러한 국가교육과정의 한계를 극복하기 위해 교육과정에도 변화가 있어 왔다. 1992년 제6차 교육과정부터 본격적으로 국가 수준의 교육과정을 지역 수준에서 구체화하고 지역사회와 학교의 실정에 맞게 재구성하여 운영하는 방향으로 전환하였다. 1997년 제7차 교육과정에서는 학교장 재량 시간 및 창의적 재량 활동 등을 제시하면서 학교 교육과정의 차별화를 시작했다. 이어서 2009년 개정 교육과정에서는 공통 교과 시수의 20% 증감 운영할 수 있도록 함으로써 학교자치와 관련된 교육과정 수준에 제법 많은 변화가 있었다.

그러나 여전히 학교, 지역, 국가 간 역할이 모호했고, 지역 수준 교육과정의 가교 역할이 미미했기에, 대부분은 국가가 제시하는 교육과정의 틀에 맞추어 운영되었다. 또한, 고등학교 2, 3학년 때는 선택 교육과정을 운영하더라도 일부 과목을 제외하고는 교육과정 편성·운영이 학교별로 큰 차이가 없었다.

대안학교가 규제의 틀을 벗어난 교육과정을 편성·운영하는 사례는 주목을 끈다. 융·통합교과 교육과정을 넘어선 학생 개별 교육과정 운영, 자기주도성 수업 등의 사례는 공교육 체제 안에서 학생들의 만족도를 높이는 교육과정 발전 방안으로 시사하는 바가 크다.

용어의 이해

학교, 지역, 국가교육과정

학교는 학생의 성장과 발달을 지원하는 교육과정을 편성·운영하여야 하며(학교 수준 교육과정), 시·도교육청은 이에 따른 학교 교육과정의 편성·운영을 지원하기 위해 지역 실정에 맞는 기준과 내용을 정한다(지역 수준 교육과정), 국가는 이에 따른 학교 교육과정과 지역 교육과정의 편성·운영을 지원하기 위해 교육과정의 기본적인 사항을 정하며(국가교육과정), 이들 용어는 위 내용을 포함하여 이르는 용어이다.

교육과정 분권화

교육과정 분권화는 국가에서 제어해야 할 업무 외에는 초·중등 교육 업무를 지방자치단체에 이양하여 교육 관련 제도 및 법령에서 정한 권한의 전부 또는 일부를 시·도 교육청이나 단위학교에 부여하는 것을 말한다. 따라서 우리나라 교육과정 분권화는 교육과정에 의한 의사결정을 시·도교육청 또는 단위학교에 일임하거나 이양하는 것을 의미한다고 볼 수 있다(박순경, 2009).

교육과정 자율화와 지역화

교육과정 자율화와 지역화는 교육과정 분권화 정책의 일환으로 시행되는 교육적 조치라고 할 수 있다. 즉 교육과정 자율화는 국가교육과정 기준을 근간으로 하되 상부의 불필요한 통제와 간섭을 벗어나 학교 교육의 효과성과 효율성을 추구하며, 교육과정 지역화는 지역 및 단위학교의 특성화 요구를 반영하여 교육과정을 편성·운영하는 것을 말한다(박순경, 2009).

(제안 1) 교육과정 분권화 심화하기

공교육 체제 안의 학교와 대안학교의 궁극적 차이는 학교 교육과정의 자율성이다. 학생들의 흥미와 만족도를 높이고, 선택권을 보장하는 방안은 결국 학교 교육과정의 자율화이다. 이를 보장하기 위해서 교육과정 분권화가 필수 조건이다. 교육과정 분권화는 국가가 가지고 있는 교육과정의 권한을 지역에 일부 나누어 주는 시혜적 행위를 넘어서야 한다. 학교, 지역, 국가가 교육과정을 함께 만들 수 있는 권리뿐만 아니라 책무성을 갖는 협력적 주체라는 의미이다. 즉 학교가 주축이 되어 교육과정을 편성 및 운영할 수 있도록 국가는 교육과정의 비전, 방향성, 교육내용에 대한 큰 틀을 설정하고, 학교와 지역은 교육과정 운영의 범위와 책임을 명확하게 정하여 협력적 운영체계를 구축하는 것이 중요하다.

분권화를 이미 운영하고 있는 핀란드의 경우에도 중앙 정부가 교육과정 운영, 교육의 내용 및 방법 등은 물론 교원 선발 및 관리, 학교 통폐합 등 대부분의 교육 관련 권한을 지방자치단체에 위임했다. 아울러 학교와 지역 사회의 긴밀한 협조와 지원 체계를 갖추고 있다(이희현, 2017). 교사들은 학생들의 발달 단계를 고려하여 자율적으로 교육과정을 편성하고, 학생들은 자신에게 맞는 교육과정을 선택할 수 있는 등 학교마다 학생들의 학습 경험을 다양화하고 있다. 영국, 미국의 경우도 국가의 교육과정의 편성·운영과

영국, 미국, 핀란드의 교육과정 분권화 현황(박순경 외, 2009)

구분 \ 국가교육과정 개발 주체	영국	미국(펜실베니아)	핀란드
	자격인증 및 교육과정원 (QCA)	주 교육위원회 (State Board of Edu. of Pensylvania)	국가교육위원회 (Nat'l Board of Edu.)
국가교육과정 내용	교과별 내용 기준/ 성취기준	교과별 내용 기준/ 성취기준	교과별 목표/내용
국가교육과정 내용 제시 여부	학년 군별	학년 군별	학년 군별
국가교육과정의 편제표 제시 여부	제시하지 않고 지역교육청과 학교에 위임	제시하지 않고 지역교육구와 학교에 위임	정부 지침에 제시
연간 수업 일수/학기수 결정	지역교육청(약 190일)	주정부(180일, 초등 900, 중등 990시간)	기본 교육법 (190일, 38주)
교과별 연간 수업 시수 결정	지역교육청과 학교	지역교육구와 학교	정부(교과별 단위수)
학교교육과정 개발	지역교육청과 학교	지역교육구와 학교	지자체와 학교
교수·학습 자료 개발	지역교육청과 학교	지역교육구와 학교	지자체와 학교

관련된 많은 권한을 지역교육청에 위임하여 학교를 실제적으로 지원할 수 있는 방안을 강화하고 있다.

우리나라도 분권화를 통해 그동안 미미했던 지역 단위의 역할을 강화해야 한다. 지역 특성에 맞는 교육과정 협의체와 학습자원 플랫폼을 만들고, 전문적 학습공동체 등을 통한 교육과정 지원 전략 체계를 마련하는 것도 중요하다. 교사, 학생, 학부모, 교육전문가 지역사회 구성원 등 다양한 교육공동체가 지역 교육과정협의체를 구성하여 학교 현장에서 자유롭게 탐구하고 실천을 통해 검증된 교육적 상상력을 담은 교육과정 운영이 필요하다. 지역의 교육과정 협의체를 통해 지역별 교육과정 지침이나 규정을 다시 만드는 것이 아니라, 학교의 교육과정 운영을 위한 지원에 중점을 두고 운영되어야 한다.

지역마다 다양한 인적 물적 인프라가 있으며, 이를 교육과정과 연계할 수 있는 가능성이 많이 있다. 학교에서 필요로 하는 것이 무엇인지, 지역마다 흩어져 있는 다양한 교육인프라를 쉽게 이해하고 활용할 수 있는 학습자원 플랫폼을 갖추어야 한다. 또한, 교육과정을 운영하는 데 있어 교육 주체가 다양하기 때문에 다양한 전문적 학습공동체를 활성화하는 것이 필요하다.

(제안 2) 제한된 자율을 넘어선 자율학교 운영

초·중등교육법 시행령 제105조에 의하면, 교육감은 학생의 적성과 능력 개발을 위해 다양하고 특성화된 교육과정을 자율적으로 운영할 수 있다. 이에 따라 학교의 비전과 목표에 맞추어 교육과정을 의미 있게 운영하는 자율학교가 점차 늘고 있는 추세다. 하지만, 이 또한 국가교육과정으로 제한하고 있기에 자율의 의미와 가치를 드러내는 데 한계가 있다. 앞서 언급한 대안학교의 성공적 실험 사례를 보면, 교육과정 편성, 교수 방법, 교과 시간

조정 등 교사의 자율권을 보장하고 학교 자율 평가체제를 구축하여 학생 개개인의 성장을 돕는 교육과정을 운영하고 있다.

2013년 설립된 미국 샌프란시스코의 대안학교 알트스쿨(alt school)에선 어네스토와 같은 괴짜들이 우등생 대접을 받는다. 수학이나 철자법 성적보다 지식을 창의적인 결과물로 연결하는 능력을 중시하기 때문이다. 알트스쿨은 특별한 교육과정을 강요하지 않는다. 교사가 다양한 질문을 던져 학생의 동기를 이끌어내고 프로젝트 수업과 실험 등을 통해 함께 답을 찾아나간다. 필요한 사전 지식은 책과 인터넷 등을 통해 알아서 공부하는 게 원칙이다(한국경제신문, 2018. 06. 18.).

핀란드 카우니아이넨(Kauniainen)의 지역학교 당국(local school authority)은 2006년부터 기존의 학교 시스템을 개선하기 위해 드림스쿨이라고 불리는 새로운 학교 프로젝트를 추진하고 있다. 드림스쿨은 기존 학교 모델에서 벗어나 '학생 중심의 접근법'을 강조하는 새로운 학교 모델로, 핀란드 국립교육위원회의 재정지원과 지역 중소기업들이 참여하는 민관협력 파트너십을 통해 추진되고 있다.

우리나라의 간디학교, 별무리학교, 스네일랩 등의 많은 대안학교도 책상에 앉아 교과목을 공부하는 것만이 아닌 삶을 살아가는 데 필요한 배움을 위해 학생 맞춤형 교육과정을 운영의 다양한 시도들을 하고 있다. 이러한 학교의 교육공동체가 개별 학생의 맞춤형 교육과정을 운영하기 위해 다양하고 새로운 교수학습을 적용하고 있다. 이러한 학교의 운영사례를 벤치마킹해서 공교육 체제 안에서도 자율권과 책무성을 바탕으로 한 자율적이고 창의적인 교육과정을 운영할 수 있다. 공교육 체제 속에서도 학교마다의 다양성과 특수성을 반영한 교육과정 편성과 운영이 가능할 수 있도록 제도적 근거를 마련해 주어야 한다.

(제안 3) 과목 개설 확대, 배우고 싶은 것을 배우는 학교

우리나라 국민공통기본교육과정은 초등학교부터 고등학교 1학년 때까지이다. 이 시기의 교육과정은 과목과 이수 시간 등이 정해져 있어 학생들이 배우고 싶은 주제나 과목을 선택하기 어렵다. 국가의 기준으로 마련된 교육과정 좌판을 보고, 학생들은 좌판에 있는 물건을 고를 수 있는 정도의 선택권만 있다. 소비자가 원하는 것이 무엇인지 사전에 소비자들의 심리와 요구를 파악한 후에 물건을 제작하지는 않았다.

국민공통기본교육과정에서 배워야 할 교과목과 시수가 정해졌다 하더라도 주제별로 내용을 다양하게 구성한다거나 동일한 수준에서의 과목 개설을 탄력적으로 확대할 수 있어야 한다. 초등학교, 중학교, 고등학교 통합학교를 운영하거나, 무학년제 운용도 가능해야 한다. 학교의, 개인의 교육과정에는 학생들의 다양성이 반영되고 지역적 특수성도 반영될 수 있어야 한다. 주제별 또는 교과별로 다양한 과목을 학교가 개설할 수 있도록 자율성은 확대되어야 한다. 또한, 고등학교에서는 다양한 학생들이 진로에 따라 다양한 과목을 선택할 수 있도록 교육과정을 다양화할 수 있도록 노력해야 한다.

학교 안에서 제한된 인적·물적 자원의 한계로 인해 과목 개설을 확대하는 것은 한계가 있다. 따라서 이를 위한 교원의 역량 강화를 체계적으로 지원하는 것이 필요하다. 교사의 표시과목을 확대하여 유사교과군 지도역량을 함양할 수 있도록 하고, 융복합의 새로운 교과를 지도할 수 있는 복수자격 취득을 지원하는 것이 필요하다. 이와 함께 초등교사자격과 중등교과교사 자격을 복수 취득할 수 있는 제도를 통해 학생의 선택권 보장을 위한 교원의 융복합 수업 역량을 제고하는 것이 필요하다.

학생의 존재를 인식하는 데서 비롯되는 교육과정

학교 교육과정의 시작은 학생의 존재를 인식하고 학생의 삶을 바라보는 데서 비롯된다. 학생들이 무엇에 관심이 있는지, 배움의 과정에서 무엇을 어려워하는지, 학생의 삶이 학습에 어떤 영향을 주는지 등 다양한 요소들을 찾아 교육과정에 고려해야 한다. 또한, 학교의 상황과 시기에 따라 능동적으로 교육과정을 구성하고 이를 실행하는 것도 중요하다. 학생들의 목소리를 외면하고, 학생들의 참여가 없으면 배움의 즐거움이 일어나지도 않고 학교도 존재할 이유가 사라진다. 학생들이 즐겁게 배울 수 있도록 학생들의 삶을 중심으로 학교의 교육과정을 진화시켜 나아가야 할 때다.

<참고문헌>
박순경 외(2009). 교육과정 분권화·지역화·자율화의 방향 탐색을 위한 세미나. 한국교육과정평가원 연구자료 ORM 2009-15. pp.5~6
이희현(2017). 단위학교와 교사의 자율성으로 실현된 핀란드의 교육자치제도, 서울교육. 2, 28.
송형석. "교실은 미래 실험실"… 교과서 대신 스스로 짠 커리큘럼으로 학습. 한국경제. 2018-06-18.
https://www.hankyung.com/it/article/2018061872481.

학생의 다양성을 보장하는 교사의 평가권을 보장하자

— 손민아(정책연구위원)

편차와 변별력으로 줄을 세워야 하는 평가

학교나 학급마다 색깔은 다르다. 학생 개개인의 색깔도 다르다. 학생 개개인의 배움 속도와 깊이도 다르다. 따라서 교사의 교육과정과 수업은 이렇게 다양한 학교와 학급, 그리고 학생의 특성을 고려하여 달리 진행해야 한다. 평소 수업 참여와 수행 수준 등을 고려하여 가르친 학생들을 평가해야 한다.

중학교 영어교사인 나는 영어과 동료 교사와 협의하여 작년부터 수행평가에서 학생들에게 2차 도전의 기회를 주었다. 학생이 1차로 쓴 에세이의 부족한 부분을 피드백하고 학생 스스로 다시 도전할지를 선택하게 했다. 수업 목표 중 하나가 학생들이 학습하는 방법을 익히는 것이기 때문이다.

하지만 지금은 이러한 평가방식이 몹시 어렵다. 획일화된 평가체제 속에서 학년별로 동일한 시험을 치르고, 그 기준에 따라 줄을 세워야 하기 때문이다. 교사는 혹여 학급별 평균차가 크지 않을까 걱정해야 하고, 변별력은 있었는지를 고민해야 한다. 수행평가를 통해 교사별 평가가 진행되고 있지만,

이마저도 편차와 변별력의 구속에서 벗어나기 어렵다.

학생 개개인의 성장을 돕는 평가로의 전환이 필요한 때

학생의 개별 성장을 돕는 평가를 위해 교사 개인별 평가권이 온전하게 보장될 필요가 있다. 교사 개인별 평가권이란 수업을 담당하는 교사가 자율성을 가지고 편성·운영한 교과 내용을 그대로 평가할 수 있도록 하는 권한을 보장하는 것이다. 교사는 학생의 교육목표 도달 여부를 확인하고 적절한 피드백을 제공하여 학생이 자신의 배움을 스스로 놀아볼 수 있도록 돕는 것을 말한다. 학생에게 배울 기회를 주지 않은 내용과 기능은 평가하지 않는다.

학생의 잠재력과 가능성을 확인하고 이를 현실화하기 위해서는 학생에게 다양한 기회와 도움을 제공해야 한다. 그 가운데 학생의 사고력의 성장 정도를 측정하는 논술형 평가방식으로 전환해야 한다. 무엇을 알고 모르는지 평가하기보다는 학생이 앞으로 얼마나 더 성장할 수 있는지에 초점을 맞추는 것이다. 평가도 교육과정과 수업의 과정에서 이루어지고, 학생과 학부모에게 그 결과에 대한 피드백을 제공해야 한다.

이러한 평가를 개별 교사 혼자 시도하기에는 부담이 크다. 교육공동체의 협력을 바탕으로 하는 평가 문화가 있어야 한다. 교원 학습공동체를 통해 평가 계획을 수립하고, 루브릭(채점 기준) 개발을 함께하며 평가의 지향점을 만들어간다. 협력과 배움의 기쁨을 중시하는 평가 문화를 만드는 것이다.

평가 정보 안내와 외부 평가 지원체제 마련으로 평가의 공신력을 확보할 수 있어

미국, 핀란드, 호주, 뉴질랜드 등에서 교사별 평가는 당연시된다. 핀란드 내신평가체제를 살펴보면(김유정, 홍훈기, 2019), 평가 목적은 학생 스스로 성장과 발달을 도모하며, 관리를 위해 외부 사정관 확인 체제를 갖고 있다. 교사는 학생들에게 학기 초에 상세한 평가 기준을 안내하고 협의를 통해 기준을 정한다. 평가 기준 마련을 통해 교사와 학생 모두가 법적 보호를 받을 수 있는 기반을 갖추게 된다. 교사의 평가 전문성을 신뢰하며, 평가 결과에 대해 전적으로 신임한다. 평가과정은 서답형 평가, 수행평가, 지속적 관찰, 자기평가 중심이다. 평가 결과는 절대평가로 4~10등급을 학기 말에 산출한다. 학생이 과목 최종등급에 대해서 이의가 있으면 교사에게 재평가를 요청하고, 이후 지방 정부에 이의제기를 할 수도 있다.

IB 교육과정(국제바칼로레아 기구(IBO)에 의해 개발된 교육과정)에서는 교사의 교육과정 재구성에서부터 교사의 교육과정 설계(IBDP, 고등학교 대학교 준비프로그램)까지 교사의 교육과정 편성·운영권을 보장하고 있다. 절대평가와 과정 중심평가가 시행되며 교사의 평가권도 철저히 존중한다. 논·서술형 중심 평가에 대한 점수의 공신력 문제, 내신 부풀리기, 교사 평가권에 대한 불신, 평가 변별력의 문제 등에 대한 문제점을 보완하기 위해 IB 시험감독 체계를 구축하고, 시험 채점관 운영한다. 아울러 채점 기준을 공개하고, 재채점 요구 기회를 제공하고 있다. 교사의 교육과정과 평가 전문성을 갖추기 위한 교원 역량 지원도 이뤄지고 있다.

교사 평가권 보장은 학생에게 도전할 수 있는 기회를 주는 평가를 위한 첫걸음

학생 개별 성장을 돕고, 세계적인 평가 흐름에 따르기 위해 나를 포함한 미자연은 교사 평가권 보장을 위한 규정의 개정을 제안한다. 교육부 훈령과 학교생활기록부 작성 및 관리 지침 개정이 필요하다. 정해진 시기에 동일 문항으로 평가하는 학년별 지필 평가에서 교사별 평가가 가능하도록 해야 한다. 지필 평가의 반영비율을 강제하는 부분이나 동학년 석차 산출을 위한 공동출제 지침 부분도 개선해야 한다. 교육청별로 (교육청)교육과정 총론과 학업성적관리지침에 중학교 자유학년제와 중·고등학교 수행평가에서 교사별 평가를 명시하고 있는 곳이 있는데, 국가 단위에서 교사 평가권 보장이 필요하다.

학교급별 성취평가제를 전면 실시해야 한다. 더불어 성취평가 취지를 살리는 절대평가 시행도 전면적으로 이뤄져야 한다. 성취평가제는 학생 개개인의 교과목별 성취수준을 평가한다. 즉 어느 학생이 잘했는지 변별하는 것이 아니라 학생 개개인이 성취기준에 따라 무엇을 얼마나 성취했는지를 평가하는 것이다. 성취기준은 교육을 통해 학생들이 성취할 것으로 기대하는 내용과 행동이다. 교사가 교육과정을 설계하고 수업과 평가를 운영하는 기준점이다. 성취평가제의 장점은 성취평가제로 학생의 학습 수준에 대한 명확한 진단을 비롯하여 학생의 과도한 경쟁에 의한 심리적 부담 약화, 교육의 본질적 기능 회복에 기여, 교육과정 운영의 다양화 실현 등이다(김순남, 이병환, 2018).

성취평가제는 교육적 기능으로 학생 주도적 교육과정과 수업과 평가가 연계될 수 있다. 하지만 고등학교 학생평가의 결과를 상급학교 선발에 활용할 수 있는 근거 자료로 사용하기 위해서는 현행 대입제도 개선이 함께 이뤄져야 한다. 성취평가를 바탕으로 하는 수능의 논·서술식 절대평가를 도입해야 한다.

앞서 언급한 바와 같이, 평가 신뢰도 확보를 위한 평가체제 마련도 중요하다. 지역, 학교별 격차를 극복하고 성취기준에 의한 평가 신뢰도를 확보할 수 있도록 학생평가를 준거로 성취기준을 재구조화해야 한다. 성취기준을 핵심개념과 역량 수준으로 대강화한다. 교과별 필수 학습 요소인 핵심개념과 역량을 최소 성취기준으로 제시하되, 명확하고도 구체적인 해설도 필요하다. 교육지원청의 역할이 강조된다. 교육지원청은 '교육과정'과 '평가 질

관리' 지원이 중심이 되도록 역할을 조정해야 할 이유이기도 하다.

해외 사례를 거울삼아, 학기가 시작되기 전에 학생들에게 구체적인 평가 기준과 방법에 대한 안내와 협의 기회를 제공해야 한다. 교사는 수업 과정 속에서 평가가 이루어지도록 하고, 성장을 위한 지속적인 피드백을 제공하도록 한다. 학생은 학기 중 평가 전에 미리 평가 기준을 제공받고, 교사나 동료 학생의 피드백을 받는 기회가 있어야 한다. 평가 결과는 성취기준에 따라 성취수준에 따른 해석과 함께 결과가 통지되어야 한다. 불합리한 평가 결과에 대한 학생의 이의제기 신청 절차도 필요하다.

평가는 낙인이 아니라 성장이다

학생은 한 번의 시험으로 낙인이 찍히는 존재가 아닌, 학습 과정에서 성장하는 존재가 되어야 한다. 평가는 학생의 성장을 돕는 과정 중 하나임을 거듭 강조한다. 교육과정과 수업, 평가는 모든 학생의 행복한 배움과 성장을 지원하기 위해서 일체화되어야 한다.

<참고문헌>
김유정, 홍훈기(2019). 한국과 핀란드의 고등학교 내신평가체제 비교분석. 교육과정평가연구, 22(1), 77-100.
김순남, 이병환(2018). 고등학교 성취평가제의 시문제와 정착 방안. 열린교육연구, 26(3), 109-129.

수능: 경로의존성을 탈피하고, 새로운 틀을 짜자

— 최승복(미자연 이사장)

수능은 교육적, 사회경제적 공정성 모두 낙제점!

이번 정부는 초기부터 교육 공정성 논란에 휩싸였고, 급기야 지난 10여 년 넘게 진행되어온 대학입시의 흐름을 갑자기 뒤로 돌려놓는 결정을 했다. 주요 대학 정시전형 40%이상이 그것이다. 그런데, 정말 정시, 수능 중심의 대학입시가 공정한 입시인가? 아니라면 대안은 무엇인가? 이 문제에 대해 지난 3~4년간 논의 자체를 꺼리는 분위기가 우리 사회와 교육계를 휩싸고 있다. 하지만, 다시 다음 정부 5년을 준비하는 시기에 이 문제를 짚어보지 않을 수 없다.

우선, 정시전형은 공정한가? 두 가지 측면에서 검토가 필요하다. 하나는 교육적 관점이고, 다른 하나는 사회경제적 관점이다. 교육학에서 평가의 공정성은 세 가지를 충족해야 한다. 평가는 평가하고자 하는 내용을 타당하게 평가해야 하고 객관적이며 신뢰할 수 있게 수행되어야 한다. 타당성은 학생의 학업역량을 평가하는 가장 적합한 방식으로 진행될 것을 요청하는데, 수능은 주로 암기력과 폐쇄적 지식체계(주로 교과서) 내에서 논리적 사고력을 측정한다는 측면에서 타당한 방식이라고 보기 어렵다.

　교육과정 문서와 학교의 교육목표 어디에도 교과서의 지식을 중심으로 많이 기억하고 그것을 활용한 문제풀이를 학교 교육의 목적으로 제시하지 않고 있다. 참고로 2015 국가교육과정 총론에 제시되어 있는 고등학교 교육의 목표를 보면, "고등학교 교육은 중학교 교육의 성과를 바탕으로, 학생의 적성과 소질에 맞게 진로를 개척하며 세계와 소통하는 민주시민으로서의 자질을 함양하는 데에 중점을 둔다"라고 강조하고 있다. 이어서 중요한 과제로서 성숙한 자아의식, 평생학습역량, 융합적-창의적 문제해결력, 인문-사회-과학기술 소양을 바탕으로 한 능동적 대처 역량, 다양한 문화 수용성, 나눔과 배려의 민주시민 등을 제시하고 있다.

　이와 같이 국가가 제시한 학교 교육의 목표에 비추어 보면, 학생들의 머릿속에 저장된 지식의 양을 측정하고, 폐쇄적 지식체계 내에서 수동적으로 정해진 답을 제시하는 역량을 평가하는 대학수학능력시험은 학생이 학교 교육의 목표에 도달했는지를 절대로 평가할 수 없는 시험이라는 점에서 매우 타당도가 낮은 평가이다.

　다음으로 신뢰성은 언제 평가해도 동일한 결론에 도달하는 정도인데, 수능 성적은 몇 달이 지나면 금세 휘발되는 지식을 중심으로 획득된 성적이므로 신뢰성도 높지 않다. 수능시험을 위한 학습이 얼마나 휘발성이 강한지는 대부분의 응시자들이 경험했을 것이기 때문에 여기서 굳이 증명할 필요조차 없다. 필자도 학력고사가 끝나고 일주일도 지나지 않아 거짓말처럼 알고 있던 것들의 대부분이 날아가 버리는 경험을 하면서 스스로 놀랐던 기억이 있다. 객관성은 누가 측정해도 동일한 결론에 도달하는 정도인데, 선다형의 객관식 평가는 객관성은 보장하지만, 이 객관성은 타당성과 신뢰도를 희생한 위에 구축된 객관성이다. 결국, 수능은 교육적 공정성에 있어 가장 사소한 객관성만 충족시킬 뿐, 제일 중요한 타당성과 신뢰성을 보장하지 못하는 비교육적이고, 불공정한 평가이다.

두 번째 공정성은 사회경제적 공정성이다. 부모와 환경의 영향으로 인해 피평가자의 역량이 충분히 발휘되지 못한 채, 혹은 상위 계층의 막대한 교육 투자로 인해 영향을 많이 받는 평가라면 사회경제적 정당성을 획득하기 어렵다. 많은 연구들은 소득 상위 20% 계층의 학생들이 사교육비, 특목고 입학, 조기교육 투자 등을 통해 중하위 계층에 비해 높은 수능 성적과 주요 대학입학률을 유지하고 있다는 점을 보여주고 있으며, 지난 10년간 그 경향성은 더 심화되어 왔다는 점을 시사하고 있다. 특히, 수능 중심 전형에 재수, 삼수, n수생들이 몰리는 상황은 부모의 재력이 수능 중심 대학입시에 중대한 영향을 미친다는 점을 웅변한다. 항간에는 1년 재수 비용이 5,000만 원이라는 말이 있을 정도로 수능을 다시 보는 재수 부담은 중하위층이 부담하기 어렵다. 수능은 사회경제적으로도 기울어진 운동장이라는 점은 명확하다.

따라서, 우리 사회와 교육 앞에 놓인 과제는 객관성 중심의 공정성 담론을 벗어나, 낮은 타당도와 신뢰도를 지닌 저열한 수능 평가체제를 혁신하며, 사회경제적 불공정이 학생들의 평가에 영향을 적게 미치는 평가체제를 확립하는 일이다. 하지만, 사회제도와 정책은 항상 경로 의존성을 가지고 있어, 갑자기 방향을 바꾸거나 반대로 움직이기 어렵다. 결국, 다음 정부의 수능 관련 과제는 기존의 관성을 줄이고 약간의 방향 조정을 통해 새로운 경로를 만드는 결정적 계기(critical juncture)를 형성하여, 중장기적인 나비효과를 추구하는 길이라고 생각한다.

기본 교과-진로선택 교과, 이원화 수능을 제안한다

그래서 다음 정부에서는 기존의 학생부종합전형과 교과전형과 같은 수시

전형은 객관성을 높이기 위한 노력을 경주하고, 현 수능체제를 2단계 수능체제로 전환하고, 중장기적으로 객관식 평가를 벗어나기 위한 기본 틀을 짜는 데 집중하도록 제안한다.

우선 2단계 수능이란, 국·영·수 등 기본 교과 평가와 진로선택과목 평가로 이원화하는 방안이다. 국·영·수 등 기본 교과 평가는 5단계 절대평가(수-우-미-양-가)로 전환하고, 문제은행식 출제를 통해 수시로 응시할 수 있도록 전환하는 방안이다. 국·영·수 등 기본 교과 평가 문항의 출제수준은 중3~고1 수준으로 정하고, 그동안 수능시험, 모의평가 시험, EBS 강의 등을 통해 확보한 평가 문항을 문제은행으로 축적하고, 인공지능을 활용하여 시험 간 난이도를 균등화하여 출제한다. 학생들은 고 1학년 2학기부터 졸업 전까지 여름방학, 겨울방학 중에 2~4회 응시할 수 있도록 하고 그중 자신이 원하는 등급을 대학입시에 활용할 수 있게 한다.

진로선택과목은 학생들이 진학하고 싶은 전공과 관련된 과목을 선택하여 3~4과목을 현재의 수능과 같은 방식으로 치르되, 중장기적으로 서술식, 논술식 평가방식으로 전환하기 위한 준비를 단계적으로 추진한다. 이렇게 되면 인문-어문 분야로 진학하고픈 학생은 국어, 언어, 사회, 인문 등의 선택과목을 이수하고 수능평가를 치르고, 이공계에 진학하고 싶은 학생들은 심화 수학, 자연과학 분야의 선택과목을 중심으로 수능평가에 응시하게 된다. 상경계열로 진학하고 싶은 학생들은 사회과학 분야와 확률-통계 등의 선택과목을 중심으로 수능평가를 치르게 된다. 이 방안은 국영수 등 기본 교과 평가는 미국의 SAT나 ACT 시험과 유사하게 되고, 진로선택과목 평가는 중·장기적으로 영국의 AS/A-Level 시험과 유사하게 될 것이다. 이원화 수능체제에서 각 대학들은 계열별, 전공별 필수교과를 2~3개 정도 지정할 수 있을 것이고, 지금보다 더 준비된 학생을 맞이하는 효과도 발생할 것이다.

그리고 지금의 수능시험은 일종의 스피드 퀴즈 방식이다. 아무리 내용을 잘 이해해도 정해진 시간 이내에 신속하게 풀어 답을 맞혀야 하는 게임이다. 학생들은 이미 심도 있게 이해하고, 스스로 활용할 수 있는 개념에 대해서도 다양한 문제 형식에 당황하지 않고 신속 정확하게 맞추기 위해 무한 반복 문제풀이에 내몰린다. 따라서 이원화 수능체제에서는 학생들에게 충분한 시간이 허용되어야 한다. 두 단계로 나눠 진행하고, 한 번에 치러야 하는 과목 수도 적어지게 되므로, 지금보다는 최소한 2배의 시간을 줘 천천히 자신의 역량을 충분히 발휘할 수 있는 환경에서 평가를 받을 수 있도록 해야 한다. 이런 관점에서 기본 교과, 진로선택 교과 평가 모두 각각 이틀씩 할애하는 방안도 검토할 필요가 있다.

이원화 수능은 새로운 교육문화 창출의 출발점

무엇보다도 이 방안의 장점은 지금의 수능평가를 크게 바꾸지 않으면서도 여러 가지 유익한 효과를 도모하는 데 있다. 첫 번째는 학생들이 12년간 엄청난 시간과 에너지를 국영수 문제 풀기에 낭비하는 한국의 교육문화를 바꿀 수 있는 계기를 제공한다. 우리나라 학생들의 긴 학습시간은 악명이 높다. 한국청소년정책연구원의 국제비교연구에 따르면, 한국 학생들의 학습시간은 OECD 국가 평균보다 하루 2.5시간, 주당 15시간 길다고 한다. 게다가 학생들의 사교육비 지출 중 70% 이상이 국·영·수에 집중되어 있는 점을 감안하면, 과도한 학습시간의 대부분은 국·영·수에 낭비되고 있다고 봐도 무방하다.

두 번째는 가계의 과도한 사교육비 지출 부담의 대부분을 차지하는 국·영·수 부분 비중을 감소시킬 수 있다는 점이다. 2020년 통계청 조사에 의하면, 1인당 평균 사교육비 28만9천 원 중 국·영·수에 20만4천 원이 지출되었고, 고등학생의 경우 1인당 평균 사교육비 38만8천 원 중 29만7천 원이 국·영·수 부분에 지출되어 전체 사교육비 지출의 76.5%를 차지했다. 특히 지난 3년간 예체능 및 교양 관련 사교육비가 2018년 7만6천 원에서 2020년 5만8천 원으로 감소세인 데 비해, 국영수 부문의 사교육비 지출은 같은 기간 18만9천 원에서 20만4천 원으로 급격히 늘어나고 있는 점을 감안할 때, 더욱더 국·영·수 절대평가와 수시 응시가 필요하다. 설령 국·영·수 부분의 사교육비가 진로선택 교과로 이전되는 풍선효과가 나타난다고 해도, 도구 교과에 쏟는 것보다는 자신의 진로와 전공 분야에 투자하는 사교육비가 더 교육적이라고 할 수 있다.

세 번째 장점은 중등 교육이 과도하게 대학입시를 위한 국·영·수에 매몰되지 않고, 학생들의 진로-진학과 연계한 교육, 학생들의 관심과 소질에 따른 분야로 학습을 안내하는 효과를 거둘 수 있다. 국·영·수에 집중되었던 학습시간과 에너지를 자신이 선택한 과목, 관심 분야, 장래 전공 분야와 관련하여 활용하게 되면, 학생들의 학습 동기도 높아지고 교육적 효과성도 높일 수 있다. 특히, 중·장기적으로는 대학생의 전공 부적응, 졸업 후 산업인력 수요와의 미스매치도 일정 부분 완화하는 효과가 있을 것이다.

마지막으로는 기존의 교육정책과 연계성이 높아 대학입시와 수능정책의 유연한 방향전환이 가능하다는 점이다. 지난 정부에서 도입한 진로탐색과 체험을 위한 자유학기제, 이번 정부에서 추진하는 고교학점제를 통한 학생의 선택 중심 교육과정 운영, 2022 국가교육과정 개편을 통한 학교 단위 교육과정 다양화, 특목고 및 자사고 폐지에 따른 일반고 교육과정 다양화 정책 등과 정합성이 높아 정책 간의 시너지효과를 거둘 수 있다는 장점이 있다. 특히, 박근혜 정부와 문재인 정부가 추진한 학생 중심, 진로 중심 교육의 기조를 더욱 강화하여 미래인재 양성이라는 큰 국가목표에 부합한다는 측면까지 고려할 수 있다.

다음 정부의 교육에 관한 관심과 대학입시 제도에 대한 적극적 자세를 주문한다. 최근 한 대선후보 캠프에서 수능 자격고사화와 절대평가제 전환, 그리고, 서술형, 논술형 수능 도입을 적극적으로 고려한다는 보도가 나왔다. 이미 문재인 정부의 공약이 지켜지지 못한 아쉬운 상황이기에 만시지탄이 있지만, 반드시 다음 정부에서는 이루어져야 할 핵심 과제로 추진되기를 바란다.

합리, 효율, 공정:
영국의 고교 교육과 입시제도를 통한 시사점

— 윤태영(정책연구위원)

앤드류 이야기

나는 영국에 사는 앤드류이다. 나는 12학년 9월이 되어 근교 대도시의 Sixth form college(대학입학 준비를 위한 인문계 고등학교)에 입학했다. 대학 진학을 결심한 것이다. 내 친구 중 두 명 중 한 명 정도는 12학년을 마치고 (?) 취업을 준비하는 Vocational college(직업학교)에 입학했다. Vocational college로 진학한 친구들은 T-level(기술/직업 고등학교 교육과정 및 자격시험)을 거쳐 기술 자격을 취득하게 되고, 나처럼 대학 진학을 하기로 한 학생들은 A-level(인문계 고등학교 교육과정 및 자격시험)을 통해 내가 선택한 교과에 대한 자격과 점수를 얻게 된다.

나는 최근 인공지능에 큰 관심이 생겼다. 인공지능이 교육, 미디어, 게임 등 여러 산업 분야에 접목되고 있기 때문이다. 나는 인공지능을 전공하기로 마음먹고, 수학, 심화수학, 물리, 컴퓨팅 이렇게 네 과목을 A-level 과목으로 정했다. 이 과목들 외에 반드시 수강해야 하는 과목은 없었지만, 소논문 프로젝트 수업인 EPQ(Extended Project Qualification)와 면접을 준비하기 위한

Public speech(대중연설) 수업을 수강하기로 했다. 모든 과목과 수업의 시수를 합하니 주당 22시간이었다.

가을 학기를 마치고 12월 중순이 되니 고민이 하나 생겼다. 네 과목을 모두 공부하는 것이 생각보다 쉽지 않았기 때문이다. 나는 고심 끝에 물리 과목을 포기하기로 했다. 어려운 결정이었지만, 포기하고 나니 마음이 편했고 시간 활용도 훨씬 여유로워졌다. 덕분에 학교 수업과 매주 주어지는 과제에 몰입할 수 있었고, 봄 학기, 여름 학기를 마친 뒤 선택한 세 과목 중 수학은 A*(최고 등급), 수학과 컴퓨팅에서는 A라는 우수한 예상 점수를 받았다. 그리고 예상 점수로 원하는 대학 다섯 곳에 원서를 넣었다.

곧 좋은 소식이 들려왔다. 지원한 다섯 곳의 대학 중 네 곳에서 조건부 입학 허가를 받은 것이다! 나는 더욱 학업에 매진할 수 있었다. 상아탑이, 가고 싶은 대학이 눈앞에 와 있는 것 같았다. 어느새 13학년 여름 학기가 되었다. 이제 5~6월 두 달간 실시될 A-level 시험에서 대학에서 제시한 조건 점수 기준을 충족하고 면접을 통과하면, 나는 꿈에 그리던 인공지능 전공 대학생이 되는 것이었다.

A-level 시험은 철저한 나와의 싸움이었다. 모든 과목의 시험은 논술형이자 절대평가이기 때문에 내가 공부한 내용에 대한 확실한 이해와 주제에 대한 나만의 관점을 가지고 있으면 된다고 믿었다. A-level은 분명 난이도 있는 어려운 시험이지만, 그동안 학교에서 배운 내용을 잘 복습한 나는 큰 걱정이 없었다. 교육부가 시험 출제사를 통해 모든 과목의 출제 범위를 명확히 알려주었으며, 사실 출제가 예상되는 문제들은 이미 정해져 있었고, 그동안의 기출 문제를 통해 이미 학습했기 때문이었다. 더군다나 시험은 두 달에 걸쳐 실시되었으며, 한 과목당 시험 범위를 서너 번으로 나누어 평가받았다.

A-level 시험은 결코 쉽지 않았고 긴장도 많이 되었다. 하지만 나는 내가

알고 있고 고민한 주제와 문제들에 대한 나의 이해와 내 생각의 깊이를 보여줄 좋은 기회를 얻었다는 느낌이었다. 문제를 하나하나 풀어갈 때마다 지적으로 그리고 논리적으로 성장한 나의 모습을 볼 수 있어서 뿌듯했다. 그리고 시험은 내가 공부한 학교에서 나를 가르쳐준 선생님들의 감독 하에 실시되어 한결 편안했다.

시험은 잘 치렀다. 하지만 아쉽게도 컴퓨팅에서 B를 받았다. 실망스러운 결과였고 나는 내가 가장 입학하고 싶은 학교에 입학하기 위해 재수를 하기로 마음먹었다. 그나마 다행인 것은 다른 두 과목의 성적은 A*였으며, 이 성적을 내년 입시에서 그대로 사용할 수 있다는 것이다. 컴퓨팅 역시 큰 걱정은 하지 않는다. 조금만 더 보완한다면 충분히 목표 점수인 A 이상을 받을 수 있다고 믿고 있기 때문이다.

시스템이 합리적이지도, 효율적이지도, 공정하지도 않다면?

윗글은 영국인 앤드류가 겪은 2년간의 고등학교 생활과 입시에 관한 이야기이다. 앤드류는 다른 나라에 살고 있을 뿐 아니라 다른 교육·입시 시스템 속에서 살고 있다. 이 교육 시스템은 주로 학교가 무엇을 어떻게 가르치고 평가할지에 관한 것이다. 누구나 그렇듯 앤드류도 대학 진학을 위해 그 시스템 속에 자신을 맞춘다.

(논외의 이야기이지만, 영국에는 앤드류와 달리 주어진 교육·입시 시스템을 벗어나 다른 교육을 받는 용감한 친구들도 더러 있을 것이다. 하지만, 대부분의 경우 공교육이라고 불리는 국가 교육 시스템을 벗어나지 않는데, 그 이유는 많은 사람들이 공교육 시스템을 벗어났을 때 마주하게 될 위험과 불이익을 두려워하기 때문이다. 우리나라도 다르지 않다. 예를 들어, 많은 학부모들이 아직도 자녀들의 교육을 위해 대안학교를 쉽사리 선택하지 못하는 것은 공교육을 벗어났을 때, 특히 입시를 통해, 겪을 수밖에 없는 어려움

과 시행착오 그리고 그에 따른 기회비용 때문일 것이다.)

문제는 대다수의 학생들이 속한 국가 교육·입시 시스템이 합리적이고 효율적이지 않거나, 공정하게 개인을 평가하지 않을 때 발생한다. 20대 이후 인생의 많은 것들을 결정하며, 또한, 거의 유일한 사회적 계층이동의 수단이라고 여겨지는 교육, 그 중에서도 고등학교 교육과 입시가 합리적이거나 효율적이지 않고 공정하지도 않다면, 과연 이 제도는 모두를 위한 것이라고 말할 수 있을까?

영국 고교 교육제도와 교육과정 운영의 원리: 합리와 효율

영국은 고등학교 2년 과정을 학제상, 개념상, 그리고 교육과정상 중등학교와 철저하게 분리한다. 중학교 과정 3년과 중등졸업자격시험(General Certificate of Secondary Education) 과정 2년을 합해 'Secondary Education'이라고 부르고, 고등학교 2년 과정을 'Further Education'이라고 부른다. Further Education을 문자 그대로 번역하면 '추가 교육'인데, 학교와 학생들은 이 추가교육 기간에 철저하게 대입 준비에만 힘을 쏟는다. 중학교가 '삶'을 준비하는 교육이라면 고등학교는 '대학입학'을 준비하는 교육이며, 입시 준비에 많은 시간과 에너지를 쏟는 것이 비판받지 않고 당연시된다. 이는 일종의 개념의 전환이다.

교육과정도, 운영도 확 달라진다. 영국은 학생들의 교육 기간 전반을 학년 군제로 나누어 교육과정을 운영하는데, 중등 교육 기간(7~11학년)에 해당하는 key stage 3&4단계에서는 우리나라 중학교와 크게 다르지 않게 10여 개의 다양한 과목을 기본 수준에서 학습하고 평가하며, 다양한 교과 외 활동을 전개한다. 학생들은 이 시기에 살아가는 데 꼭 필요한 지식과 역량을 갖추게 된다. 고등학교 교육과정인 key stage 5에 이르면, 대학에 진학할 학생들은 앤드류처럼 A-level 교육과정을 운영하는 college나 학교로, 취업을 준비할 학생들은 앤드류의 일부 친구들처럼 T-level 교육과정을 운영하는 college나 학교로 진학한다. 학생들이 A-level에 진입해서 가장 먼저 하는 일은 자신이 2년 후에 시험 볼 과목 세 가지에서 다섯 가지를 결정하는 일이다. 앤드류처럼 대학 전공을 확실하게 정한 경우는 상대적으로 과목을 선택하기가 쉽다. 하지만 아직 진학하고 싶은 학과가 확실하게 정해지지 않은 경우는 진학하고자 하는 계열을 염두에 두고 과목을 고른다. 네다섯 과목을 선택했다가 한두 과목을 중도에 포기하는 것도 얼마든지 가능하다. 일부 명문 대학교를 진학하고자 하는 경우가 아니라면, 학생들은 보통 세 과목을 선택해서 주당 16~20시간을 학습한다. 앤드류가 선택했던 EPQ나 Public speech 같은 수업도 진로와 진학에 도움이 된다고 생각하면 선택해서 들을 수 있다. 앤드류의 경우 학교에서 주당 22시간을 학습하며, 나머지 시간은 집 또는 학교에서 스스로 공부한다.

영국의 고등학교 생활은 '선택과 집중'의 시간이며, 오롯이 대학 진학에만 전념할 수 있도록 디자인되어 있다. '합리와 효율'을 중요시하는 영국적 교육제도의 특징이 고등학교 교육제도와 교육과정에 녹아 있기 때문이다. 국·영·수 등 일부 주요과목 중심의 교육이 아닌 학생들의 합리적 과목 선택을 보장한다. 그 결과 자연스럽게 선택한 과목을 학습하기 위해 효율적으로 시간을 사용할 수 있다. 2년간 세 과목만 공부했던 앤드류의 고등학교 생활은 여유가 넘쳤을까? 그렇지는 않다. 영국의 고등학생들도 많이 바쁘다. 학기 중에는 교과 학습으로 바쁘고, 방학에는 봉사활동과 직업 경험을 쌓느라 분주하다. 하지만 그들은 막연히 바쁜 것이 아니라, 그들의 삶에 꼭 필요한 것들을 스스로 선택하고 배우고 준비하느라 바쁜 것이다. 이 학습은 동기부여가 확실하고 지속력이 있다. 합리적인 선택과 효율적인 학습이 가능한 교육 시스템, 이것이 영국 고교 교육제도와 교육과정이 가장 큰 특징 중하나이다.

영국 대입 시험 공정성, 타당도, 신뢰도 확보의 핵심: 서술·논술형 절대평가

학생들의 과목 선택을 기반으로 한 잉글랜드의 고교 교육과정 운영은 공정하고, 타당하고, 신뢰도 높은 대입 자격시험 제도인 A-level로 이어진다. 그렇다면 영국 A-level 시험은 어떻게 공정성, 타당도, 신뢰도를 확보하고 있을까?

우리나라를 포함한 대다수 선진국은 능력주의를 기반으로 한 대학입시제도를 운영한다. 능력주의란 어떤 사회나 시스템 속에 속한 사람들의 성공과 실패를 능력을 기반으로 가르고자 하는 생각이다. 능력주의가 교육에 적용될 때, 능력은 보통 '교육 결과(성적이나 등급)'를 의미한다. 능력주의 기반 입시 시스템은 개념적으로 공정하지만, 두 가지 경우에 심각한 불공정이 발생한다. 먼저 각 가정의 다양한 사회·경제·문화적 자본의 차이가 거주지역, 성별, 인종 등의 요인들과 상호작용하며 교육 결과에 큰 영향을 미칠 때다. 조기교육, 국제학교·특목고 등 진학 여부, 사교육 등의 방식을 통해 교육 결과 격차는 커지며 불공정은 심화된다. 또 다른 불공정은 상대평가 시스템 속에서 능력주의가 작동할 때 발생한다. 상대평가는 개인의 교육 결과를 다른 학생들과 비교하여 위치를 부여하는 줄 세우기 방식으로 성공과 실패를 가른다. 이렇게 줄을 세우게 되면, 성공적이었던 결과도 때로는 실패한 것이 될 수 있고, 실패한 결과도 때로는 성공한 것이 될 수 있다. 개인의 진짜 실력이 상대와의 비교 속에 평가 절하되거나 절상되는 상대평가는 누군가에게는 억울함을 주고 누군가에게는 행운을 가져다주는 심각한 불공정 생산 방식이다.

능력주의의 첫 번째 불공정은 교육제도 개혁만으로 해결하기 어렵다. 이 불공정은 교육뿐 아니라 다양한 계층 간 차이와 불평등을 지속적으로 생산해내는 사회 전반의 운영 시스템인 신자유주의, 신보수주의, 자본주의와 맞닿아 있다. 하지만 두 번째 불공정은 교육제도의 개혁으로 어느 정도 해소할 수 있다. 영국이 그렇게 하고 있다.

A-level 시험은 기본적으로 절대평가 시스템 속에서 능력주의가 작동하는 방식이다(단, 최종 결과 부여 시 상대평가 기반 성적 산출 방식이 일부 적용됨). 절대평가란 절대적 기준에 의해 교육 결과의 성패를 가른다. 앤드류는 대 입시를 준비하며 다른 친구들이 얼마나 잘하고 있는지에 큰 관심을 가지지 않아도 된다. 이번 시험이 얼마나 어려울지, 혹시 너무 지엽적인 내용이 출제될지를 걱정할 필요가 없다. 앤드류가 집중해야 할 유일한 것은 그가 선택한 교과 교육과정이 요구하는 핵심내용을 얼마나 깊이 있게 이해하고 적용할 수 있는가(그래서 문제를 잘 풀 수 있는가)와 절대적 기준인 성취수준을 얼마나 수준 높게 달성할 수 있는가 뿐이다. 그의 시험 준비과정은 다른 학생들과의 경쟁도, 출제 당국과의 눈치싸움도 아닌 철저한 자신과의 싸움일 뿐이다. 잉글랜드는 절대평가와 능력주의를 섞어 국민 대다수가 납득할 수 있는 수준의 공정을 확보하였다.

또한, A-level은 철저한 서술·논술형 평가(논술형 문항의 수와 배점 비율이 서술형 문항보다 훨씬 높음)로서 꼭 필요한 핵심 지식과 역량만을 물으며, 한 과목의 시험을 여러 번의 시험으로 나누어 실시하는 방식으로 타당도와 신뢰도를 높인다. 평가에서 타당도가 꼭 평가해야 하는 지식·역량을 얼마나 잘 평가하는지를 가늠하는 척도라면, 서술·논술형 평가방식이 선다형 방식보다 훨씬 더 높은 수준의 타당도를 평가할 수 있음은 자명하다. 서술·논술형 평가에서는 운이 작용하기 매우 어렵다. 다만 다양한 수준의 성취수준을 설정하여 학생들에게 세분화된 등급을 부여하고 대학들은 이 등급을 선발 과정에서 고려한다. 마지막으로 여러 과목의 시험을 단 하루만에 빠르게 테스트하지 않고, 각 과목을 여러 번의 시험으로 나누어 테스트하기 때문에, 학생들은 자신이 학습한 것을 보여줄 수 있는 충분한 시간과 기회를 보장받는다.

A-level 시험은 신뢰도도 높다. 평가에서 신뢰도란 시기와 내용을 달리하는 복수의 평가에서 피평가자가 동일한 성취도를 나타내는지에 관한 척도이다. A-level 시험은 문제은행식이라고 해도 믿을 수 있을 만큼 교과별 핵심내용에 대한 질문들만으로 구성된다. 시험의 목표가 줄 세우기가 아닌 개인이 성취수준을 얼마나 잘 달성하였는가를 보는 것이기 때문에 지나치게 어렵거나 지엽적인 문제가 출제될 필요가 없고 꼭 필요한 핵심 지식과 역량만을 묻는 것이다. 주목할 만한 점은, A-level 제도는 출제뿐 아니라 채점에 큰 공을 들인다는 점이다. 이것은 평가 결과의 신뢰도를 확보하기 위한 노력이다.

성공을 뒷받침하는 고교 교육 및 입시 시스템 구축

안타깝게도 우리가 사는 세상의 자원과 직업 세계의 자리는 한정적이다. 한정된 자원과 자리의 배분은 합리적이고, 효율적이며, 공정한 시스템을 통해 이루어져야 한다. 다음 정부 5년을 준비하는 지금, 우리는 대한민국의 미래인 다음 세대, 그들 중 대다수를 불합리하고, 비효율적이며, 불공정한 시스템의 희생자로 내버려 둘 것인가, 아니면 고교 교육과정 운영과 입시제도의 개혁을 통해 시스템이 대다수의 성공을 뒷받침하도록 만들 것인가를 고민해보아야 한다.

12. 학교 교육과정 편성·운영의 자율성 강화

1) 현황 및 문제의식

• 현재 학교 교육과정 운영은 국가교육과정 기준에 기초해야 하므로 학교 교육과정의 자치를 구현하는 데 한계가 있음

• 국가교육과정의 촘촘한 통제로 인하여 학교 특성에 맞는 교과목 개설 및 교과서 활용 등에 있어서 학교 교육과정 운영의 자율성이 축소되어 있음

• 학교 교육공동체의 지향을 담고 학생 삶의 역량을 기를 수 있는 단위 학교만의 학교 교육과정 자치 실현 요구가 커짐

2) 나아가야 할 방향

• 모든 학교는 대안학교 수준의 교육과정으로 편성이 가능하도록 권한을 학교장에게 위임하여 단위 학교에서 최대한의 자율과 책임을 부여함

• 학년과 공간의 경계를 넘나드는 미래형 교육과정의 운영이 학교별로 가능하도록 함

3) 핵심 과제안

• 대안학교 수준의 학교 교육과정 자율권 보장
 - 학생의 교육과정 참여와 선택권을 보장함(3주체가 만들어가는 교육과정 명시)
 - 대안학교 교육과정 기준을 적용함(필수이수 단위(학점) 최소화)
  · 국가수준 교육과정의 목표, 내용, 방법, 평가에 관한 지침 최소화(대강화)
  · 각급학교 학년별, 교과별, 활동별 시간(단위) 최소 시수 제시
  · 학교에서의 교육과정 기획 및 실행의 실질적인 지위 부여
• 교과목 개설권 확대
 - 각급 학교별 교과목 개설권을 확대함
• 교과서 자유 발행제 실시
 - 자율과 창의를 촉진할 수 있는 교과서 자유발행제를 도입함

- 초등학교 교과용 도서의 자율 선정(지역 교육과정위원회 차원에서 작성한 인정도서 목록 배포, 개별 교사는 성취기준 도달에 적합한 도서 선정, 선정된 도서에 대해 학교운영위원회 심의를 통해 채택)
· 교과서 형식의 다양화(서책형 교과서와 디지컬 교과서의 병용 발행. 워크북, 멀티미디어 자료, 실험·실습 자료 등 다양한 보완교재들을 구비하여, 수업의 효과성이나 효율성을 높일 수 있는 키트화된 교과서 발행·보급)

관련 자료 5

<대안학교 교육과정 기순 관련 법적 근거>

초·중등교육법 제60조의 3 각종학교로서 대안학교

제60조의3(대안학교) ① 학업을 중단하거나 개인적 특성에 맞는 교육을 받으려는 학생을 대상으로 현장 실습 등 체험 위주의 교육, 인성 위주의 교육 또는 개인의 소질 · 적성 개발 위주의 교육 등 다양한 교육을 하는 학교로서 각종학교에 해당하는 학교(이하 "대안학교"라 한다)에 대하여는 제21조 제1항, 제23조 제2항 · 제3항, 제24조부터 제26조까지, 제29조 및 제30조의4부터 제30조의7까지를 적용하지 아니한다.

② 대안학교는 초등학교 · 중학교 · 고등학교의 과정을 통합하여 운영할 수 있다.

③ 대안학교의 설립기준, 교육과정, 수업연한, 학력인정, 그 밖에 설립 · 운영에 필요한 사항은 대통령령으로 정한다.

<교육과정의 자율성>

○ 학기 운영의 자율 및 무학년제 가능

○ 수업일수 매 학년 180일 이상

○ 교과별 이수단위 교과(국어, 사회-역사포함)시수의 100분 의 50 이상

○ 자체 개발 교과용 도서 사용 허용

관련 자료 6

<교과서 구분 및 각국의 교과서 발행제도>

가. 국·검·인정도서의 구분

구분	국정도서	검정도서	인정도서
정의	·교육부가 저작권을 가진 교과용도서	·교육부장관의 검정을 받은 교과용도서	·교육부장관의 인정을 받은 교과용도서
심의 권자	·장관 (심의위원 위촉)	·장관 (검정기관에 위탁)	·장관 (시·도교육감에게 위임)
절차	·편찬 → 심의	·개발→심의→검정	·개발→심의→인정
개발 책수	·1종 1책	·1종 다책	·출원 도서 - 1종 다책 ·개발 도서 - 1종 1책 ·NCS - 1종 1책
저작권자	·교육부장관	·저작자(발행사)	·출원 도서 - 발행사 ·개발 도서 - 교육감 ·NCS - 교육부장관

※출원 도서는 고시 교과목 중 출판사가 개발하여 교육청에 인정 승인을 받은 도서이고, 개발 도서는 고시 교과목 중 출판사가 출원하지 않아 교육청이 직접 개발하거나 외부 기관에 위탁하여 개발하는 도서임.
※NCS 학습교재는 교육부장관이「자격기본법 시행령」제8조 제5항에 따라 개발한 국가직무능력 표준 학습교재로서 학교의 장은 별도의 인정신청 없이 해당 학습교재를 인정도서로 선정·사용할 수 있음(교과용도서에 관한 규정 제17조 제2항)

나. 각국의 교과서 발행제도 비교

	한국	영국	미국	독일	프랑스	일본	핀란드
교과서 제도	국정제 검정제 인정제	자유발행제	인정제	인정제	자유발행제 초등인정제	국정제 검정제 인정제	자유발행제
출판사에 공시되는 기준	공통기준 교과서별기준 내용기준 외형체제기준	국가 교육과정 기준(10과목 10년제 수준)	공통기준 교과별 기준 외형체제기준 무오류 기준	총괄기준 내용기준 형식기준	총괄(기본) 기준, 내용기준	공통기준 교과서별기준 내용기준 외형체제기준	국가 교육과정 기준
교과서 인정자	국가, 행정청	학교, 교사	학교, 교사	학교, 교사	학교, 교사	국가, 행정청	학교, 교사
교과서 채택 근거	의무, 교과서 목록	채택자의 필요	주 단위 인정목록 혹은 별 채택	인정목록	채택자의 필요	인정목록	채택자의 필요

자료: 김진경 외(2004)와 강선주 외(2012) 자료를 재구성함

관련 자료 7

<교육과정 공유 형태별 모형>

<교육과정 공유 형태별 모형>

- 가. 쌍방 교화형 네트워크 모형
- 특징: 학교별 대등한 형태, 상호 다른 교육과정 영역 개설, 관내 2~3개 학교 간 상호 교류
- 방법: 학교 간 상호 협약, 특정 요일 오후를 '교환 수업일'로 운영
- 지역: 권역별 내 유사 규모 학교, 작은 지역 단위
- 나. 거점 학교형 네트워크 모형
- 특징: 교육과정 거점교 지정, 거점학교에 지원하여 공동교육과정 개설이 어려운 학교를 견인 및 시원
- 운영: 교통 및 여건이 좋은 학교를 거점학교로 지정, 다른 학교는 해당 학생 대상 개설
- 지역: 학교 간 거리가 멀고 학교 간 규모 차이가 있는 경우
- 다. 거점센터형 네트워크 모형
- 특징: 교육과정 거점센터 지정, 거점센터에 예산과 인력 지원하여 공동교육과정 개설 어려운 학교를 견인, 지원
- 방법: 교통이 좋고 중심이 지역을 거점센터로 지정
- 지역: 학교 간 거리가 멀고 소규모 학교 많은 지역
- 라. 권역별 네트워크 모형
- 특징: 단위학교 교육과정을 영역별로 특성화, 권역별 3~6개교 연합하여 학교 간 교육과정 상호 공유
- 방법: 특정 요일 오후를 '교환 수업일'로 운영, 권역 교육과정 협의체 운영
- 지역: 지역이 너무 커서 모든 학교를 연합하기 어려운 경우, 전지역 이동 시 시간 과다 소요 지역
- 라. 전지역형 네트워크 모형
- 운영: 지역 초·중·고 연계 및 통합학교 운영 시 예산과 인력 추가 지원, 지역의 초·중학교 교사 풀 활용
- 방법: 초·중·고 교사 연결망 구축, 복수(부) 전공자역 소지 교원 배정
- 지역: 고등학교 간 거리 멀고, 초·중·고 통합학교 초·중학교의 인근 지원 가능한 지역

〈신철균 외 2, 2019 고교학점제 연구학교 사례 연구: 경기 교육지원청 단위, 한국교육과정평가원〉

13. 학생의 다양성을 존중하는 교사 평가권 보장

1) 현황 및 문제의식
• 성취기준은 수업 활동의 근거가 되기도 하고, 교사의 자율성을 제한하는 수단으로 쓰이기도 함 (조상연, 2015).
• 교육의 책무성을 강화하려는 국제동향에 따라 성취기준이 도입되었고, 성취기준에 따라 내용 기준, 활동기준, 수행 기준을 구체적으로 진술하여 이에 대한 해석을 바탕으로 교과 교육과정을 명료하고 체계적으로 재구성할 수 있음
• 단순히 줄 세우기나 선발을 목적으로 하는 평가에서 벗어나 학생의 학습과 성장을 돕는다는 교육의 본질적인 측면에서 평가 방식의 전환이 필요함
• 성취평가제 확대 운영의 걸림돌은 평가 준거가 없는 것이므로 평가준거 도입이 필요함

2) 나아가야 할 방향
• 학교 교육과정 운영의 자율성 확대에서 학생 성장중심 평가 및 학생주도적 평가가 가능하도록 교사 개인별 평가권을 보장함
  성취평가제 실시와 함께 평가준거 도입으로 평가의 질을 관리하고 신뢰도를 확보함
• 학교의 평가가 입시와 연계됨으로써 실질적인 평가권이 보장되도록 함(의제-14)

3) 핵심 과제안
• 교사 평가권 보장을 위해 평가 규정 개정
• 평가 신뢰도 확보를 위해 평가 준거 도입
  - 국가 단위 질 관리 센터* 운영을 통한 지원
    *평가 운영의 학교 차이, 지역 차이를 극복하고 성취기준에 의한 평가 신뢰도 확보
• 성취평가제를 전면화함 - 학교급별 성취평가제 전면 실시
  - 학생의 수준을 고려하여 개별 학생의 성장을 지원하기 위한 피드백 강화
  - 학생주도적 교육과정 및 평가가 가능하도록 성취기준 연계(교사 연수 지원)
• 성취평가 기준을 재구조화함 - 핵심개념과 역량 수준으로 대강화
  - 교과별 필수 학습 요소(핵심개념과 역량)을 최소 성취기준으로 제시하되, 이에 대한 명확하고

구체적인 해설을 부록으로 제시

• 성취평가를 바탕으로 하는 수능의 논·서술식 절대평가 도입

14. 고등학교 학생평가-대학입시 제도 개선

1) 현황 및 문제의식

• 상위권 대학에 진학하면 좋은 직업으로 연결된다는 인식이 뿌리내림.

　※'상위권 대학을 졸업하면 좋은 직업을 획득한다'라는 명제는 이제 무조건적으로 유효하지 않

　　지만, 시민들의 인식 속에서 여전히 당연한 것으로 받아들여지고 있음

• 대학 학위가 고등학교 학위처럼 보편화되어 있음.

　※대학은 학생이 기르고 싶은 역량과 전문 지식, 다양한 경험 등을 충족하기 위한 곳이어야 하

　　나, 대학 진학이 필수 과정으로 인식되고 있음

　※한국의 25~34세 대학교육 이수율은 69.8%로 OECD 국가 중 1위. 반면 55~64세는 24.4%로

　　중하위

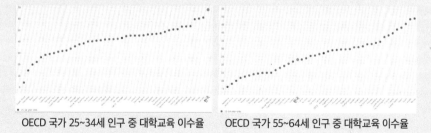

OECD 국가 25~34세 인구 중 대학교육 이수율　　　OECD 국가 55~64세 인구 중 대학교육 이수율

• 고등학교 교육과정 평가 결과가 자연스럽게 대학 입시와 연계되지 못하고, 진로 탐색뿐만 아니라 진로를 구체화할 수 있는 기회가 매우 부족함

　*대학 외의 다양한 직업들과 자신의 진정한 적성을 찾는 활동에 집중할 필요가 있음

• 기존의 대학 입시(수능시험)가 고등학교 교육과정 운영의 정상화를 저해시킨다는 비판이 있으며, 고등학교 평가가 책임교육의 기제로 활용되지 못한다는 문제 인식이 확대되고 있음

• 국영수 중심의 평가, 일회성 평가, 비수능교과 홀대 현상, 진로와 적성을 고려하지 않은 획일적 과목 평가 등 기존 수능시험의 문제를 개선해야 한다는 요구가 커짐

• 고교학점제와 연계한 성장중심의 평가, 고교 교육과정과 대학 입시평가 간의 연계 체제로의 전환 방안을 모색할 필요가 있음

2) 나아가야 할 방향

• 고등학교 교육과정 운영에서의 평가가 대학입시와 연계되는 성장중심 평가체제로 전환함(기본학력 보장과 책임교육 차원에서 접근)

• 학생들의 진로중심, 선택형 교육과정 운영 기반을 확대함: 대학에서 계열별 혹은 전공 분야별로 필수 선택을 제시하도록 해서 학생들이 고교학점제와 연계하여 진로를 설계하고 진학 계획을 세울 수 있도록 유도함

• 중장기적으로 미래사회에 필요한 역량평가 방식 및 고교학점제 등 변화하는 교육정책을 종합적으로 반영한 새로운 수능체계(안)을 마련함(시·도교육청 의견 수렴 절차 마련)

3) 핵심 과제안

• 개편 방향

　- (평가 과목 개편) 대학 진학 시 두 가지 유형의 평가 결과를 반영(공통과목+전공과목)

• 고등학교 교육과정에서 누구나 이수해야 하는 공통과목 평가(책임교육 도달도, 기본학력인증 차원, 수시 실시) + 졸업 예정 시 전공과목 평가(대학진학 희망자, 동시실시)

공통과목(필수)		전공과목(선택)
중3 + 고1 수준		고교학점제 이수+대학 전공 관련
문해력 중심의 역량평가(국영수)		개인별 전공 선택 3~4개
여러 차례 응시 가능	+	졸업예정 학년도 동시 실시
책임교육, 학력도달도, 기본학력인증 차원		대학 전공학과와 연계, 자기적성,진로 차원
모든 고등학교 학생		대학 진학 희망하는 학생

※ 재수생에게도 공통 및 전공과목 평가할 수 있는 기회 제공

* (공통과목 평가) 대학진학을 위한 별도의 수능시험체제가 아닌 고등학교 교육과정 이수 과정에 전국의 고등학생이면 누구나가 성취수준을 확인하는 평가로 국영수 기초과목의 평가

** (전공과목 평가) 입시의 중심을 학생 개인의 진로와 적성을 고려한 선택과목(전공과목)에 놓음

- (공통과목 평가 - 출제 방식) 기출 문제와 시도별 모의고사, 현장교사 문제 등을 결합한 문제 은행을 만들어서 시험 간의 균등화 보장, 빅데이터 활용 수시 평가체제 마련
- (평가 시기) 공통과목 평가는 고교 교육과정 운영 과정에 수시로 실시하되, 방학이나 공휴일을 활용, 전공과목은 졸업학년도에 전국 동시에 실시

• 개선안 세부 내용
- 평가 과목 개편
  · (공통) 공통과목 절대평가(5단계* 절대평가): 중3, 고1 수준에서 대부분의 학생이 접근할 수 있는 수준으로 출제, 중장기적으로는 중등교육졸업자격시험으로 전환, 학교 졸업 시 최소한의 학력 도달 수준을 확인하는 책임교육과 연계

    *단계: 도달할 수 있는 수준 Level (고교학점제와 연계)

    ※공통과목은 전국의 모든 고등학생들이 교육과정 이수 과정에서의 성취수준 도달여부를 확인(5단계 수준)하는 평가로 진행(책임교육차원+졸업인증평가 차원, 고등학교 평가가 자연스럽게 대학입시와 연계되는 차원), 수시로 평가할 수 있도록 함

  · (선택) 전공-진로과목 평가: 대학 전공학과와 연계한 전공과목 3~4과목 선택, 국영수를 포함한 모든 기초-심화 과목, 고교학점제 과목 등 자신의 진로·진학과 연계한 전공 과목, 영국의 AS/A Level 시험과 같은 방식으로 전환, 중장기적으로 선택과목 평가도 5단계 절대평가체제로 전환

    ※학생의 전공 관련한 선택과목 중심으로 입시의 축을 변화시킴. 전공과목은 졸업예정 학년도(학생에 따라 고2일 수도 고3일 수도 있음)에 평가하되 평가 시기는 동시에 이루어지도록 함. 단, 평가 결과 활용 유효기간 부여 예: 공통과목 3년, 전공과목 2년)

- 출제방식 개편
  · 공통과목은 문제은행식으로 출제: 지난 40년간 출제된 문제 + 시도별 모의고사 + 현장 교사들에게 받은 새로운 문제 등을 결합한 문제은행을 만들어서 시험의 균등화를 보장함

• (공통과목은 5단계로 평가, 도달 수준을 평가, 평가 결과 4~5단계 정도인 학생들에게는 책임교육 차원에서 보정 프로그램 제공)

    ※공통과목은 국영수과목이라고 표현하기보다 문해력, 역량평가 방식으로 기초과목 도달도를 평가하는 방식으로 접근하는 것을 의미함.

  · 문제별 난이도: 문제별 난이도를 10개 내외로 분류한 다음, 매회 출제는 자동 선택 시스템, 무

작위 추출 방법을 적용하여 시행함

· 문제 유형: 우선은 지금의 수능 방식으로 치르되 단계적으로 주관식, 서술식, 논술식, 면접식 문제를 도입함

- 시험 시기 개편

· 공통과목(국영수)은 수시로(2~3학년), 전공과목은 동시에(졸업예정자) 실시함

· (공통과목_국영수: 수시 응시 체제) 고2~고3 기간 매 학기 여름, 겨울방학 중 응시, 2~3회 응시한 성적 중 본인이 만족하는 결과를 선택함.

　※(결과 활용) 대학 진학 시 최고점을 활용하는 방식으로 함. 단, 경쟁 중심의 평가체제가 아닌 개인의 향상도에 맞춘 평가로 전환하기 위해 개인별 공통과목 향상도가 활용될 수 있도록 제도 마련(영국 사례) *예: 고2 초에 성취도를 평가하고 + 고2~고3 졸업 후 향상도를 평가

· (선택과목_전공: 동시 응시 체제) 대학을 진학하고자 하는 학생들은 전공 과목을 선택하여 평가함. 진로선택과목은 지금의 수능방식으로 매년 실시하되, 과목별로 서술형, 논술형, 객관식 등 다양한 방식을 단계적 도입함.

- 평가 기관 개선

· 한국교육과정평가원의 역할과 기능 개편 병행(평가체제)

- 기대 효과

· 초·중등 책임교육 기제로 활용: 기본학력, 핵심역량 평가 등으로 발전 가능

· 국영수 중심의 사교육시장 완화, 학생들의 국영수 중심 학습왜곡 현상 시정

· 전공과목 선택권 확대를 통해 자기 자신의 적성과 진로에 맞는 교육의 기반 마련 및 비수능과목 홀대 문제도 해결

제5부. 행정체제 개편

학교자치 활성화를 위한 행정체제 개편

<교육의제 15> 학교자치 활성화를 위한 행정체제 개편

목수의 집 그림 순서에서 깨닫는 미래교육

"유·초·중등교육현장 지원을 강화하기 위해
행정체제를 개편하고,
학교 연계 플랫폼을 구축합니다!"

목수의 집 그림 순서에서 깨닫는 미래교육

— 남혜정(정책연구위원)

목수는 좋은 집을 지으려고 할 뿐이다

신영복 선생님의『처음처럼』서화 에세이 안에 '목수의 집 그림' 글이 실려 있다. 대부분의 사람들은 집을 그릴 때는 여지없이 지붕부터 그려서 내려온다. 어린 시절 집 모양을 그리던 그때를 생각해 보라. 삼각형의 지붕을 그리고, 기둥이라 하기도 애매한 네모난 상자를 달아 붙이고, 마지막에 창문 하나 그려 넣은 집 그림. 그렇게 그려진 모양새를 모두가 집이라 생각한다. 엄밀히 따져보면 실제로는 존재하지 않는 관념 속의 집이다. 신영복 선생님의 글에는 노인 목수가 집을 그리는 순서가 나온다. 지붕부터 그리는 우리들의 순서와는 반대로 먼저 주춧돌을 그린 다음 기둥, 도리, 들보, 서까래… 맨 나중에 지붕을 그린다. 목수가 집을 그리는 순서는 집을 짓는 순서이며, 일하는 사람의 그림이라 하였다. 신영복 선생님이 목수에게서 받은 충격 못지 않게 선생님의 짧은 글귀에 멍하니 한참을 머물렀던 기억이 있다.

목수는 일을 알 뿐이다. 어디서 시작을 해야 하고, 어디가 마무리인지를. 어떻게 해야 좋은 집을 지을 수 있는지 그는 알 뿐이다. 목수는 그저 좋은 집을 지으려고 했을 것이다. 허공에다 지붕을 올려놓을 수 없다는 걸 모두가 알지만 우리는 여전히 지붕을 먼저 그리고, 목수는 주춧돌을 먼저 그린다. 관념이 아닌 오래된 행함에서 오는 익숙한 습(習)이 실제 집을 짓는 행위가 아닌 그림에서도 드러난 것이다. 이것은 단순히 순서의 문제를 넘어선다. 지붕을 먼저 그리는 사람은 고민 없이 쉽게 그리게 된다. 지붕에 대해서는 고민할 것이 별로 없기 때문이다. 지붕을 먼저 그려놓고 지붕의 크기에 맞춰 집을 그리면 그만이다. 그에 반해 목수는 주춧돌을 그리기 전 신중해졌을 것이다. 그리고자 하는 집이 어떤 목적과 용도일지에 대해 생각했으리라. 몇 명이 살 집인지? 집 안에 살아갈 사람들을 상상하고 그들의 움직임을 고려했을 것이다. 어린아이가 있는 집이면 문턱을 낮춰 그릴 것이고, 주변의 풍광이 아름다운 집터라면 주변을 둘러볼 수 있는 창들을 여럿 그려 넣을 것이다. 지붕은 그런 공간들을 잘 감싸 안을 수 있게, 기둥이 버틸 수 있는 무게로 그려지면 된다. 이게 일의 순서이다. 우리가 살아가는 삶의 모든 이치에 빗대어 봐야 하지 않을까?

교육의 집을 짓는 순서

우리 교육은 지붕에서 내려오는가? 주춧돌에서 올라가는가? 교탁 바로 앞자리에서 눈을 떼지 않고 수업을 열심히 듣던 학생이 수업이 끝난 다음 '선생님 그냥 저희가 배우고 싶은 걸 배우게 해 주시면 안 돼요?'라고 물어왔다. 우문현답이 아닌, 현문무(無)답을 하고 교실을 나오면서 가슴이 먹먹했다. 성적은 잘 나오지 않지만 고운 심성을 가졌고, 귀농하신 부모님처럼 농부가 되고 싶다던 아이의 질문에 왜 현재 방식의 교육이 필요한지 필자는 설명하지 못했다. 미안하게도 지금도 그 답을 할 수가 없다.

그 아이가 교육의 집을 그리기 위한 시작점이어야 하지 않을까? 아이들은 기본 소양과 기초 지식의 필요성을 안다. 배움의 중요성도 안다. 학교라고 하는 공간이 때론 벗어나고 싶을 때도 있지만, 아이들에게는 무척이나 소중한 공간임은 분명하다. 말썽꾸러기 녀석들도 학교에 못 오게 막아놓으면 학교 밖을 빙글빙글, 학교 안을 기웃기웃한다. 그곳에서 만나는 친구들과 선생님, 서로의 관계에서 만들어지는 많은 삶의 의미들. 학교는 우리 아이들의 소중한 삶의 공간이다. 그 아이들이 배우고자 하는 것이 있다. 무기력은 외부의 기대가 만들어낸 반복된 좌절의 결과이며, 그 이전의 아이들은 호기심과 사회적 욕구를 가진 생기 있는 존재들이다. 우리는 주춧돌을 놓기 전에 생기 있는 아이들에게 집중해야 했다. 그리고 아이들에게 집중하는 순간, 학교가 할 일이 많아진다.

배우고자 하는 아이들을 배울 수 있게 해주어야 한다. 교사가 분주해진다. 혼자서는 해결할 수가 없다. 옆에 있는 교사와 협의하고 협력해야 한다. 의견을 나누고 방법을 찾아내고 부족하면 전문성을 더욱 키우기 위해 지속적으로 노력해야 한다. 교사의 힘만으로 부족하면 가능한 사람을 어디서든 찾아야 한다. 멀리 있는 전문가가 필요하면 온라인 플랫폼을 통해 학생들과 만나게 하고, 동네 누군가가 멘토가 될 수 있으면 서로 드나들도록 만들어주어야 한다. 그렇게 주춧돌을 놓을 위치가 결정이 된다. 얼마만한 집을 지을지, 그 안에서 아이들이 살아가는 데 부족한 것은 없는지, 얼마 지나지 않아 곧 무너뜨릴 일은 생기지 않을지 두루두루 살핀 후이다. 그다음은 모두가 모여 함께 집을 지어 올리면 된다. 우리 아이들이 제대로 배우고 성장할 수 있는 교육의 집을 머리를 맞대고 잘 지어 올리면 된다. 그 집에 살아갈 사람들의 이야기를 담아 좋은 집을 짓고 살아가면 된다. 집짓기의 시작을 학생에게서 출발한 학교자치에 빗대어 보았다. 우리 교육의 주춧돌은 학교자치여야 하지 않는가?

지붕부터 그리고 시작했던 그간의 교육정책과 행정체제, 이젠 새롭게!

근대식 교육은 집주인, 관리자, 세입자로 이어지는 수직적 구조와 닮아있다. 집주인인 교육부에서 결정된 정책이 관리자인 교육청으로 전달되고 세입자인 학생과 학교는 벽에 못 하나 박지 못하고, 계약서에 적힌 대로 수동적으로 살다가 계약 기간이 만료되면 다른 곳으로 옮겨간다. 한 번도 주인이 되어 본 적 없는 학생과 학교는 늘 집주인과 관리자만 쳐다본다. 이런 비유가 억지 같지만 부정하기도 어렵다. 그간 모든 정책이 학교와는 멀리 떨어진 지붕부터 출발했다. 그나마 몇 해 전부터 중앙으로 집중되어 있던 권한들을 교육자치와 학교자치의 관점에서 시·도교육청으로 이양하기 위한 정부의 노력이 있고, 실제 교육이 이뤄지는 학교의 자율권을 확대하기 위한 정책과 제도가 마련되고 있는 것은 참으로 다행스러운 일이다.

2017년 교육자치정책협의회가 발족되고, 이후 발표된 교육자치 정책 로드맵에서는 '유·초·중등교육의 지방 분권 강화, 학교 민주주의 달성'을 교육자치의 목표로 천명하였다. 이는 교육부–시·도교육청–학교로 이어지던 수직적인 정책 흐름의 변화와 최종적으로 학교자치의 확대를 의미하는 것이었다. 2021년 12월 진행된 제9차 교육자치정책협의회에서는 국가사무와 자치사무 구분의 명확화, 시·도교육청(지역교육지원청 포함)과 학교의 교육자치 역량 강화, 학생중심의 교육활동을 위한 학교의 자율적 운영 지원방안을 안건으로 다뤘다. 그리고 2022년 7월 출범을 앞두고 있는 국가교육위원회 설립에 맞춰 교육부는 2022년 3월 국가교육위원회–교육부–교육청의 기능 재구조화 시안을 마련할 방침이다. 이에 맞춰 교육부의 조직 개편, 시·도교육청 기능 배분 방안을 마무리하겠다고 밝혔다.

이러한 교육부 움직임에 맞춰 필자를 포함한 미자연은 교육의 국가사무와 지방사무를 명확히 하는 「유·초·중등교육의 지방 분권을 위한 특별법」

제정을 제안한다. 법의 내용은 교육부와 시·도교육청의 모호한 사무 경계로 인해 중복되거나 책임의 소재를 명확히 하기 어려웠던 사무를 분명히 하고, 지역교육에 대한 시·도교육청의 책임을 강화하는 방향이 되어야 할 것이다. 유·초·중등교육은 교육감 사무로 하고, 핵심적인 국가사무(고등교육, 평생교육, 직업교육, 교육복지, 교육격차 등) 중심으로 교육부의 기능을 개편하는 것이 적절하다고 본다. 기존에 교육부가 담당했던 중장기적인 교육정책 비전 수립과 정책 제시는 국가교육위원회의 역할로 개편되어야 한다. 이와 더불어 특별법과 상충하는 기본 법령에 대한 검토와 재정비, 학교자치를 저해하는 법령 및 하위 법령(시행령, 시행규칙, 행정규칙), 규제적 지침, 사업 등을 일괄 정비해야 한다. 기존 국가주의적 통제에 대한 해체를 전제로 실질적인 교육 분권화와 학교의 자율화를 확대하는 방향에서 역할이 재정비되어야 할 것이다.

학교자치 지원 기관으로서의 교육지원청 역할 개편

학교자치에 기반을 둔 학교의 자율권 확대에 따라 교육지원청의 역할 개편은 반드시 필요하다. 그간 상부기관의 사무를 수발하는 하급행정기관으로서의 시·도교육청의 역할만으로는 지역 교육을 온전히 지원해낼 수 없다. 교육지원청이 지역의 필요에 충실하게 학교를 지원하는 역할을 하지 못하고, 여전히 상부기관의 명령과 지침만을 따르게 되면 학교가 주춧돌을 놓고 기둥을 세우려고 할 때 교육현장에 어울리지 않는 지붕을 먼저 얹는 역할을 하게 될 것이다. 교육지원청은 학교의 요구에 맞는 실질적인 지원기관으로서의 시스템을 마련해야 한다.

예를 들면, 미자연이 제안한 진로·직업 탐색 갭이어 플랫폼을 교육지원청이 구축, 운영할 수 있으며, 학교가 필요로 하는 지역사회 교육자원을 관리하고 학교와 매칭하는 앱을 개발하여 제공할 수 있다. 지역의 공공기관, 대학, 기업체, 문화시설 등과 학교 교육과정을 연계한 교육정책을 연구하고 실행을 위한 모델을 제시할 수도 있다. 확장하여 학생과 학교가 요구하는 통합적인 교육정보서비스 환경을 구축하는 것도 가능할 것이다. 학교를 들여다보면 옆에서 거들고 도와야 할 일이 한두 가지가 아니다. 미래교육을 위해서 학교와 교육지원청이 좋은 교육적 파트너가 되어야 한다. 그러기 위해서 교육지원청의 지위가 시·도교육청의 하급교육행정기관에서 교육행정기관으로 격상될 필요가 있다. 교육지원청으로 예산과 인사에 대한 권한이 위임되어야 하며, 1990년 이후로 폐지된 시·군 교육비 특별회계 편성도 다시 검토해 볼 필요가 있다. 이와 관련하여서는 이후에 추가 논의가 있기를 바란다.

학교자치로 열어가는 미래교육

필자를 포함한 미자연은 미래교육의 관점에서 학교자치의 중요성을 강조하고자 한다. 앞에서 언급한 것처럼 교육의 주춧돌이 학교자치여야 한다고 보기 때문이다. 교육의 그림은 주춧돌부터 그려나가야 한다. 현장의 학교가 학생의 성장을 온전히 지원하기 위한 환경이 되기 위해서 학교가 교육과정을 자율적으로 편성, 운영하고, 평가의 독립 권한을 가지는 것은 당연한 것이다. 교육공동체가 민주적인 학교문화 아래 학교의 특수성과 학생의 요구에 맞는 교육과정을 운영하는 것이 바람직하다. 다만, 이러한 학교자치와 교육자치에 대한 논의가 여전히 지붕을 먼저 그리는 어리석음을 범하지 않을까 하는 염려가 있다. 학교는 학교자치를 위한 여력이 없다고 말하고 있으니 말이다. 학교자치에 대한 현장의 체감을 올리고 시대적 요구와 흐름에 학교가 움직여나갈 수 있도록 여지를 만들어주는 역할을 지속적으로 교육행정기관들이 해나가야 할 것이다. 미래를 준비하기 위한 교육행정체제 개편을 기대해본다. 학교자치와 교육자치의 기조 아래 기존의 행정조직이 새롭게 역할을 재정립하고 개편하여 학교 민주주의가 완성되기를 바라며 이 글을 마친다.

15. 학교자치 활성화를 위한 행정체제 개편

1) 현황 및 문제의식

• 제2차 교육자치정책협의회('17.12.12)에서 교육자치 정책 로드맵을 발표함

  - '교육자치의 목표: 유·초·중등교육의 지방 분권 강화, 학교 민주주의 달성'

  - 이후 교육감협의회와 교육부, 교육자치정책협의회에서 교육 권한 이양과 교육자치 특별법 제
    정, 학교자치를 저해하는 시행령 이하 징비인을 논의하였으나, 큰 진전이 없었음
    ※(국정과제) 76. 교육 민주주의 회복 및 교육자치 강화, 76-4. 유·초·중등교육 단계적 권한 배분

• 「국가교육위원회 설치 및 운영에 관한 법률」('21.7.21) 제정에 따른 교육부-교육청-학교 간의 역
할 재정립이 필요함

  - 정책 실행-구현을 고려한 교육자치와 학교 자율성 강화의 기조 하에서 교육자치 거버넌스 구
    상이 필요함

  - 기존 국가주의적 통제의 해체를 전제로 실질적 교육 분권화와 자율화의 기폭제가 될 수 있도
    록 역할 재정립이 필요함

• 학교별 교육과정, 지역 교육과정, 학생주도(진로) 교육과정에 대한 교육지원청의 지원체제가
미흡함

  - 모든 학교가 질 높은 교육과정을 운영할 수 있는 지원체제는 물론, 갭이어 프로그램까지 지역
    교육청이 지원함으로써 학교의 부담을 최소화하는 행정체제 개편이 필요함

  - 교통통신·정보망 발달 및 지역 인구수 급변에 따른 지역교육지원청의 규모와 역할 변화 요구
    가 큼

2) 나아가야 할 방향

• 유·초·중등교육은 원칙적으로 교육감의 사무로 하고, 핵심적인 국가 사무* 중심으로 교육부 기
능을 개편함

  - 사무배분 기준 명확히 하는 (가칭) 「유·초·중등교육의 지방분권에 관한 특별법안」 마련

  - 개별 법령 검토하여 국가와 지방자치단체의 역할을 명확히 구분하는 작업 수행하여 일괄 이양

- 학교자치를 제약하는 규제를 풀고 책임 있는 교육자치 구현을 위한 법령 체제를 정비함
 - 교육자치의 최종 종착점인 학교를 중심에 두고, 학교 현장의 문제해결에 시급성을 둠
 - 교육 관련 소관 법률을 대상으로 하되, 법령 체계도에 따른 하위 법령(시행령, 시행규칙, 행정규칙 등)을 일괄 정비함
- 지역교육청이 교육과정 지원의 중심이 되도록 역할에 대한 자리매김이 필요함(학교-지역-학생의 교육과정 실행을 지원하도록 교육지원청의 조직 재편)
 - 교육지원청은 권역별(인구-학생 수 고려)로 두고, 학교 교육과정 지원 역할 강화하는 것으로 재구성

3) 핵심 과제안

- 교육자치 실현을 위한 법률 정비
 - 교육의 국가사무와 지방사무를 명확히 하는 「유·초·중등교육의 지방분권을 위한 특별법」을 제정하고, 개별 법률을 정비함
   ※국가 사무 기준은 「유·초·중등교육의 지방분권을 위한 특별법안」(제3회 교육자치정책협의회 심의·의결)의 특별법의 사무배분 원칙과 기준 고려
 - 학교자치를 제약하고 있는 법령과 시행령 이하를 일괄 정비함
 - 학교 및 교육청의 자율성을 저해하는 규제적 지침, 계획, 사업 등을 폐지·개선함
- 학교자치 실현을 위한 학교-교육청-국가교육위원회-교육부 역할 재정립
 - 교육자치와 분권의 관점에서 교육 거버넌스 형성 기반을 조성하고, 기관과 주체간의 권한과 사무의 중복을 피해 적합한 역할과 기능을 규정함
 - 교육부(교육부장관)는 유·초·중등교육에 관한 국가사무* 및 고등교육을 담당하고, 교육청(교육감)이 유·초·중등교육을 담당함

> 제10조(위원회의 소관 사무) ① 위원회의 소관 사무는 다음 각 호와 같다.
> 1.제11조에 따른 교육비전, 중장기 정책 방향, 학제·교원정책·대학입학정책·학급당 적정 학생 수 등 중장기 교육 제도 및 여건 개선 등에 관한 국가교육발전계획 수립에 관한 사항
> 2.제12조에 따른 국가교육과정의 기준과 내용의 고시 등에 관한 사항
> 3.제13조에 따른 교육정책에 대한 국민의견 수렴·조정 등에 관한 사항
> 4.그 밖에 다른 법률에 따라 위원회의 소관으로 정한 사항
> ② 제1항에 따른 위원회의 소관 사무에 관한 세부적인 사항은 대통령령으로 정한다.

- (국가교육위원회) 위원회로서의 위상과 법률이 정하는 범위 내의 역할을 담당함(교육정책 비전 및 발전 계획 수립, 정책 조정 등)
- (시·도교육청) 유·초·중등교육에 관한 행·재정·인사 자치권을 행사하되, 지역선발제와 교장·교육장 공모에 따른 인사권은 교육장에게 재위임함
- (학교) 학교자치권을 온전히 이양받아 교육과정 편성과 운영, 평가권은 물론 다양한 교육활동을 교육공동체와 더불어 실천함

• 학교자치의 실질적 지원을 위한 교육지원청 기능 개편

° 교육지원청의 학교 교육과정 지원 로드맵 제시
- 학교별 교육과정 전문가 양성으로 학교 교육과정 운영 역량을 강화함
- 학교의 필요에 따른 공유자원 매칭 앱을 개발하여 제공함

> · 학교의 필요와 요구가 무엇인지 교육과정을 분석하고 이를 지원할 수 있는 지역사회 자원 인력풀 구축
> · 지역사회 자원 및 인력풀이 부족한 경우 이를 지원하기 위한 다양한 운영 모델 개발
> · 학교 교육과정-지역자원(외부자원) 매칭 체계를 일원화하여 연계 서비스 강화
> · 원클릭시스템을 활용하여 각종 체험활동이나 진로활동, 동아리활동, 교과연계활동 등 지원

- 지역 내 각종 교육자원(공공기관, 대학, 기업체, 문화시설 등)을 공유하고, 학교 교육과정과 연계한 교육정책을 연구하여 발전 모형을 제시함
- 통합적 교육정보서비스 환경 구축: 첨단 기술을 활용 언제 어디서나 구성원의 요구와 의견을 반영하는 통합적인 교육정보서비스 환경을 구축함
- 지역별로 선호하는 다양한 학교 교육과정 사례를 제공함
- 진로-갭이어 프로그램을 제공함

° 교육과정 거버넌스 구축 및 마을연계 플랫폼 구축
- 협의체 운영으로 공동 교육과정 설계 및 교육과정 마을연계 플랫폼 운영

• 교육행정 시스템 개편
- 통합교육과정, 학생주도 교육과정 등에 대한 평가-기록의 일체화가 가능하도록 행정시스템 개선함
- 학생 맞춤형 LMS 학생 맞춤형 교육과정 기록이 가능한 시스템을 제공함

제6부. 교원정책 개선

교원정책 개선으로 학교자치 강화

"미래교육을 주도할 교원의 성장과 발달을 지원하기 위해
현장성과 지역성, 동료성을 강화하는
교원정책을 펼칩니다!"

미래형 자치학교의 시작, 교감순환보직제로부터!

— 최병진(정책연구위원)

승진트랙에 매몰된 교직사회

고3 수험생들 사이에 유행하는 단어로, 수능을 포기하는 '수포가'가 있다면 교직사회에는 '교포자'가 있다. '교감승진을 포기한 교사'라는 뜻이다. 만약 어떤 이가 스스로 '나는 교포자'라고 한다면, 이 의미는 나는 승진을 위해 점수 딸 생각이 없으니 나는 상사의 눈치를 보지 않겠다, 나에게 어려운 일을 맡기지 마라, 라고 선언하는 것과 다름이 없다. 승진을 준비하는 극소수 교사와 그렇지 않은 대다수 교사로 구분하고, 스스로 그러한 프레임에 가두어 교직사회의 수평적인 소통과 개방적인 문화의 형성을 저해하고 학교혁신을 가로막는 기재로 작용하고 있는 것이다. 교감이 된다는 것이 경쟁을 통해 어느 한 개인이 쟁취한 '인간승리'이고 당연히 누려야 할 '권력의 획득' 즉 '승진'이라는 개념에 매몰되어 있다.

교감이 된다는 것은 '승진'이 아닌 교육본질에 입각한 핵심역량을 바탕으로 교사의 교수활동을 지원하는 조력자가 된다는 것이며, 이상적인 학교문화를 이끌어 갈 바람직한 조력자를 교육공동체의 합의에 의해 선출한다는 인식의 변환을 공유해야 한다. 유럽의 대부분 국가에서 교감은 교장이 교직원의 의견을 들어 임명하고 2~3년의 기간이 지나면 본래 교사의 자리로 돌아간다. 교감 업무를 수행하는 동안 교사들의 '상사'로서의 역할보다는 '지원자'로서의 역할에 집중하다 보니, 소위 '극한직업'이어서 교사들 사이에도 그리 선호하지는 않는다. 하지만 일단 교육공동체에 의해 선택받은 '교감'은 본인의 역량을 인정받고 모두가 원한다는 사실을 알기에 열과 성을 다해 봉사한다.

교육자치! 교감순환보직제로 시작하자!

'교감순환보직제'는 기존의 단선적, 정량적인 교감승진제도의 한계를 극복함과 동시에 미래학교 자치 시대에 걸맞은 교육 시스템 구축을 위해 필수적이다. 이를 위해서는 정책기획자뿐만 아니라 기득권을 가진 이들의 공감과 인식의 전환이 수반되어야 한다.

그럼 교감순환보직제는 교감을 어떻게 선발하고 운영해야 할까? 현재의 초빙교사제가 그러하듯 학교 내부 또는 외부 교사 중에서 일정 경력과 자격(이는 학교별로 다를 수 있음)을 갖춘 교사의 지원을 받아 교육공동체가 참여하는 온라인평가, 심층면접 등의 절차를 거쳐 2년 정도의 기간 동안 교육지원자로서의 역할을 수행할 보직형 교감을 선발한다. 심층 면접위원 위촉 시 외부위원을 일정비율 포함하도록 하여 심사의 객관성과 공정성을 담보한다. 2년의 교감임기가 만료되면 교육공동체의 심사를 거쳐 2년을 연장할 수 있다. 임기 중이라도 교감으로서의 역할을 수행하는 데 문제가 발생하면 학교운영위원회의 심의를 거쳐 학교장이 면직할 수 있다. 교감의 임기가 끝나면 임용 전 직위인 교사로 복귀하는 것을 원칙으로 한다. 제도의 연착륙을 위해 승진형 교감 자격체제와 보직형 교감 자격체제를 병존시키되, 학교공동체구성원의 설문조사를 거쳐 교장 공모제 학교에서 우선 실시하며 운영성과를 평가하여 점차적으로 확대해나가도록 한다.

교육청에서는 '교감역량강화연수' 과정을 개설하여 운영하되, 교감자격연수와 연동되지 않도록 하며 별도의 '교감자격' 또한 부여하지 않는다. 단, 교감으로서 역할을 성실히 수행하여 리더로서의 역량이 충분히 검증된 자는 6개월 과정의 '교원리더십아카데미'를 우선적으로 이수하도록 인센티브를 부여하고, 교장자격 미소지자 교장 공모제에 지원할 수 있도록 발판을 마련해 준다.

새로운 시대, 새로운 학교, 새로운 인사제도

혁신의 이면에는 누군가의 불이익이 수반되며 이에 따른 저항이 뒤따르기 때문이다. 조선 시대 이상적인 유교 정치를 꿈꾼 개혁가 조광조는 과거제의 폐단을 극복하기 위해 현량과를 실시하였다. 당시 과거 제도는 집안 배경에 따라 좌우되고, 글의 우수함만을 따지고 있어서 실제로 정치를 잘할 관리를 뽑기가 어려워 시험 과목으로 정치 현안을 문제로 내걸고 그 '대책'을 말해 보게 한 것이었다. 그러나 합격자 대부분이 조광조를 지지하는 사림파여서 훈구파의 강한 반발을 사서 실패하였다. 당시는 시대가 개혁을 용인하지 않았지만, 지금은 혁신이 없이는 세월의 파고에 휩쓸려 모두가 흔적도 없이 사라지는 공멸을 맞이할 수도 있다. 다가올 새로운 시대는 새로운 학교를 요구하고 있고 학교의 변화는 기존 인식의 틀에서 벗어나 새로움을 받아들일 용기를 필요로 하고 있다. 시대가 요구하는 미래 자치학교의 실현을 위해 새로운 인사제도의 도입은 시급하며 교감순환보직제는 새로운 시대, 새로운 학교에 맞는 새로운 인사제도 혁신의 중심에 있다.

한 명의 아이도 포기하지 않는 책임교육!
교장 공모제 일반화로부터!

— 최병진(정책연구위원)

교장 공모제 일반화 왜 필요한가?

교육개혁, 학교혁신을 논하는 대부분의 사람들이 그 핵심에는 학교자치를 기반으로 한 책임교육이 있음을 누구이 강조한다. 그렇다면, 학교자치는 잘 이루어지고 있을까? 학교 현장에서 들려오는 목소리를 들어보자.

'이번에 ○○교장이 우리 학교에 부임한다는 소문이 있던데, 그렇게 힘들게 한다며? 그동안 공들여 쌓은 탑이 한순간에 무너지겠군.' '답정너라는 말 알지? 우리 교장 선생님은 표면적으로는 민주적 절차를 존중한다고 하시면서 교직원 회의를 통해 올라온 의견이 본인의 생각과 맞지 않으면 뒤집는 일이 다반사야. 이런 일을 몇 번 겪고 나니 의견을 개진해봐야 의미가 없다는 것을 눈치채고 그때부터 선생님들이 입을 닫아버렸지. 말해 봐야 소용없으니.'

많은 교사들이 학교자치를 실천하기 위해 주위의 냉소적 시각에도 불구하고 온갖 노력과 정성을 다한다. 하지만, 현재의 '교육부-도교육청-지역교육청-학교'로 이어지는 하향식 통제적 교육 관료제(delivery chain)는 사회의 변화요구를 따라가지 못할 뿐만 아니라 종종 새로운 학교와 교육을 만들어가려는 교사들을 좌절시키고 있다. 특히, 교육청 주도의 교장승진제도는 학교장 발령 시 개별 학교의 상황을 고려하기보다 주로 근거리 배정 등 개인의 사정과 교육청의 셈법을 고려하기 때문에 한계를 드러내고 있다.

학교자치는 교육과정이든 인사든 재정이든 학교 구성원의 의견을 모아서 시작하는 것이 첫걸음이다. 이는 토론과 협의를 통한 공유뿐만 아니라 설득, 집중작업, 궤도 수정 등이 수반되는 지난한 과정이다. 학교 운영과정에서 각종 학부모 민원뿐만 아니라 구성원 간 갈등도 발생할 수 있으며, 예상치 못한 난관에 부딪히기도 한다. 이를 위해서 상당한 시간과 노력이 요구되며 리더에게는 학교의 특성에 대한 명확한 이해와 더불어 소통능력, 책임의식, 의지 등 준비되고 검증된 역량이 요구된다. 그런데 첫 번째 승진 발령을 받은 학교장의 지역별 근무 기간을 보면 지역에 따라 다소의 편차가 있긴 하지만 2년 남짓이면 학교를 떠난다는 것을 알 수 있다.[4] 학교에 대한 사전이해 없이 발령받았다가 2년 정도 임기만 채우면 미련 없이 학교를 떠난다는 이야기이다. 이러한 시스템에서 학교 책임교육을 운운하는 것은 우물에 가서 숭늉을 찾는 것과 다를 바 없다.

다행히 우리에게는 법으로 보장된 교장 공모제라는 제도가 있다. 교장 공모제를 준비하는 대부분의 지원자들은 학교경영계획서 작성뿐만 아니라 심층면접을 위해 어려운 준비과정을 거친다. 폭넓은 정보 수집을 통해 해당 학교에 대한 이해뿐만 아니라 구성원들의 요구를 명확히 파악해야 한다. 학교 공동체 구성원들은 이러한 과정을 통해 지원자들의 리더로서의 역량을 검증하고 학교를 새롭게 이끌어 갈 리더를 선택한다.

최근 연구결과에 따르면(경기도교육연구원, 2019), 공모교장들은 대체로 자신

---

4) 학교장 첫 번째 학교 평균 근무 기간(강원: 25개월, 충북:21개월, 경북 27.6개월) 교장 공모제 개선방안, 2017, 교육부

의 경영철학을 펼칠 수 있고, 공모계획서 준비과정을 통해 준비된 교장이 될 수 있다는 점에서 공모교장으로 지원하게 되었다고 언급하였다. 아울러 공모교장뿐만 아니라 면담에 참여한 교사 및 학부모들도 공모교장제도를 통해 안정적이고 발전적인 학교 운영이 가능하게 되었고, 더 나아가 권위적인 학교문화에서 벗어나 민주적이고 개방적인 교직문화를 실현하고 있다는 점, 학교가 교장 공모제 시행을 통해 학생과 학부모의 만족도가 향상되었다는 점에 대해 인식을 같이 하였다.

"인사(人事)가 만사"라고 할 정도로 어떤 조직이든 인사제노는 그 소직의 발전에 큰 영향을 주기 때문에 바람직한 인사제도의 확립은 매우 중요한 과업이다. 특히, 학교장은 학교조직의 발전을 추동하고 향방을 결정하는 데 막대한 영향을 미친다. 따라서 학교자치의 실현을 통한 학교혁신 논의의 중심에 학교공동체 구성원들의 교육적 비전을 실현해 줄 리더를 선출하는 데 교장 공모제 일반화가 대안으로 떠오르는 것은 우연이 아니다.

어떻게 해야 할까? 학교장 공모제 전면 확대 시행이 답이다

현재 교장이 될 수 있는 트랙은 크게 교감에서 일반승진, 공모에 의한 승진, 전문직에서 전직 이렇게 3가지다. 경기도의 경우 대략 비율이 '승진 : 공모 : 전직 = 70 : 25 : 5' 정도 된다. 교장 공모제 실시 학교 수는 정년 퇴임 및 중임 만료로 교장 결원이 발생하는 학교 수의 1/3~2/3 범위 내에서 교육감이 교육여건을 감안하여 비율을 결정하도록 안내되어 있다. 하지만 이러저러한 이유로 교육부에서 제시한 비율은 지켜지지 않는다. 단순 통계로 따져 봐도 전국 약 12,000개 학교 중에 최소 4,000개에서 최대 8,000개 학교는 공모제 학교라야 하지만 실상은 2,000개 안팎으로 1/6밖에 되지 않는다. 그나마 규모가 큰 경기지역의 교장공모교가 약 500개임을 감안하면, 제주, 강원, 충북, 충남 등이 1/10 정도밖에 안 되는 등 타 지역의 비율은 현저히 낮아진다. 따라서 대부분의 학교는 학교공동체 구성원의 요구와 의견이 전혀 고려되지 않은 상태에서 새로운 교장이 부임하는 것이다.

교장공모교 비율이 이처럼 낮은 이유를 살펴보면, 크게 내적인 이유와 외적인 이유로 나누어 볼 수 있다. 우선 교장 공모제 지원자 대부분을 차지하는 교감 입장에서 보면 연공서열에 의해 발령되는 일반승진 트랙의 속성상 그 전처럼 가만히 기다리기만 해도 승진 발령되던는데, 공모제가 늘어날 경우 치열한 경쟁을 뚫어야 하는 부담감이 생긴다. 이렇게 되면 고경력 교감들이 늘어나게 되며, 이는 발령을 책임진 교육청의 입장에서도 곤란한 일이 아닐 수 없다. 일선 학교 교사들도 교장 공모제를 하게 되면 학교의 변화와 발전을 위해 일을 많이 만들어 더욱 힘들어진다는 선입견을 가지고 있어, 기존 교장공모교나 자율학교가 아닌 일반 교장학교에서 실시한 교장 공모제 설문조사 결과를 보면 매우 높은 학부모 찬성률에 비해 교원 찬성률은 대체로 낮은 편이다.

그럼 어떻게 해야 할까? 교장공모교로 확정된 학교운영위원만을 대상으로 절차와 방법 등에 대한 연수를 진행하는 소극적인 홍보에서 탈피하여 교장결원교가 발생하는 전체 학교의 교육공동체를 대상으로 교장 공모제의 실상을 명확히 알리는 적극적인 노력을 경주해야 한다. 아울러 학교의 모든 교감이 시간이 지나면 당연히 교장으로 승진해야 한다는 기존의 인식에서 탈피하여 한 학교의 리더로서 스스로의 역량을 증명해낼 수 있는 사람이 교장이 되어야 한다는 사고의 대전환이 필요하다. 특히 교육공무원법에서 교장자격 미소지자 공모 가능교를 내부형의 50% 범위로 한정하고 있다. 이는 교장자격을 소지한 자가 지원이 가능한 일반학교 초빙형을 제외한 자율학교 공모교를 지칭하는 내부형 중에서 50%이므로, 교장 공모제를 가장 활발하게 운영하고 있고 자율학교 비율이 전체 학교의 50%가 넘는 경기도의 경우에도 전체 초중 50~60개 공모교 중에서 4~5개 정도밖에 되지 않는다. 이런 실정이니 자율학교 비율이 낮은 타 시·도에서 교장자격 미소지자가 공모에 응한다는 것은 거의 불가능에 가깝다.

교장자격 미소지자 공모 가능 제도는 기존의 전근대적 승진 발령 시스템의 틀을 벗어난 획기적인 제도임에도 불구하고, 이처럼 활성화되지 못하는 이유는 교감이 아닌 교사가 한 번에 교장으로 승진하는 것에 대한 거부감과 일부 교원단체 소속 교사들에 편승되고 있나는 비판 등 다양하다. 경기도교육청에서 운영하고 있는 교원리더십아카데미는 일반 교사를 대상으로 철저한 모듈식 공동프로젝트형으로 운영하여 한 학교의 리더로서 갖추어야 할 역량을 개발하는 연수프로그램으로 6개월 집중과정으로 운영하고 있는데, 교장자격 미소지자 공모제의 활성화를 위한 하나의 대안으로 떠오르고 있다. 일부에서 문제를 사전에 유출하는 등의 교장 공모제의 허점을 이용한 일탈을 일삼아 많은 비판을 받는 있는 것도 사실이다. 하지만 교장 공모제 운영 시 교육공동체의 참여를 확대하기 위해 온라인을 활용한 심사 및 전자투표 제도 등을 도입하고 있는 등 공정성뿐만 아니라 민주성 등 교장 공모제 본래의 장점을 최대한 살리기 위해 자가성장을 거듭하고 있다. '구더기 무서워 장 못 담그는' 어리석음을 벗어나 문제점을 보완하고 업그레이드해야 한다.

필자를 포함한 미자연은 교장 공모제의 전면 확대 시행을 과감히 제안하고자 한다. 교장 공모제의 전면 확대 시행은 현재의 국가공무원 체제에서 제한적으로나마 민주적 학교자치의 방향으로 나아가는 최선의 제도이기 때문이다. 승진에 매몰된 경직된 교직사회 문화에서 탈피해 준비된 교장, 교육공동체의 선택, 민주적 학교문화, 학교자치로 대변되는 중요 키워드를 담을 수 있고 더 나아가 혁신학교를 넘어 미래학교로 확장되는 현재의 교육 담론을 추동할 수 있는 인사제도 혁신의 중심엔 교장 공모제가 있다.

책임교육은 신뢰를 기반으로 인사제도 혁신부터

학교 책임교육은 '주장'과 '구호'만으로 이루어지지 않는다. 컵에 따를 수 있는 물의 양과 대접에 따를 수 있는 물의 양은 다르다. 컵에다 대접에 들어갈 양의 물을 부으면 물은 흘러넘치기 마련이다. 책임질 수 없는 시스템에서 책임지라고 하면, 흉내만 내는 복지부동 아니면 일탈밖에 없다. 불신의 토대 위에서 '명령'과 '통제'를 도구로 하는 시스템에서 책임을 강요하는 것은 폭력이다. 지역 공동체가 모두 참여하는 공모제를 통해 인사제도 혁신을 이루는 것이 한 아이도 포기하지 않는 책임교육의 시발점이다.

<참고문헌>
경기도교육연구원(2019). 교장 공모제도의 성과와 과제:구성원들의 인식을 중심으로. 2019-15.

지역교사 선발로 학교자치 앞당기자

― 이동성(정책연구위원)

요즘도 태어나면 한양(漢陽)으로 가야 하는 시대?

'사람은 태어나면 한양으로 가야 하고, 말이 태어나면 제주로 보내야 한다'는 속담이 있다. 지금 시대에도 이러한 속담이 유효할까? 말의 경우는 잘 모르겠지만, 사람의 경우에는 여전히 한양(서울)으로 가야 하는 시대인 것 같다. 오늘날 청년들은 서울에 가기 힘들다면, 서울 근교나 광역시에, 그것도 힘들다면 지방 대도시에 살고 싶어 한다.

이러한 수도권 및 대도시 인구 편중 현상은 과거 산업화 시대에서부터 오늘날 지능정보화 시대에 이르기까지 지속되고 있다. 대한민국 국민들은 정말로 국토의 균형발전을 바라고 있는 것일까? 만일 다수의 국민들이 국토의 균형발전에 대한 필요성을 느끼지 못한다면, 그 원인은 무엇일까? 필자는 수도권 및 대도시 인구 편중 현상의 원인 가운데 학교 교원들도 한몫을 차지한다고 생각한다.

전국 국·공립학교 교원들은 현재 국가(교육부)와 시·도교육청 차원의 선발 체제를 통해 임용되고 있다. 그러나 이러한 중앙집권적인 교원 선발 제도로는 지역사회의 가치와 의미를 제대로 이해하고, 학교자치를 실현하는 지역 맞춤 교원을 뽑기 힘들다. 이른바 지역 교원이 없기 때문에 지역 인재가 나오지 않고, 국토의 균형발전도 더딘 것일 수 있다.

학교도 협력적 거버넌스를 지향하는 시대

오늘날 세계 각국의 투자회사들은 장기적인 투자 수익을 창출하고, 기업이 사회에 이익이 되도록 하기 위해 환경(Environment), 사회(Society)뿐만 아니라, 지배구조(Governance)를 강조하고 있다. 특히, 투명하고 윤리적인 기업의 지배구조는 기업의 가치와 지속 가능한 발전에 중요한 요소이다. 이러한 지배구조 개념은 학교 교육 분야에서도 적용 가능하며, 우리는 이를 '교육 거버넌스'라고 부른다. 그렇다면 한국의 학교 교육 체제는 어떠한 지배구조를 갖고 있는가? 국가 교육을 담당하는 교육부는 시·도교육청을 관리하고, 시·도교육청은 지역교육지원청을 관리하며, 지역교육지원청은 다시 단위학교를 관리한다.

이러한 하향식(Top-down) 지배구조는 교육부-시·도교육청-지역(시·군·구)교육지원청-단위학교 사이에서 거버넌스를 구축할 때 상당한 어려움을 초래한다. 그리고 이러한 수직적인 지배구조는 지방 교육자치나 학교자치를 실현하는 데 큰 걸림돌이 될 수 있다. 이러한 맥락에서, 국가와 교육부는 자치와 분권이라는 국정철학을 실현하기 위해 상향식(Bottom-up) 교육 거버넌스를 구축하기 시작했다. 국가와 교육부는 전국 시도교육감에게 유·초·중등교육에 대한 일부 권한을 배분하거나 이양하려고 하고 있다. 이처럼 국가와 시도 차원에서는 교육 거버넌스가 시도되고 있으나, 지역(시·군·구)교육지원청과 단위학교 사이의 협력적인 교육 거버넌스는 아직까지 요원한 상황이다.

학교자치를 온전히 실현하기 위해서는 국가나 시·도교육청보다는 차상위에 있는 지역(시·군·구)교육지원청과 단위학교의 협력이 무엇보다 중요하다. 따라서 지역사회나 단위학교에 최적화된 교원을 선발하고자 한다면, 국가나 시·도교육청보다 지역교육지원청의 교원 임용에 대한 권한과 역할이 보다 강화될 필요가 있다.

객관성과 공정성의 덫에 걸려있는 교원 임용 제도

우리나라는 지역사회나 단위학교가 필요로 하는 교원을 선발하기 위해 학교나 지역교육지원청의 판단보다는, 국가나 시·도교육정의 선발 방식에 의존하는 편이다. 한국이 이처럼 교원을 선발하는 이유는 교원 임용에서 객관성과 공정성을 강조하기 때문이다.

네덜란드 출신 조직인류학자인 홉스테드(Hofstede, G)에 따르면, 한국의 조직문화는 불확실성을 회피하려는 경향이 강하다. 따라서 인간 삶에서의 불확실한 측면들을 가급적 통제하여 불확실성을 제거하려고 한다. 우리나라의 대학입시가 공정성의 함정에 빠져 옴짝달싹 못 하는 것처럼, 교원 선발도 객관성과 공정성의 덫에 걸려 있다고 볼 수 있다. 그렇다면, 우리는 이러한 객관성과 공정성의 덫에서 어떻게 벗어날 수 있을까?

학교자치를 위한 지역(시·군·구) 교사 선발제 도입

지역사회나 단위학교가 원하는 최적의 교원을 선발하기 위한 방안으로 지역교육지원청을 중심으로 하는 지역(시·군·구) 교사 선발제를 제안한다. 지역교사 선발제는 낙후된 원도심의 공동화 현상을 완화하고, 도서벽지 근무 교사의 충원 문제를 해결하며, 지방소멸과 농어촌 소규모학교의 쇠락을 막을 수 있는 묘안이 될 수 있다.

지역교사 선발제를 도입하기 위해서는 교육부나 시·도교육청이 교원 임용을 전담하는 방식을 재고해야 한다. 객관성과 공정성 담론에 함몰되어 국가 차원의 시험을 통해 1.5배수의 교원을 일차적으로 선발하고, 시·도교육청에서 면접 방식으로 교원을 선발하는 방식이 유일한 정답이 아닐 수도 있다.

유·초·중등 교원의 신분이 국가공무원이라 단위학교에서 선발하는 것이 무리라면, 차상위 교육기관인 지역교육지원청에서 지역사회나 단위학교가 필요로 하는 교원을 뽑으면 어떨까? 국가 수준의 지필 평가와 짧은 면접시험으로 지역사회와 단위학교가 필요로 하는 교원의 자질을 가늠하기는 쉽지 않아서이다.

따라서 국가와 시·도교육청은 지역교육지원청이 지역사회와 단위학교의 특성을 반영할 수 있는 임용 방법을 마련하여 지역교사를 선발할 수 있는 문을 열어주어야 한다. 예를 들면, 특정한 지역에 정주하면서 지역교육을 선도하는 인사들을 중심으로 지역교육지원청의 차별화된 교원 임용 시스템을 구축할 수도 있다.

지역교사를 선발하기 위한 제도적 상상력

그렇다면, 지역교사를 선발하기 위한 제도적 상상력을 펼쳐 보자. 첫째, 신규교사 선발과 임용 권한을 각 시군구 단위 교육장에게 위임하여 지역에 정주하면서 학교 교육을 선도하는 지역교사를 뽑을 수 있다.

둘째, 지역교육지원청은 지역사회와 단위학교에 적합한 유·초·중·고 교사를 선발할 때 지역가산점을 고려할 수 있다.

셋째, 지역교육지원청이 임용한 교사를 대상으로 시·군·구 간 전보를 제한하고, 필요 시 1:1 교류를 허용할 수 있다.

넷째, 비선호 지역에 임용된 교사를 대상으로 주거 지원을 하거나 지역별 수당을 현실화하고, 농어촌 근무 교사를 대상으로 별도의 수당을 지급할 수도 있다. 다섯째, 지역교육지원청은 지자체와 함께 조례를 제정하여 우수 교원을 유치하고, 그들에게 별도의 수당을 지급할 수도 있을 것이다.

만일 이러한 제도적 상상력이 실현된다면, 내 고장을 잘 알고 내 마을을 사랑하는 지역 인재가 점차적으로 생겨날 것이다.

지역(시·군·구) 교사 선발을 위한 과제들

앞으로 지역(시·군·구) 교사 선발제를 정착시키기 위해서는 교육 거버넌스 의 중간 조직으로 볼 수 있는 지역교육지원청의 역할과 기능을 보다 강화해 야 한다. 그리고 교육장의 권한과 역할을 강화하고 명문화해야 한다.

따라서 교육부와 시·도교육청은 지역교육지원청을 대상으로 지역교사 선 발을 위한 권한을 배분하고 위임하기 위한 법률적 기틀(지방교육자치에 관한 법률 제34조, 시행령 제6조 개정 등)을 조속히 마련해야 할 것이다.

지역교육지원청도 지역사회와 단위학교에 최적화된 지역교사를 선발하기 위해 세부적인 임용 방법과 절차(임용 계획-임용 위탁-임용 공고-임용 심사-합격자 발표-임용 확정)를 세밀하게 가다듬어야 할 것이다.

출처: 에듀프레스(edupress)(http://www.edupress.kr).

새로운 교원양성체제 제안: 당신은 좋은 교사입니까?

— 조윤금(정책연구위원)

영화 〈증인〉에서 자폐 스펙트럼 장애를 가진 한 소녀가 변호사에게 질문을 던진다. "당신은 좋은 사람입니까?" 단순한 물음이었지만 현실과 타협하는데 익숙해진 변호사에게 정말 소중한 것이 무엇인지 깨닫게 하고, 자신을 직시할 용기를 준다. 오랜만에 나도 교원으로서 스스로에게 물어본다. "나는 좋은 교사인가?"

교원양성체제 개편의 난맥상

교육부, 국가교육회의, 시·도교육청은 교원양성체제를 개편하기 위해 지난 몇 년 동안 활발한 논의를 지속해 오고 있다. 하지만 이를 위한 공론화 작업에도 불구하고, 우리는 좋은 교사를 양성하기 위한 사회적 및 정책적 합의에 도달하지 못하고 있다. 학교 교육을 둘러싼 이해당사자들의 의견과 요구가 난맥상(亂脈相)으로 얽혀있기 때문이다.

교원양성체제 대전환의 시기

우리나라의 초·중등 교원양성체제는 현장적합성과 초·중등교육의 연계성이 낮은 편이다. 특히, 학교급(초등과 중등) 간 단절과 교원 자격 제도의 경직성은 성장의 연속성과 지속 가능한 교육발전을 저해하는 요인으로 작용하고 있다. 미래교육 모델로 통합(운영)학교(초등학교와 중학교 교육과정을 연계한 9학년제 학교 모델)가 제안되지만, 이를 효율적으로 운영하려면 초등교육과 중등교육의 교육과정과 수업을 자유롭게 넘나들 수 있는 교원양성체제가 선행되어야 한다. 굳이 미래교육을 이야기하지 않더라도 좋은 교사를 양성하기 위해서는 현행 교원양성체제의 대전환이 필요하다.

초·중등교육의 연계성과 현장적합성을 높이는 교원 양성제도는?

미자연은 미래학교를 위한 학제로서 초등학교 6년과 중학교 3년 과정을 하나로 묶는 통합학교(9학년제)를 제안하였고, 이를 실현하기 위한 두 가지 방안으로 교원전문대학원(이하, '대학원') 설치 및 운영, 교·사대 실습학기제 운영을 제안한다.

① 대학원 기반 초·중등 교사자격증의 유연성 강화

초·중등교육을 아우르는 교원을 기르기 위해서는 교원전문대학원 설치와 운영을 위한 기준과 청사진이 필요하다. 대학원에 입학할 수 있는 자격 요건을 이렇게 하면 어떨까? 첫째, 졸업학점과 실습학기제(이하 참조)를 이수한 교대 및 사범대 졸업자, 둘째, 일반대학 졸업자 중 엄격하고 공정한 공개 전형을 거쳐 합격한 자.

대학원에 입학한 학생들은 특정 전공 교과를 이수하여 관련 교과(초등교과 포함)에 대한 교원자격증을 취득한다. 교·사대 출신 대학원생은 학부 때와는 다른 전공 교과를 이수함으로써 특정 교과에 대한 초·중등 복수 교원

자격증(N개)을 추가로 취득하여 통합학교에 임용될 수 있다. 그 외 대학원생은 추가적인 학점 이수를 통해 특정 교과에 대한 교원자격증을 취득할 수 있다. 기존의 교육대학원이 특정 교과 정원을 두고 신입생을 모집했다면, 이 대학원은 전체 정원만 관리하고 특정 교과 간 칸막이를 두어 제한하지 않는다. 예를 들어 빅데이터 전문가가 대학원에 입학하면 빅데이터 교원자격증을 취득하여 초·중등학교 교원으로 임용 가능하도록 하는 것이다.

혹시라도 오해는 하지 마시길. 이 제안은 초등 6학년, 중학교 3년의 현재 학제가 이어지는 한 현행 교·사대 교원양성제도 유지(졸업생 교원자격증 부여, 초·중등학교 임용)를 기본 전제로 한다. 다만, 초·중등 구분 없이 대학원에 입학하고 졸업하면 통합학교 교원으로 임용 가능하다는 것, 다양한 전문가의 교원 자격 취득을 열어두자는 것이 기존 제도와는 다른 점이다. 굳이 통합학교를 거론하지 않더라도 2025년에 전면 시행되는 고교학점제를 대비하여 일반 전문가 출신 교원을 양성하는 것이 학교 현장의 다양한 전공 교원 요구를 점차적으로 충족할 수 있는 묘안이 될 수도 있지 않을까.

② 실습학기제로 교원 양성의 현장적합성 강화하기

현행 초·중등 교원양성체제의 문제점 중 하나는 다소 분절적이고 단기적인 교육실습으로 인하여 교원교육의 현장적합성이 낮다는 점이다. 교대와 사범대 학생들은 4년에 걸쳐 참관실습, 수업실습, 실무실습 등에 참여한다. 하지만 이러한 교육활동은 교원양성기관의 교육과정과 수업에 체계적으로 연결되어 있지 못하고, 기간 또한 짧은 편이어서 교사로서 전문성을 기르는 데 한계가 있다. 따라서 예비교사들의 현장적합성을 강화하기 위해서 한 학기 동안 교육실습을 집중적으로 이수할 수 있는 실습학기제를 시행할 것을 제안한다.

좋은 교사가 다시 학교 교육의 희망이 될 수 있을까

미래사회에 행복하게 잘 살아가도록 아이들의 성장을 도우려면 우리는 무엇을 해야 할까. 아이들의 성장을 도와줄 좋은 교사를 양성하려면 우리는 어떻게 해야 할까. 교원전문대학원을 만들고, 초·중등교육의 칸막이를 없애고, 빠르게 변화하는 사회의 좋은 전문가들에게 학교 문을 연다면 가능할까?

필자가 제안한 방법으로는 너무나 부족할지도 모른다. 갈등을 불러일으킬지도 모른다. 하지만 교원양성체제를 둘러싼 이해당사자들의 입장과 견해에 따라 갈등을 불러일으킬 소지가 있다고 이 논의를 언제나 미루어두고 '19세기의 교실, 20세기의 교사'임을 자조하면서 시간을 보낼 수는 없다. 논쟁과 갈등으로 힘들어질 때는 미래사회를 주도할 우리 학생들의 교육적 성장, 그것만을 푯대로 삼고 다시 한번 시작할 수 있지 않을까? 왜냐하면, 우리는 진짜 좋은 교사가 되고 싶으니까!

만 18세 학생 의원과 정치 금치산자 교사

— 박인향(정책연구위원)

교사의 정치 기본권 박탈의 이유

정당 가입 하한 연령을 현행 만 18세에서 만 16세로 낮추는 정당법 개정 안이 국무회의를 통과했다. 이제 정치 가능 학생과 정치 불가능 교사가 한 공간에 머무는 상황이 되었다. '교사의 정치 참여'에 대한 문제를 빠르게 해 결해야 하는 시점이다. 교사들은 지난 60년간 모든 국민이 누리던 참정권이 라는 정치기본권을 누리지 못하고 정치적 금치산자로 존재해 왔다. 1949년 제헌 헌법에서부터 교사의 정치적 권리 탄압은 현재까지도 계속되고 있다.

일제 식민지 시대를 거쳐 유신체제와 군부 시절에 부조리한 사회를 바로 잡고자 외치던 학생운동의 기저에는 언제나 교사들이 있었다. 그래서 불안 한 권력은 교사를 묶어두어야 했을 것이며, 지금도 마찬가지일 테다. 오랜 기간 코끼리의 손과 발을 묶어 두면 풀어주어도 도망 못 가는 무기력한 존 재가 되듯이 외부의 억누름에 대한민국의 교사들은 정치적 기본권 제한을 당연한 듯 수용하게 되고 스스로 자기를 구속하는 존재가 되어 이 땅의 교 육을 위한 정치활동을 접어버린 것이 현실이기도 하다.

교사의 정치 참여 제한은 미성숙한 학생들에게 교사의 정치적, 편향적 사고를 주입할 것이라는 우려와 그로 인해 기득권 세력에 대한 저항이 커질 것이라는 우려에 기인한다. 교육의 정치 중립성 강조보다 학생들을 세뇌시킨다는 편견이 우선하는 것은 우리 사회가 교사 집단을 어떻게 바라보며 대우하고 있는지 가늠할 수 있는 중요한 잣대라고 생각된다. 이 논의의 중심에 주체적 판단을 할 수 있는 존재로서 학생은 있는지 되새겨볼 일이다.

정치교육과 정치활동을 착각 말자

정치적 중립성을 핑계로 교사의 정치적 기본권을 침해하는 것은 부당하다. 정치 교육을 위해 중립성을 지켜야 할 의무가 있되, 개인의 정치활동은 교사라고 해서 박탈당할 이유가 없다. 교사는 교육활동에서 당연히 종교의 중립성을 지키지만, 개인의 자유의지로 종교 활동을 할 수 있다. 법적으로 정치활동이 가능한 학생 입장에서 교사의 편향된 시각으로 정치색을 주입할 수 있다는 논리 또한 어불성설이며, 황국신민을 양성하던 식민지 시대에나 있을 법한 교사상을 벗어나지 못한 구시대적 발상이다. 학생들은 이미 교사를 상대로 세뇌, 주입, 교화에 대해 반박하며 논쟁과 토론을 할 수 있으며 법적으로도 보장받았다. 교사의 정치적 기본권에 대한 사회적 우려는 논쟁성의 원칙, 강압 금지 원칙, 학습자의 이해관계 인지 원칙을 제시한 보이텔스바흐 협약을 바탕으로 불식시킬 수 있다.

교사들의 온전한 사회 참여 활동과 실천을 기반으로 하여 사회 문제에 대한 비판의식이 교육적으로 승화될 때, 보다 나은 교육이 실현된다. 또한, 교사는 미래 교육 담론에 의견을 개진하고 정책 수립에 중요한 역할을 해야 한다. 하지만 지금까지의 교육정책은 일부 정치적, 경제적 이권을 지닌 조직의 편향된 입장을 합리화하는 목소리에 치중하는 경향이 있었다. 아이들을 위한 공적인 교육을 수행하며 공공재로서의 학교 역할을 수행하는 교사의 정치적 권리는 거의 없다. 38개국 OECD 국가나 선진국 그 어느 나라에도 찾기 힘든, 교사에 대한 정치적 박해다.

민주시민을 넘어 세계시민으로 가기 위한 민주시민교육을 실천해야

18세 피선거권 부여는 선진국처럼 일찍부터 정치가 삶과 함께한다는 것을 배울 수 있는 장을 연 것이다. 그러나 일상의 삶에서 민주시민을 넘어 세계시민으로 가기 위한 민주시민교육을 실현하기에는 교육 주체의 민주성이 아직 준비되어 있지 않다. 피선거권 하향과 함께 교사의 피선거권도 보장되어야 한다. 학생들과 사회적 현안을 정치적으로 풀어가는 숙의의 과정을 경험할 수 있게 만들기 때문이다.

살아 있는 미래교육 실현을 위해 우선 정치적으로 화석화되어 온 교사들의 정치적 감수성을 일깨워 사회 현안을 개인의 이득으로 취하며 합리화하는 것에 대한 분별 있는 의식이 성장하도록 해야 한다. 학교와 교실에서 정치교육을 회피할 것이 아니라 옳고 그름에 대한 기준이 교육적으로 소화되도록 해야 한다. 학생이 속한 지역의 현안 문제에 대해 함께 고민하고 해결 방안을 찾아가는 정치교육이 민주시민교육의 기본임을 잊지 말자.

교사 참정권을 통해 사회 변화를 꿈꾸다

정치는 삶과 동떨어진 것이 아님에도 교사는 정치와 무관한 조직으로 분류되고 교육의 최일선에 있으면서도 교육의 전문가로 사회적 자리매김을 하지 못했다. 교육정책에 대한 발언권이 없는 조직으로 정치적 화석이 되어 자율적이고 민주적인 주체로 학생에게 다가가기는커녕 경쟁 중심의 우열 의식을 생산하며 사회적 불평등을 강화하는 존재로 여겨져 왔다. 교사 조직은 능력주의에 의한 우열의 지배 관계를 당연한 순리로 받아들이며 사회 체제의 불평등한 구조를 재생산하는 역할만을 지속할 뿐이다.

꼬이고 얽힌 것을 바르게 푸는 것이 정치라는 공자의 말을 인용하지 않더라도 정치는 우리 삶의 모든 영역에 영향을 미친다. 교사 조직은 항상 열린 의식으로 기존 시스템에 대해 끊임없이 반성하고 비판하는 조직이어야 한다. 학교에서 학생들에게 중립성을 가지면서 그 외의 시·공간에서는 정치적 자유권을 행사해도 중립 의무에 위반되지 않는다는 사실을 인지하여 사회와 시대의 변화에 맞도록 교사 스스로의 위상을 변화시켜 나가야 한다.

휴직제 활용으로 교사 피선거권을 보장해야

2022년 7월 1일부터 새로 출범할 17개 시·도의회에 유·초·중등 교육전문가 출신은 거의 없을 것이다. 교직을 포기해야 하는 부담이 크기 때문이다. 결과적으로 향후 4년도 비전문가 시·도의원들이 교육전문가인 교사들을 제치고 교육에 대해 갑론을박할 것이다. 현장과 괴리된 정책에, 아무것도 못 하는 상태에서 여전히 교사들은 불평하며 교육의 주체가 아닌 수동적 위치에 머무르게 될 수도 있을 것이다. 교육전문가로서의 교사의 존재 위치는 학교에 국한되지 않는다. 의회에서도 교육청에서도 그 고뇌를 담아 정책으로 만들어내는 역량을 발휘해야 한다. 불평등과 불공정한 위기에 봉착한 우리 사회의 문제를 해결하기 위한 답은 교사의 정치적 기본권 회복에 있다. 교육의 공공성을 회복할 기회를 놓쳐서는 안 된다. 지금이 바로 그때이다.

16. 교원 임용 제도 개선

1) 현황 및 문제의식

• 교육장의 통상 임기 1~2년인 현행 제도하에서는 지방자치단체장과의 소통 및 협업에 한계가 있고, 임명직 지위로는 자치 역량 발휘에도 어려움이 있음

• 경력과 근평, 가산점을 기반으로 하는 현행 학교장 승진제도는 학교장으로서의 직무수행에 필요한 역량을 담보하는 데에 한계가 있으며, 학교장 순환전보제를 기반으로 한 임명제는 교육공동체의 요구와 학교의 특성에 맞는 책임감 있는 리더쉽을 발휘하기 힘든 구조임

• 교장 중 현행 공모제는 10% 안팎 정도이며, '초빙형'의 경우 자격증 소지를 전제로 한 형식적 절차 성격이 강해 경쟁이 거의 없어 공모제의 취지를 살리지 못하고 있음, 또한, 임기(8년)에서 제외되기에 승진 연장의 도구로 이용되고 있는 현실임

• 교감은 교장승진으로의 중간 단계가 아닌 교사의 교수 활동을 지원하는 조력자로 규정되어야 하며, 교감을 중심으로 교육행정 지원에 책임을 다하는 체제를 만들 필요가 있음

• 시도단위 교원 임용제로 신규교사의 지역별 수급 불균형이 심화되고 있으며, 농어촌 신규 발령 시 2년 만에 전보내신을 내거나 타 시도 시험 재응시하는 등의 문제가 발생하고 있음 또한, 신규 교원의 특정 지역 쏠림현상 심화로 원활한 교사 수급의 어려움이 지속되고 있음

• 경력직 교원의 경우 승진점수가 차면 도시 지역으로 이탈하는 현상이 있기에, 지역에 정주하며 마을을 살리는 교원 임용 방안이 필요함

2) 나아가야 할 방향

• 교육장과 학교장이 임명되지 않고 교육공동체의 손으로 선출되게 함으로써, 풀뿌리 학교민주주의와 교육자치 실현의 토대를 만듦(선출에 따른 권한 이양=의제15)

• 학교장의 자질 및 직무수행 역량을 갖추기 위해 학교장리더십아카데미를 운영함

• 교감 순환보직제로 학교자치력을 강화하고 실무 중심으로 교감 역할을 강화함

• 지역에 정주하며 지역교육을 일구는 교원을 위해 지역교사 선발제를 도입함

3) 핵심 과제안

① 교육장·교장 공모제 전면 시행

• 추진 방향

- 지역 교육공동체의 참여로 교육장·교장을 공모에 의해 선출함
- 임기(4년)을 보장하되, 학교장의 경우는 임기를 8년으로 제한하여 승진 연장의 수단이 되지 않도록 함
- 책임과 견제를 강화하기 위한 교육장/교장 소환제를 실시함

• 교육장 공모제 전면 시행

- 지방자치단체장에 준하는 교육징 임기 보징(4년)으로 책임행정을 구현하도록 함
- 교육장 직무수행에 대한 자기성찰과 외부 피드백 등의 평가를 거쳐 중임제(2+2년) 시행하고 평가 결과를 일반에 공개하며 부적격 교육장의 경우 주민 소환제로 퇴출이 가능하도록 함
- 교육장 공모제의 운영자율권을 시·군 교육장에게 위임함(운영의 객관성 및 신뢰성 확보를 위해 시도에서 사후 평가(또는 감사) 실시)
- 교육장 공모 시 일반시민의 직접 참여를 위해 실시간 온라인 송출 및 스마트폰 앱을 활용하여 소견 발표(면접 및 토론)를 하도록 함.(투표방식: 전자투표)

• 교장 공모제 확대

- 현재 시행되고 있는 교장 공모제의 운영 방법을 준용하여 실시하되 필요한 경우 지역의 특성에 따라 변경이 가능하며 모든 학교에 전면(100%) 시행하는 것으로 전환함
- 교장 공모제의 운영권을 학교에 전면 위임하되 심사위원 중 일부를 교육청이 추천하는 외부 위원으로 구성하며 반드시 학교공동체 구성원이 평가에 참여하도록 하며, 평가점수의 비율은 심사위원과 교육공동체가 50:50으로 함.
- 학교공동체 구성원의 참여를 확대하기 위해 실시간 온라인 송출 및 스마트폰 앱을 활용하여 소견 발표(면접 및 토론)를 하도록 함(투표방식: 전자투표)
- 임기는 4년으로 하되, 8년 이상을 금지하여 승진연장 수단이 되지 않도록 함

② 교감 순환보직제 시행

• 추진 방향

- 교장 공모제 확대 시행과 병행하여 시행 비율을 점차 확대함.
- 순환 보직형 교감의 임기가 완료될 경우 원직위(교사)로 복귀함으로써 승진이 아닌 일하는 교

감이라는 역할 규정을 명확히 함.

- 교감자격증을 부여하지 않고 중임제(2년+2년:총4년)로 운영함

• **주요 내용**

- 학교 교사 중 부장교사 등 행정 경험이 풍부한 일정 경력 이상(자격요건은 학교인사자문위원회에서 정함)의 교사를 대상으로 학교인사자문위원회의 자문을 통해 학교장이 임명함
- 초임 2년의 임기가 끝난 후 교육공동체가 참여하는 온라인평가, 심층면접 등의 중간평가를 통해 2년(총 4년) 중임제로 운영함.

③ 학교장 리더십 아카데미 운영

• **추진 방향**

- 미래교육을 대비하는 학교 리더로서의 역량을 갖춘 체계적인 학교장 리더십 역량 강화 프로그램*을 운영함

  *미국을 비롯하여 유럽의 대다수 나라는 1~2년 장기과정의 양성 과정을 통해 교장 자격을 부여하고 있음

- 기존 교장 승진체제 안에서의 높은 진입장벽을 낮추고 역량있는 교장을 양성하고자 함
- 교장 공모제 도입의 본질적 목적을 지향하면서 동시에 공모제가 실질적으로 작동 가능한 환경을 조성하기 위해 인력풀을 갖추고자 함

• **주요 내용**

- 교육감이 학교장 리더십아카데미 운영 기관(연수원, 대학원 등)을 지정하고 운영함
- 학교장이 갖춰야 할 직무역량, 리더십의 전문적 학습을 지원하는 장기(6개월 혹은 1년의 연구년 운영) 역량강화 시스템으로 세부 운영은 교육감이 정함
- 일정한 역량을 갖춘 교사를 학교장 리더십아카데미 이수 대상자로 선정하며 이에 대한 사항은 교육감이 정함

④ 지역(시군구) 교사 선발제 도입

• **추진 방향**

- 신규교사 선발 및 임용 권한을 시군교육장에게 위임하여 지역에 정주하며 지역 교육을 선도하는 교사를 임용하기 위한 제도를 도입함

• **주요 내용**

- 유·초·중등 교사의 지역(시·군·구) 선발제 도입

  ※국가공무원 체제는 유지하되 선발과 임용 권한을 교육장에게 재위임함

- 원칙적으로 시·군 간 전보를 제한하고 필요 시 1:1 교류를 허용함
- 비선호지역 등급에 따라 벽지 수당을 현실화하고 및 농어촌 수당을 신설하여 지급함
  ※지자체에서 우수 교원을 유치하도록 하는 별도 수당을 지급할 수 있는 조례 제정 유도
- 지속근무교사 심의회 운영: 순환근무제의 부작용이 아닌 지역 교육에 헌신하는 교사, 정주할
  교사를 교육지원청 단위에서 심의하여 결정하는 기구를 만들어, 10년 동안 역할 했던 교사는
  순환근무제 제외 대상 가능하도록 하는 제도를 도입함

17. 교원 양성 및 연수 제도 개선

1) 현황 및 문제의식

• 교원 양성과 임용의 연계성 부재에 따른 현장성 강화 요구가 커지고 있음
- 통합운영학교와 통합학교가 실질적 한 가족 체제를 이루려면, 교사와 교육과정이 넘나들고
  묶이면서 화학적으로 통합되어야 함
- 기존 자격증 소지 교사들의 재교육(연수)을 통해 보통학교의 화학적 통합을 추진할 필요가 있음
• 교원 양성 과정에서 교사자격증의 유연성을 갖추도록 체제 개선이 필요함

2) 나아가야 할 방향

• 초·중등교육의 연계성을 강화하는 교원양성체제를 만듦
• 생애주기별 교원연수 체제를 도입함

3) 핵심 의제(과제) 및 제안

• 초·중등교육의 연계성을 강화하는 교원양성체제 구축
- 통합학교(9학년제)와 연동한 교원전문대학원*(이하,'대학원')을 설치하고 운영함

> * 교대와 사대에 실습학기를 이수하고 졸업학점을 취득하면 자동으로 대학원에 진학, 대학원 재학
>   중 부전공을 이수(실습학기2 진행)해야 자격증 부여
> * 대학원에서는 교사대 전공과는 다른 전공을 이수해야 함
> * 교대 졸업생은 대학원에서 심화 과목을 부전공으로 선택하여, "초등(사회)"(예시)와 같은 자격증
>   취득이 가능하며, 9학년제 통합학교에서 근무함.

* 사대 졸업생은 학부 때와 대학원 때 모두 부전공을 N개(30학점) 획득하여, 융합교과 자격증을 취득하여 통합학교(고학년) 및 고등학교에서 근무함

- 교사대 실습학기제를 2024년부터 전면 실시함
• 생애주기별 교원연수 체제 도입
- (목적) 교원들의 성장과 전문성 함양을 지원함
- (체제) 5년 전후(1급정교사 자격연수-선택), 15년 전후(선임교사 연수-선택), 25년 전후(전문* 교사 연수-선택)

<생애주기별 연수 체제(안)>

경력	초임	입직 후 5년 전후	15년 전후	25년 전후
구분	추수연수	1급정교사 자격연수	선임교사 연수	전문교사* 연수
기간	2주 정도	4주 정도	한 학기 정도	한 학기 이상
비고	초임-선임매칭(선택)	선택 실시, 1호봉 승급		

*행정전문, 진로전문, 기본학력전문, 상담전문, 수업전문, 생활교육전문, 지역교육전문 등

- (생애주기별 연수) 경력별 연수 주요 내용을 달리 함
- (연수 시스템 구축) 교원 neis인사기록에 교사 자율 성장 누가기록란 추가, 교사가 근거 자료를 토대로 자율적으로 자기성장기록 작성, 관련자가 확인을 하는 시스템을 구축함. 선임교사, 전문교사 선정 시 제출 자료로 활용할 수 있는 시스템을 갖춤

구분	주요 내용
초임연수 (호봉승급없음)	선임/전문교사와 매칭하는 연수로 선배의 교육적 경험을 배워 함께 성장하는 기회를 제공함
선임교사 (호봉승급있음)	• 1급 정교사 이후 교육경력 15년 전후하여 본인 희망에 따라 교수 연구년에 준한 재충전과 성장의 기회를 제공함 • 한 학기 연수 파견, 50%는 연수원이 제공하는 의무연수교육과정 이수, 50%는 교과연구회, 학회, 공모연수, 학습공동체 등을 통한 자율연수시간 이수 후 선임교사 자격 부여 • 선임교사가 되면 1호봉 승급, 학교와 지역에서 후배교사 멘토링 의무 부여(5년 미만 교사는 선임교사, 전문교사 멘토링 시간을 자율연수시간 인정) (호봉승급 있음)

전문교사 (호봉승급있음)	• 25년 전후하여 희망교사에 한해 지원 가능, • 지원 영역은 행정전문, 진로전문, 기본학력전문, 상담전문, 수업전문, 생활교육전문, 지역교육전문 등으로 1급 정교사 이후 20여년간 전문영역과 관련한 삶의 이력을 증명하는 서류와 면접을 통해 선발 • 한 학기 연수파견을 통해 전문영역 인턴십과정을 집중 제공하여 이수자에게 전문교사 자격증 부여 • 교육지원청에 소속을 두고 단위학교 교원휴가 시 수업 지원 인력으로 활용, 지구별로 전문교사가 팀체제로 학교 실무 지원, 교원역량강화, 네트워킹 통해 학교와 지역을 연결하는 역할(지역 거점 연수 운영, 저경력 교사 정기 멘토링, 학습공동체 운영리더 등) 부여

18. 교원의 교육감 및 지방의회의원 피선거권 보장

1) 문제의식

• 교육 정책의 전문성 확보를 위한 교원의 정치 참여 보장이 필요함

 - 헌법에서 말하는 '정치적 중립'을 지나치게 확대 해석하여 개인의 참정권을 위축함

 - 선진국 대부분의 경우, 교원의 정치 진출이 보장되어 있음

• 현행 공직선거법에 따르면 초·중등교원은 교육감 선거에 출마할 때 선거일 전 90일까지 그 직을 그만두어야 함. 반면 대학교원은 그러한 제한이 없음.

 - 교육감은 교육 예·결산, 초·중·고등학교의 설치·이전·폐지, 교육과정 운영 등의 직무를 수행하므로 초·중등교원의 입후보도 대학교원에 걸맞은 수준으로 보장되어야 함에도 초·중등교원은 직을 그만두어야 한다는 부담감 때문에 교육감 선거에 입후보하기 어려움.

• 교육자치 실현을 위해서는 교육의 전문성을 가진 교원이 지방의회의원으로 활동 할 수 있는 기회를 제공해야 함

 - 교육자치를 위한 조례 제·개정 증가 되고 있고, 지방교육재정의 예산 결산에서의 교육의 전문성이 더욱 요구되는 만큼 교원의 지방의회의원 진출이 필요함

2) 나아가야 할 방향

• 헌법과 교육기본법의 취지를 제대로 살려 교원의 정치 참여를 보장함

• 초·중등교원도 대학교원과 마찬가지로 그 직을 유지하면서 교육감 선거에 입후보할 수 있도록

초·중등교원이 교육감 선거에 출마하거나 당선된 경우 휴직할 수 있는 근거 규정을 마련해야 함

- 다만, 국민 정서를 고려하여 당선 이후에는 정치인이면 누구든 겸직 금지를 명시함(대학교수 포함)

3) 핵심 의제(과제) 및 제안

• 교원의 교육감 선거 및 지방의회 선거의 피선거권을 보장함

- 교원이 교육감 및 지방의회 선거 후보로 출마할 경우, '무급 휴직'을 허용함

• 초·중등교원이 교육감 및 지방의원 선거에 출마하거나 당선된 경우 휴직할 수 있는 근거 규정을 마련함(지방교육자치에 관한 법률 제23조, 제47조 개정)

<지방교육자치에 관한 법률 일부개정법률안(강민정의원 대표발의, '21.8.24)>

현 행	개 정 안
제23조(겸직의 제한) ① 교육감은 다음 각 호의 어느 하나에 해당하는 직을 겸할 수 없다. <단서 신설>	제23조(겸직의 제한) ① ---. 다만, 제2호에 해당하는 직 중 「교육공무원법」 제2조제1항에 따른 교육공무원인 경우는 제외한다.
1. (생 략)	1. (현행과 같음)
2. 「국가공무원법」 제2조에 규정된 국가공무원과 「지방공무원법」 제2조에 규정된 지방공무원 및 「사립학교법」 제2조의 규정에 따른 사립학교의 교원	2. --- 지방공무원
3. (생 략)	3. (현행과 같음)
② (생 략)	② (현행과 같음)
제47조(공무원 등의 입후보) ① 「공직선거법」 제53조제1항 각 호의 어느 하나에 해당하는 사람 중 후보자가 되려는 사람은 선거일 전 90일(제49조제1항에서 준용되는 「공직선거법」 제35조제4항의 보궐선거등의 경우에는 후보자등록신청 전을 말한다)까지 그 직을 그만두어야 한다. 다만, 교육감선거에서 해당 지방자치단체의 교육감이 그 직을 가지고 입후보하는 경우에는 그러하지 아니하다.	제47조(공무원 등의 입후보) ① ---. 다만, 교육감 및 지방의회의원 선거에서 다음 각 호의 어느 하나에 해당하는 경우에는 그러하지 아니하다.

<신 설>	1. 해당 지방자치단체의 교육감이 그 직을 가지고 입후보하는 경우
<신 설>	2.「교육공무원법」제2조제1항에 따른 교육공무원이 교육감 및 지방의회의원 선거에 입후보하기 위하여 같은 법 제44조제1항제13호에 따라 휴직하는 경우
<신 설>	3.「사립학교법」제2조에 따른 사립학교 교원이 교육감 및 지방의회의원 선거에 입후보하기 위하여 같은 법 제59조제1항제4호의2에 따라 휴직하는 경우
② (생 략)	② (현행과 같음)

제7부. 학부모 정책

학부모 역할과 기능의 재정립으로 학부모 책임 참여 실현

<교육의제 19> '좋은 부모(양육자) 되기' 성장시스템 구축

시민이 연대하여 가정의 교육기능을 회복하자

<교육의제 20> 학부모 교육활동 참여 법제화

책임교육의 동반자, 학부모회가 그들만의 리그일 수는 없다

"학부모의 책임 있는 참여를 위해
학부모 시스템을 마련하고,
학부모회 자치 기능을 확대합니다!"

시민이 연대하여 가정의 교육기능을 회복하자

— 김명진(정책연구위원)

좋은 부모(양육자)가 되고 싶다는 바람, 개인의 문제인가?

모든 인간이 처음으로 접하는 사회는 가족이다. 세상에 나온 순간 아이는 그를 돌보는 부모(양육자)를 통해 첫 사회를 경험한다. 말을 배우기 전부터 눈빛과 몸짓, 미소와 울음으로 기본적인 욕구를 해결하고 차츰 타인과의 소통을 학습한다. 아이는 말을 배우고, 친구가 생기고, 학교에 간다. 그렇게 사회의 크기를 넓혀가며 어른이 된다. 그리고 다시 누군가의 부모(양육자)가 된다. 자연스러운 삶의 여정인 듯 보이지만, 누군가의 양육자가 된다는 것은 쉽지 않은 모험이다.

여러 TV 채널에서 상담 프로그램을 방영한다. 아이의 행동을 관찰하며 전문가가 문제를 진단하고 부모는 눈물을 흘린다. 성인을 위한 상담 프로그램도 인기다. 여유롭고 즐겁게 살고 있는 것처럼 보이는 대부분의 내담자들이 해결하지 못한 채 가슴에 묻었던 어린 시절 겪은 부모와의 갈등 문제를 꺼내며 눈물을 흘린다. 생각해 보면 예전에도 비슷한 프로그램이 있었다. 아이의 문제 행동에 대한 분석과 해결책을 제시하고 부모에게 양육 코칭을 하여 아이의 변화를 유도하는 내용이었다.

시간이 흘러도 비슷한 프로그램이 인기를 얻고 있는 이유는 많은 사람이 양육의 어려움에 공감하고 해결을 위해 전문가의 도움을 필요로 하고 있기 때문일 것이다. 만약, 우리 사회에 양육이 무엇인지, 부모의 역할이 무엇인지에 대한 교육을 받을 수 있는 체계적 지원시스템이 있다면 어떨까? 가정에서 발생하는 양육과 교육의 문제를 오롯이 개인이 해결할 것이 아니라, 사회의 시스템으로 지원받을 수 있다면 가정에서 부모와 자녀의 관계가 어떻게 달라질 수 있을까? 가정에서 행복한 부모와 자녀가 학교와 사회에서 긍정적 역할을 하며, 현재 그리고 미래에 조금 더 행복한 삶을 살지 않을까?

좋은 부모(양육자)가 되는 방법, 어떻게 접근할 것인가?

우리 정부와 대다수의 지자체는 이미 다양한 방법으로 좋은 부모가 될 수 있는 방법을 안내하고 있다. 여성가족부에서는 '좋은 부모, 행복한 아이'라는 관점에서 자녀의 성장주기별 필수 정보를 제공하고 있다. 여가부 홈페이지에는 부모교육을 위한 매뉴얼과 동영상 자료가 가득하다. 지자체에서도 출산과 양육을 위한 다양한 지원 제도를 마련하여 실현하고 있다. 실제 지자체마다 차이 나는 출산 장려 지원금과 육아 지원 프로그램 등이 이슈가 되기도 했다. 그런데 왜 넘쳐나는 콘텐츠에도 불구하고 아이를 키우면서 만나는 여러 가지 문제 앞에서 막막해질까? 왜 행복한 부모(양육자)가 되는 것이 나의 삶과 연관 지어지지 않을까?

좋은 부모(양육자) 되기 위한 교육기회, 사회·제도적 시스템 지원 필요

좋은 부모(양육자) 교육을 받을 수 있는 사회·제도적 지원시스템이 필요하다. 첫째, 좋은 부모(양육자)가 되기 위한 교육내용의 정비가 필요하다. 자녀의 성장단계에 맞춘 현재의 프로그램을 모든 시민으로 대상을 넓혀 생애 주기별로 체계화한다. 결혼 전 부모가 되기 위한 건강한 신체와 정신에 대한 이해, 태교와 출산을 준비할 수 있는 임신기 교육, 영·유아기 아동의 결정적 시기에 따른 부모의 역할 교육, 아동·청소년기 부모를 위한 학교 교육 시스템 및 상담교육, 자녀의 독립과 본인의 노후 설계를 위한 교육 등 모든 국민이 건강한 시민 부모로 역할할 수 있도록 평생학습의 관점에서 생애 단계별로 교육내용을 체계화할 필요가 있다.

둘째, 좋은 부모(양육자)가 되기 위한 교육기회를 보장하는 제도적 지원이 필요하다. 만 18세 이상 성인 희망자 누구나 교육을 받을 수 있도록 기회를 보장해야 한다. 이를 위해 부모교육을 위한 유급휴가를 보장하는 제도가 필요하다. 우리 사회에서 아빠가 육아휴직을 사용하기까지도 시간이 꽤 걸렸고, 공무원과 공기업을 제외하면 아직까지도 육아시간을 보장받는 엄마들도 많지 않다. 이런 상황에서 부모교육을 위한 유급휴가가 가능한가에 대한 의문이 든다. 회사에서 누군가의 빈자리가 생긴다면 다른 사람이 채워야 한다는 부담이 크다. 이를 해결할 수 있는 방법으로 스웨덴의 Vikarie(대체인력) 제도를 참고할 수 있다. 혹은, 기존의 연가보상제를 확대하여 부모교육 휴가와 연계할 수도 있을 것이다.

셋째, 좋은 부모(양육자)가 사회에서 선순환적 기능을 할 수 있는 제도가 필요하다. 그 하나는 교육 이수의 양적 확대를 위한 이수자 보상체제의 마련이고, 다른 하나는 질적 확대를 위한 인력관리체제의 마련이다. 교육 이수자를 위해 지역 경제 활성화 대책과 연계한 이수 주기별 보상체제를 마련하고 우수 수강자로 강사 인력풀을 구성하여 경제활동 기회를 제공할 수 있다. 이를 통해 지역 경제 활성화에 도움을 줄 수 있고 경력단절문제 해결에도 작은 보탬이 될 수 있다.

넷째, 좋은 부모(양육자) 되기 시스템을 총괄할 수 있는 주체가 필요하다. 지자체에서 부모 네트워크 플랫폼을 운영할 것을 제안한다. 지방자치단체가 중심이 되어 지역의 상황에 알맞은 부모교육 프로그램을 개발·운영하고, 자녀와 부모 및 가족의 심리·정서적 지원을 돕는 시스템을 마련하여 누구나 쉽게 접근하여 도움을 주고받을 수 있는 구조를 만드는 것이다. 말 그대로 좋은 부모가 되는 것을 지원하는 센터로서, 지역과 학교를 연결하는 시민교육 허브 역할을 하는 플랫폼이다. 동시에 지역의 시민이 교육에 대해 자유롭게 의견을 나누며 지역교육의 문제를 해결해 나가는 교육자치의 터전이 될 수 있는 플랫폼이다. 부모교육 수강자에게 지역화폐형 자녀교육지원금 지급, 출산을 앞둔 부모에게 출산용품 지급 등의 보상 관리 총괄, 강사 인력 풀 구성 및 활동 지원, 지역교육을 위한 정책제안 활동 등을 통해 그 실효성을 높일 수 있다.

미래의 좋은 부모(양육자)를 키우는 사회로 나아가기

부모를 바로 세우고, 시민이 연대하여 가정의 교육적 기능을 회복한다면 우리가 바라는 이상적인 사회에 조금 더 가까워질 것이다. 지금 우리 사회는 출산율 저하, 생산인구의 감소, 고령화 사회 도래 등 인구 구조 변화의 위기에 직면해 있다. 이런 상황에서 육아, 자녀 발달, 교육정책 이해, 가족 이해 및 자녀 독립 등 실질적인 지원을 통해 인적 자원의 역량을 높이는 동시에 그 결과가 사회에 긍정적으로 기여할 수 있도록 하는 정책의 실현을 경험하고 싶다.

부모교육은 사회 문제 해결뿐 아니라 성숙한 시민의식 함양을 촉진하여 사회발전의 원동력으로 활용할 수 있다. 아이들은 가족 구성원이자 사회 구성원이다. 탄탄한 지역의 인프라를 통해 아이를 낳아 키우는 일을 사회와 함께할 수 있다면 인구절벽의 위기를 극복해야 한다는 큰 과제를 가진 새로운 정부에 도움이 될 것이다. 부모교육의 정체성을 확립하여 지역 인적 자원의 역량을 기르고, 그 긍정적 효과가 사회·경제적 효과로 선순환할 수 있는 구조를 마련하는 정부의 탄생을 기대한다.

책임교육의 동반자,
학부모회가 그들만의 리그일 수는 없다

— 이미진(학부모위원)·최진욱(정책연구위원)

아이와 함께 배우는 부모, 학(學)부모

아이를 학교에 보내면 부모는 자연스럽게 학부모가 된다. 학부모회장과 학교운영위원 활동을 하면서 '학부모'란 무엇인지 고민이 많았다. 나는 사전적 의미와는 다르게 학부모의 '학(學)'자를 말 그대로 적용해 학부모를 '배우는 부모'라고 풀이하고 싶다. 학부모가 되면 20~30년 전 본인이 다니던 학교와는 많이 다르게 변화된 학교에 적응하기 위해 모든 걸 아이와 함께 다시 배우는 부모가 된다. '학생'의 부모이자, '다시 배우는' 부모가 된다. '學부모'는 학생들과 함께 배우면서 성장하는 진정한 학교의 구성원이 된다.

학교 밖 마을교육공동체와 함께 연계한 마을교육과정과 체험활동들이 대표적인 학부모들의 교육과정 참여 사례이다. 실제 초등학교 5~6학년의 사회 교과 수업에 학부모와 마을교사들이 함께했던 '나만 장원이오. 나만 산성 가니(남한산성과 함께하는 내 고장 역사)'라는 프로그램에 참여하며 학부모인 우리도 우리 고장의 역사를 배울 수 있었다. 이러한 프로그램들은 현재에도 많은 교육청에서 진행 중이고, 점차 확산되고 있다. 변화하는 교육과정과 교육환경에서 학부모는 지역과 학교와 함께 새로 배우고 익히고 있다. 학부모의 교육과정 참여에 대한 제도적 뒷받침이 필요한 때이다.

학부모회, 그들만의 리그는 아니야

교육 주체의 자치조직으로서 학생회가 있듯 학부모회도 있다. 하지만, 학생회만큼 학부모회가 자치기구로서의 구성과 역할에 제대로 체제를 갖추고 있는지 의구심이 든다. 법률과 조례에 학부모들이 학교운영위원회와 각종 위원회 참여를 보장하고 있지만, 실질적인 교육과정 참여는 이루어지지 않고, 봉사조직이나 자리 차지 정도로 여기고 있는 것이 현실이다. 행사 때마다 무슨 회의 때마다 참여해야 하는 일반 학부모들은 부담스럽기만 하다. 그러다 보니 학부모회를 그저 '그들만의 리그'로 바라보는 경향도 있다.

교육과정에 학부모가 참여하게 되면 시간은 문제가 되지 않는다. 봉사조직이 아니기 때문이며, 자리만 차지하는 장식도 아니기 때문이다. 실질적인 교육활동에 참여함으로써 학생과 함께 배우고 성장하고 진정한 교육 주체가 될 수 있도록 법률이 보장해야 하는 본질이다. 교육과정에 직접적으로 참여함으로써 부모회의 위상까지 제대로 세워야 한다.

학부모의 위원회 참여 법제화가 필요하다

하지만, 학부모들에게 교육과정은 어렵다. 정보가 너무나 부족하다. 학부모들이 교육과정에 대한 배움이 일도록 교육청이 연수나 아카데미를 지원할 필요가 있다. 초·중등 교육과정 편성 및 운영에서 학부모의 참여를 보장하도록 법률적 강제성을 부여할 필요도 있다. 학부모의 교육과정 참여야말로 학교와 학생 그리고 학부모가 정보를 공유하고 서로를 이해하며 우리의 아이들에게 더 좋은 교육을 실천하는 방법이기 때문이다. 이것이 학부모의 진정한 학교 교육활동 참여인 것이다. 또한, 학부모회 임원이나 대의원이 아니더라도 참여 보장은 확대되어야 한다.

아울러 학부모회 선출과정에 대표성을 부여해야 하며, 의견 수렴 체제를 법률화해야 한다. 각종 위원회에 참가하는 학부모 대표는 전체를 대변하는 대변자이기 때문이다. 보안 사안이 아닌 이상 본인이 속한 여러 위원회 정보가 학부모들 간에 공유되어야 한다. 이와 같은 학부모회의 자치 활동으로 모든 학부모가 간접 참여하는 방식이 이루어져야 한다. 또한, 학부모의 학생 교육활동 참여는 물론이고, 학부모 스스로를 위한 활동도 필요하다. 앞서 언급한 교육과정에 대한 배움 활동은 물론, 다양한 교육 정보를 알아가는 활동, 학부모 스스로의 성장을 위한 활동 등 학부모회가 실질적인 자치 활동이 이루어지도록 제도와 재정이 뒷받침되어야 한다.

조례에는 강제성이 없다. 예산 지원도 거의 없다. 의무도 없을 뿐더러 권한도 명확하지 않다. '초·중등교육법' 개정으로 학부모회 설치와 운영에 대한 조항을 신설하고, 조례에서는 세부적으로 다양한 존재 방식과 예산 지원을 규정해야 한다. 법으로 학부모의 교육과정 참여와 각종 위원회 참여를 강제하고, 구성과 역할에 대표성이 보장되도록 규정하며, 예산 편성과 운영에 대한 사안도 자치기구의 위상에 맞도록 제·개정되어야 한다.

학교 교육 참여의 진정한 동반자 학부모회

법률의 미비로 학부모의 권리와 권한, 의무와 책임의 소재가 불분명하여 학부모들의 학교 활동에 대한 입지만 더 좁아졌다. 이러한 이유로 교육청이나 학교 관계자는 학부모에 대해 교육을 받아야 하는 계도의 대상으로 생각하기도 한다. 학부모가 더 성장하고 발전할 수 있는 힘은 학교 활동에 대한 권한과 동시에 책임의 부여다. 이는 학부모의 학교 활동에 대한 책임으로 이어지고 학부모가 학생이 올바르게 성장하도록 노력해야 한다는 책임도 함께하겠다는 의지를 돋우는 행정이기도 하다. 학부모는 학교가 교육을 하고 계도해야 하는 대상이 아닌 교육에 대한 다양한 연수를 공유하고 같이함으로써 함께 성장하고 발전하는 교육의 진정한 주체이고 동반자다. 많은 학부모는 말한다. '학교 교육활동 참여 법률화로 교육공동체답게 진정한 동반자이고 싶다고.'

19. '좋은 부모(양육자) 되기' 성장시스템 구축

1) 현황 및 문제의식

- 아동학대, 가정폭력, 학교폭력 등 다양한 사회문제 대응을 위한 부모교육 요구가 커짐
  - 학대와 폭력의 피해자가 가해자로 악순환되는 현상의 원인이 학교에 국한되지 않기에 사회적 처치가 필요함
  - 부모교육은 사회문제해결뿐만 아니라 성숙한 시민의식 함양을 촉진힘으로 사회발전의 원동력으로 활용될 수 있음
- 양육과 교육을 개인과 가정을 넘어 사회의 공적 책임으로 바라보는 인식이 필요함
  - 현재의 좋은 시민이 미래의 좋은 시민을 키워 모두가 함께 성장하는 사회 체제를 마련함
  - 출산률 저하, 생산인구의 감소, 고령화 사회 도래 등의 인구 구조 변화를 반영하는 실질적인 부모지원정책이 필요함
  - 가정의 형태, 마을의 형태가 다양화하는 시대적 변화를 담는 동시에 그 결과가 사회에 긍정적으로 기여할 수 있는 정책이 필요함

2) 나아가야 할 방향

- 부모(양육자)의 역할과 가정의 교육적 기능을 회복할 수 있는 부모(양육자) 교육 시스템을 만듦
- 부모 교육의 정체성을 확립하여 부모가 교육의 주체, 지역사회의 주체로 역할하도록 지원함
- 사회적 관심과 합의에서 출발하는 부모교육내용을 보편화하고, 방법을 체계화함
- 부모 교육의 긍정적 효과와 사회적·경제적 효과가 선순환할 수 있는 구조를 마련함

3) 핵심 과제안

- 자녀 성장단계별 부모(양육자) 성장 시스템 구축
  - (내용) 생애주기별 부모(양육자) 성장 시스템을 구축하여 만 18세 이상 성인 희망자 누구나 교육을 받을 수 있도록 제도화하고 유급휴가로 보장하고 이수자 보상체제를 마련함
  - (보상체제) 이수 주기별 지역화폐를 제공하고, 우수 수강자 강사인력풀 구성하여 경제활동 기

회를 제공함

- (기대효과) 지역화폐 사용으로 인한 지역 경제 활성화, 강사 활동을 통한 경력단절 문제해결, 부모(양육자) 교육의 대상 확장에 따른 사회적 인식을 높임
- (과정 예시)

구분	결혼기	임신기	영유아부모기	아동부모기	청소년부모기	청장년부모기
공통 과정 (주기적 재교육)	아동학대예방교육					
주기별 맞춤과정	-부부되기 -임신 전 건강한 몸과 정신 등	-태교 및 출산 준비	-결정적 시기에 따른 자녀양육법	-학교생활 적응 -학부모 상담 교육	-자녀대화법 -생활교육 -자녀독립 준비	-자녀의 독립과 노후 설계
시행 주체	지방자치단체			시·도교육청		지방자치단체

• '좋은 부모(양육자) 되기' 지원 프로그램 운영

- (내용) 좋은 부모(양육자)가 지역의 좋은 시민으로 지속적인 역할을 할 수 있도록 지방자치단체 중심의 부모 네트워크 플랫폼을 운영함
- (역할) 부모(양육자) 교육 프로그램 개발 및 운영, 자녀와 부모(양육자) 및 가족 상담, 지역과 학교를 연결하는 시민교육 허브, 부모(양육자) 교육 이수 관리 및 우수 이수자를 강사로 양성하는 역할 등
- (장기 과제) 좋은 부모(양육자)가 좋은 시민으로 연계될 수 있는 지속 가능한 평생교육 체제를 만듦

20. 학부모 교육활동 참여 법제화

1) 현황 및 문제의식

• 학부모의 집단적인 교육참여권은 헌법상 보장되는 학부모의 교육권에서 직접 도출됨

> "헌법상 부모의 자녀에 대한 교육권은, 비록 명문으로 규정되어 있지는 아니하지만, 이는 모든 인간이 누리는 양도할 수 없는 불가침의 인권으로서, 혼인과 가족생활을 보장하는 헌법 제36조제1항, 행복추구권을 보장하는 헌법 제10조 및 "국민의 자유와 권리는 헌법에 열거되지 아니한 이유로 경시되지 아니한다"고 규정하는 헌법 제37조제1항에서 나오는 기본권이다.(헌재 2000.4.27.98헌가16등). 학부모가 학생의 교육과정에 참여할 당위성은 부정할 수 없다(1999.3.25. 97헌마30).

- 학교자치의 온전한 실현을 위해 교육 주체로서의 학부모 역할에 대한 법적 지원 확대 요구가 커짐
  - 학부모의 학교 교육 참가권은 학교자치가 활성화되고 학생과 학부모가 교육 주체로서 학교 교육활동의 의사결정의 한 주체로서 권리를 행사할 수 있도록 제도화, 정책화해야 한다는 담론이 형성되고 있음
- 시·도교육청별로 정책적 측면에서 '학부모참여지원사업*', 제도적으로 '학부모회조례 제정**' 등을 실행하고 있음

  *교육 주체의 일원으로서 학부모 학교참여를 통한 학교 교육의 질 제고'를 목적으로 활발하게 추진 중

  **학교의 학부모회 설치와 운영에 관한 사항을 정하여 효율적인 학부모회 운영을 도모하고, 학부모들이 교육공동체의 일원으로 교육활동에 참여하여 학교 교육 발전에 이바지함을 목적으로 함

- 학부모가 학교공동체의 핵심 주체로서 학교 교육에 참여토록 확대할 필요가 있음
  - 과열된 교육열이 부각되기 보다 학교자치기구의 하나로 학부모의 교육에 관한 권리를 실질화하고, 교육의 자주성을 위한 협력적 참여를 강화하는 방향으로 학부모의 학교 참여 및 역할에 대한 법적·제도적 지원을 보장할 필요가 있음

2) 나아가야 할 방향
- 학교 교육과정의 기획·운영·평가 등 모든 측면에서 학부모 참여의 실효성을 높임
- 학교 교육의 비전을 공유하고 교육에 대한 책임을 함께할 수 있도록 학부모의 역할을 재정리함
- 학교자치와 학교 거버넌스 측면에서 학부모의 교육참여권과 학교 운영의 협력적·민주적 의사결정 기회를 보장함

3) 핵심 과제안
- 학교 교육과정위원회 학부모대표의 참여를 보장하도록 법제(률)화함
  - 학교 교육과정 운영에 대한 학부모의 책임과 권한을 보장함
  - 학교 교육과정위원회에 학부모 위원이 반드시 참여하도록 제도화함
  - 자율발행 교과서 심의에 학부모의 참여를 보장함
- 학부모참여지원사업을 확대함
  - 학부모회의 예산을 확대하고, 편성·운영권을 보장함(정산 연수 시행)

- 학부모회 주관 학부모교육, 학부모네트워크 운영 등 활성화할 수 있도록 지원함
• 학교운영위원회-학부모회 간의 연대와 협력을 강화함
- 학부모회의 장이 학교운영위원회의 당연직으로 참여할 수 있도록 법령을 정비함

잘 꿰어져 영롱하게 빛나는 교육정책 구슬 서 말
— 곽노현(전 서울특별시교육감, 징검다리교육공동체 이사장)

미래학교자치연구소가 큰일을 해냈습니다. 다음 정부가 채택해야 할 바람직한 교육정책을 대선공약형식으로 다듬어낸 것이 그것입니다. 꼼꼼하게 살펴보니 지금까지 나온 어떤 대선공약안보다 더 효과적으로 교육현장을 바꿀 정책대안들이 집대성되어 있습니다. 역시 유·초·중등교사들이 유·초·중등교육의 최고 전문가들이라는 생각을 금할 수 없습니다. 향후 5년 안에 이렇게만 유·초·중등교육이 바뀌면 얼마나 좋을까 싶습니다. 아니, 이렇게 방향을 잡아 일관되게 변화를 추구하면 반드시 바람직한 모습으로 바뀔 게 틀림없습니다.

5년마다 국민의 집단지성과 집단의지가 각축하는 대통령선거를 앞두고 교육전문단체가 대선의제집을 내놓는 게 당연하지 뭐 호들갑을 떨 일이냐고 생각하실 분들도 계실 것 같습니다. 막상 해보면 정말 어려운 작업입니다. 탄탄한 자료수합과 집단학습은 물론이고 치열한 토론과 논쟁, 설득과 조정과정을 거쳐야 합니다. 그 과정에서 크고 작은 수많은 대안이 제출되고 기각되며 조율됩니다. 서로 지칠 때쯤 돼야 간신히 최종타협안이 모습을 드러냅니다. 이런 과정을 함께한 내부자들에게는 최종안이 나름대로 함함하지만, 세상에 나오는 순간 좋은 평가를 받기가 쉽지 않습니다.

교육정책만큼 가치지향과 이해관계, 욕망구조가 강하고 복잡하게 얽혀 있는 정책분야는 찾기 어렵습니다. 더군다나 지금처럼 대전환의 시대에는 교육

정책이 이념적, 정치적 갈등과 투쟁의 최전선에 있게 마련입니다. 기후위기시대, 인공지능시대, 전염병시대, 경제양극화시대, 미중격돌시대가 요구하는 교육대전환, 더 이상 늦출 수 없습니다. 바람직한 대전환시대로 나아가기 위해서는 현재의 능력주의 이데올로기와 1인1표 대의민주주의, 그리고 신분대물림 교육체제를 바로잡아야 한다는 데 이견이 없습니다.

교육은 1인 1표 민주정치와 함께 부모계급대물림에 맞서는 보통사람들의 사회적 무기여야 합니다. 인간존엄성에 토대를 둔 1인 1표 민주주의를 뒷받침하는 데 필요한 개개인의 지식과 태도, 역량을 길러내는 유일한 방도입니다. 지금의 경제조건이라면 우리 사회는 얼마든지 계급세습에 맞설 세계 최고의 교육을 제공할 수 있습니다. 종래의 지식위주 학교교육과 학령기 고등교육을 뛰어넘어 모든 이에게 두 가지를 더 제공해야 합니다. 다양한 삶의 기술을 가르치는 학령기 인생학교시스템과 평생 아무 때나 접근 가능한 최고의 고등교육시스템이 그것입니다.

위에서 저는 은연중에 대선정책에 대한 저의 평가기준을 일부 내비쳤습니다. 미래학교자치연구소의 대선의제들이 교육대전환의 충분조건은 아닐지라도 필요조건인 것만은 틀림없습니다. 참 어려운 대선공약 성안작업을 기어이 완수해내신 미래학교자치연구소의 지도부와 그 집단지성의 과정에 기꺼이 참여해서 작품을 만들어내신 회원 여러분의 노고에 깊이 감사드립니다. 덕분에 교육 본질에 부합하고 학교현장에 적합한 실효적 교육정책안을 우리 사회가 갖게 되었습니다.

더 이상 아이들을 자본을 위한 2세대 노동력으로 양성할 순 없다. 노동력이 아니라 '인격체'로 성장하도록 지원하는 '탈자본' 교육, 이것이 우리의 참된 대안이다!

─ 강수돌(고려대학교 명예교수)

초연결, 지능정보사회로의 진입은 '배움'을 통한 자기 실현의 문제가 얼마나 중요한지 일깨워주고 있다. 디스토피아를 통해 유토피아를 그려내는 힘이 배움에 있기 때문이다. 미자연이 제시한 교육의제에는 그런 꿈이 살아 꿈틀거린다.

─ 한희정(실천교육교사모임 회장)

급속한 사회변화와 코로나19 위기를 겪으며 교육의 대변화를 모색해야 하는 시기에 대통령 선거에서는 교육만 과거로 가자는 안타까운 현실입니다. 그래도 묵묵히 학교 현장을 지키는 실천가들이 미래교육의 길을 열심히 찾고 있습니다. 이 책은 현장 교사들이 고민하고 실천한 결과를 모은 것으로, 귀담아 들을 가치가 있습니다. 현장의 목소리에 귀를 기울이고 길을 찾는다면 미래교육이 분명 가까이 다가올 것을 믿습니다.

─ 김영식(좋은교사운동 공동대표)

의제 작성 및 집필진

강은주 경기도에 있는 초등학교 교사입니다. 2020 한국교육개발원 교육정책네트워크 교육현장 모니터단, 2021 한국교육개발원 교육정책네트워크 자문단과 편집위원으로 활동하였습니다. 교육정책에 관심을 가지고 교육 현장의 목소리를 전달하며, 변화하는 사회에서 교육의 역할과 방향에 대해 고민하고 계속 학습하고 있습니다.

김명진 경기도용인교육지원청 장학사로 근무중입니다. 우리 사회 모든 아이들이 행복하게 배우고 성장하여 자신을 사랑하고 타인을 존중하는 훌륭한 시민으로 성장하기를 바라는 교사이자 학부모입니다.

김은정 방교초등학교병설유치원 교사입니다. 사랑스러운 아이들과 행복하게 교육현장에 있습니다. 미래는 우리 아이들의 것이기에 어른들이 아이의 눈으로 세상을 바라보길 희망합니다.

김삼향 경기도교육청 장학사로 근무하고 있습니다. 학교교육과정을 통해 학생들이 자기다운 삶을 살아갈 수 있기를 바랍니다. 미래학교자치연구소에서 선생님들과 소통하며 학교를 지원할 수 있는 방법에 대해 고민하고 작은 실천을 해나가고 있습니다.

김현정 경기환경운동연합 사무처장으로, 생명·평화·생태·참여를 핵심가치로 삼아 지구촌 모든 사람들과 힘을 합쳐 우리와 미래세대를 위한 지속가능한 세상을 만들어가기 위해 지역에서 활동하고 있습니다. '하나 뿐인 지구' 보전을 위해 지속가능발전교육이 학교현장에서 체계적으로 실행되기를 바라는 마음으로 함께하고 있습니다.

남혜정 경기도화성오산교육지원청 장학사로 근무하고 있습니다. 교사와 학생의 균형적인 행위주체성에 관심을 가지고 고민하고 있습니다. 미래 학생과 미래 교사는 그 어느 때보다 배움과 가르침의 유기적인 관계와 협력을 요구합니다. 배움의 곳에서 학생과 교사 모두 성장할 수 있도록 돕고자 합니다.

박은혜 이화여대 교수, 미래학교자치연구소 고문입니다. 미국 아리조나주립대학교에서 박사학위를 받았으며, 주요 연구분야는 유아교사교육과 유아교육정책입니다. 국제적으로도 활발히 활동하여 세계유아교육기구(OMEP)의 아시아태평양 지역 회장 역임, 세계유아교육기구 세계 회장을 맡고 있습니다. 현재까지 100여 편 이상의 논문을 국내외 학술지에 발표하였고, 30여 편의 책을 집필하였습니다. 저서 『유아교사론』은 가장 널리 사용되는 교재이며, 『영유아 안전교육』은 문화체육관광부로부터 우수도서상을 수상하였습니다.

박인향 풍덕고등학교에 근무하고 있습니다. 교육을 통해 인간이 인간답게 존엄한 가치로 사는 세상과 다 함께 잘사는 대동 세상의 꿈을 꿉니다. 학생들이 시민으로 성장하도록 학교 공간에서 마음껏 실험하고 도전하고 실패하는 과정 속에 진짜 '나'의 모습을 찾아 인류에 공헌하는 소중한 사람으로 컸으면 합니다. 현실적으로 마련된 학생들의 정치 참여가 이 가치를 만들어내는 데 도움이 되었으면 합니다. 교사정치학교 2기 대표로, 교사정치학교는 교사들이 사회 참여를 위한 시민운동가로 성장하며 지역사회 변화를 추동하는 교사 조직으로 발전하는 일을 하고 있습니다.

서화니 다원유치원 원감 서화니입니다. 돌봄의 문제를 지협적으로 보는 관점에서 생태계가 서로를 돌보는 관점으로 변화하기를 제안해보았습니다.

손민아 경기도 중학교 영어교사로 근무하고 있습니다. 공교육의 공공성을 중요한 가치로 생각합니다. 그래서 모든 학생의 성장을 중심으로 맞대어 앉아 협업하는 학교공동체에 관심이 많습니다. 학생이 자신의 삶의 지평을 교육과정과 수업에서 넓힐 수 있도록 학교혁신과 학교자치 실현을 위해 공부하고 실천하고자 합니다.

손연아 단국대학교에서 통합과학교육 박사학위를 취득하고, 미국 하와이대학교에서 Post-Doc., 교환교수 과정을 통해 지속가능발전교육에 대해 연구하였습니다. 현재 단국대학교 사범대학 과학교육과 교수, 단국대학교부설통합과학교육연구소 소장으로 있으며 지속가능발전교육 이론정립과 실행모델 개발 연구와 집필활동을 하고 있습니다.

신철균 학교 교육현장과 중앙의 교육 정책을 두루 경험하고 이론과 실천을 겸비한 교육 전문가입니다. 경기도교육청의 중·고등학교 교사로서 사회에 첫발을 내딛었습니다. 이후 서울대 교육학과 대학원에서 교육학(교육행정학) 박사 학위를 취득한 후 교직을 퇴직하고, 우리나라 교육정책의 싱크탱크인 한국교육개발원에서 연구위원과 초·중등교육연구본부장을 역임하였습니다. 또한 교육부에서 장관정책보좌관으로서 근무하며 국가 교육 정책의 메커니즘을 경험함과 동시에 교육 현장의 목소리가 국가 교육 정책에 전달될 수 있도록 노력하였습니다. 현재 강원대학교의 자유전공학부와 지역교육협력학과대학원 조교수로 근무하고 있습니다.

심정은 경인교대 초등교육과를 전공하고 한국교원대 대학원에서 환경교육 석사학위를 받았습니다. 초등 환경교육의 체계화를 위해 '환경교육을 위한 환경학의 5개 영역'을 교육과정으로 구현하기 위해 노력하고 있습니다. 초등 기후변화교재를 집필하고 경기도 학교 환경교육을 지원하고 있으며, 김포 지속가능발전협의회 환경분과위원으로서 지속가능한 미래를 위한 마을 연계 환경교육을 실천하고 있습니다.

우영진 경기도 광주 도수초등학교에 근무하고 있고 미래교육자치연구소에서 함께 공부하고 있습니다. 교육을 통해 자신의 삶은 물론 주변의 삶도 밝히는 사람을 기르고 싶습니다. 스스로도 그러한 사람이 되기 위해 배움의 공동체속에서 지속적인 성찰과 나눔을 이어나가고 있습니다.

윤태영 한국에서 중등학교 영어 교사로 근무했습니다. 현장에서 교육 정책에 대한 호기심과 문제의식을 느낀 후 사직하고, 한국교육개발원을 거쳐 영국 Institute of Education, UCL에서 '교원 평가(감사) 정책' 관련 박사학위 연구 프로젝트를 진행하고 있습니다. 연구 중에도 현장 경험을 이어가고

자 영국 Felixstowe International College에서 교사로 근무하며, 한국 유학생들과 영국 학생들에게 A-level Sociology를 가르치고 있습니다.

이동성 전주교육대학교, 초등교육과 교수, 교육과 삶 그리고 문화를 탐구하는 교육학자이자 교사교육자입니다. 그는 현재 한국교육사회학회, 한국교육과정학회, 한국교육인류학회, 충남대학교교육연구소 편집위원이며, 한국질적탐구학회 회장직을 맡고 있습니다. 저자는 오랜 교사 경력과 다양한 질적 연구방법론(자문화기술지, 생애사 연구, 질적 사례연구, 현상학, 근거이론)으로 학교교육과 지역사회를 이해하고 개선하기 위한 강연과 저술 활동을 지속해 오고 있습니다. 대표 저서로는 『질적 연구와 자문화기술지 2판』(2020), 『생애사 연구』(2015, 세종도서), 『작은학교가 희망이다』(2018, 세종도서), 『작은학교 큰 도전』(2018) 등이 있습니다.

이미진 초·중·고 학부모회장직을 역임했습니다. 현재 고교 학부모회 부회장과 학교운영위원회 부위원장으로 활동하고 있습니다. 학교교육과정에 많은 학부모의 적극적인 참여가 학교의 성장·발전에 기여하는 부분에 대해 다양한 경험을 가지고 있습니다. 코칭상담강사로 활동하며 학부모와 교사 간 교육참여활동에 대한 간극을 좁히고 넓은 방향성 있는 활동을 지원하는 데 관심이 많습니다.

이보라 경기도군포의왕교육지원청 장학사로 근무중이며 학교자치가 실현될 수 있는 교육-배움을 위해 학습하고 있습니다. 학생의 삶으로부터 시작하여 교육과정으로 구성되고 수업-평가-피드백의 선순환구조를 구현하는 교육의 장을 만들기 위해 연구하며 실천하고 있습니다. 학생 스스로 배움의 주체가 되어 즐거운 상상을 배움으로 이어가며 배움의 장이 온마을 학습공원이 되기를 꿈꾸고 있습니다.

이상찬 18년 간 공립학교 교사로 일하다가 창의적 교육과정을 실현할 수 있는 학교를 지을 꿈을 꾸고 뜻을 같이하는 동료들과 함께 충남 금산에 별무리학교를 설립하였습니다. 별무리학교 교사, 별무리교육연구소 소장, 별무리학교 교감을 거쳐 현재는 별무리학교 교장으로 일하고 있습니다. 미래교육, 학교 설립 컨설팅, 온라인 플랫폼 기반 맞춤형 교육과정, 융복합 교과 교육과정에 대한 현장 연구를 진행해 오고 있습니다.

이선혜 숲속해뜰유치원 원감, 미래학교자치연구소 고문입니다. 유아, 부모, 교사 모두가 상호 존중하고 더불어 행복하게 성장할 수 있는 유치원 문화를 만들고자 노력하고 있습니다. 나아가 자연과 생명을 사랑하고 지구를 살리는 건강한 미래세대를 기르기 위한 교육을 고민하고 있습니다.

이은희 미래학교자치연구소 사무국장입니다. 학생이 꿈꾸는 내일을 학생 스스로 삶을 설계하고 배움을 실현해 나갈 수 있도록 지원하고, 학교의 공간을 벗어나 지역사회에서 함께 만들어 가는 진로직업교육 생태계를 구축해 나가고, 학생들의 진로역량개발 맞춤형 진로직업교육을 실현하고자 노력하고 있습니다.

이인숙 경기도융합과학교육원에 근무하고 있고 미래학교자치연구소 소장을 맡고 있습니다. 우리의 미래인 아이들이 더 나은 세상에서 살아가기를 꿈꾸는 선생님입니다. 그리고 나 또한 그런 세상에서 살고 싶기를 열망합니다. 학교, 교육청 어디에 처하든 32년의 교직동안 동료들과 공동체를 만들어 함께 배우고 실천하고 있습니다.

이종태 건신대학원대학교 석좌교수로, 교육철학을 전공하고 한국교육개발원 연구위원, 한국청소년 정책연구원 원장을 거쳐 공립 대안학교 한울고등학교 공모 교장을 역임했습니다. 노무현정부 교육혁신위원회를 기획하고 상임위원으로 있으면서 내부형 공모교장 제도를 입안하였습니다. 대안교육 전문 연구자로서 널리 알려져 있습니다.

이효순 세상에 빛과 소금이 되길 꿈꾸며 교직생활 25년의 삶을 사는, 현재 초등학교 교감으로 함께하는 교육공동체 실천에 노력중입니다.

정종호 안양시지속가능발전협의회 기후에너지위원회 위원장입니다. 미래 세대를 위한 쾌적한 자연환경의 보전과 지속가능한 발전, 더 나아가 학생과 시민 삶의 질 향상을 위하여 지역과 학교는 마을교육 공동체로서 함께 협력하여야 합니다. 학생과 시민이 지역문제를 함께 고민하고 해결해나가는 것이 미래교육의 시작입니다.

조윤금 고등학교에서 교감으로 근무하고 있습니다. 교사와 아이들이 함께 성장하는 신나는 학교를 만들고 싶다는 바람을 갖고 있습니다.

최병진 경기도교육청 교권보호업무를 담당하는 장학관 최병진입니다. 2011년부터 경기도교육청 소속 인사담당 장학사를 역임하면서 교원의 인사제도 개선이 학교현장의 혁신과 변화를 위해 꼭 필요한 일임을 몸소 느낀 후 2015년부터 인사제도개선 위원 활동을 꾸준히 이어왔습니다.

최승복 사람과 배움에 대해 관심을 가지고 글을 쓰고 있습니다. 끊임없이 성장하는 과정이 삶이라 생각하고, 누구나 성장할 수 있으며, 언제나 배울 수 있다는 생각으로 살아갑니다. 가르치지 않아도 스스로 배우고 함께 성장하는 세상을 꿈꿉니다. 쓴 책으로 『교육을 교육답게』(2018년), 『포노사피엔스 학교의 탄생』(2020)이 있습니다. 현재 서울특별시교육청 기획조정실장으로 일하고 있습니다.

최진욱 충북특수교육원에 근무중이며, 인문계 고등학교에 20년을 근무하다가 교육전문직으로 전직하여 교육정책을 기획하고 있습니다.